中国法院2023年度案例

国家法官学院　最高人民法院司法案例研究院 / 编

合同纠纷

中国法制出版社
CHINA LEGAL PUBLISHING HOUSE

《中国法院2023年度案例》通讯编辑名单

刘晓虹 北京市高级人民法院
王　凯 北京市高级人民法院
董　扬 天津市高级人民法院
童若涵 河北省高级人民法院
崔铮亮 山西省高级人民法院
杨智勇 内蒙古自治区高级人民法院
周文政 辽宁省高级人民法院
苏　浩 吉林省高级人民法院
王　妍 黑龙江省高级人民法院
牛晨光 上海市高级人民法院
缪　芳 江苏省高级人民法院
左一凡 江苏省高级人民法院
谷昔伟 江苏省南通市中级人民法院
宋婉龄 江苏省无锡市中级人民法院
杨　治 浙江省高级人民法院
李　波 浙江省高级人民法院
刘伟玲 安徽省高级人民法院
杨　宇 福建省高级人民法院
章光园 江西省高级人民法院
李　宁 山东省高级人民法院
张　琦 河南省高级人民法院
宋淼军 湖北省高级人民法院
黄　娅 湖北省宜昌市中级人民法院
唐　竞 湖南省高级人民法院
李　雪 广东省高级人民法院
邹尚忠 广西壮族自治区高级人民法院
韦丹萍 广西壮族自治区高级人民法院
李周伟 海南省高级人民法院
闫帅锋 重庆市高级人民法院
任　梦 四川省高级人民法院
杨俊杰 云南省高级人民法院
石　瑾 云南省昆明市中级人民法院
伍席芳 贵州省高级人民法院
余长智 贵州省贵阳市中级人民法院
王丽萍 西藏自治区高级人民法院
郑亚非 陕西省高级人民法院
张旦旦 甘肃省高级人民法院
王　晶 青海省高级人民法院
康　莹 宁夏回族自治区高级人民法院
石孝能 新疆维吾尔自治区高级人民法院
吉　雄 新疆维吾尔自治区高级人民法院生产建设兵团分院

序

法治是治国理政的基本方式，司法是法治体系的重要基石。党的二十大报告指出，要坚持走中国特色社会主义法治道路，建设中国特色社会主义法治体系、建设社会主义法治国家。加快建设公正高效权威的社会主义司法制度，努力让人民群众在每一个司法案件中感受到公平正义。人民法院始终坚持以习近平新时代中国特色社会主义思想为指导，深入学习贯彻习近平法治思想，围绕“公正与效率”这一主题，践行新时代能动司法理念，把加强司法案例研究作为加快建设公正高效权威社会主义司法制度，坚持为大局服务、为人民司法的重要途径，通过发布具有普遍指导意义的典型案例，统一法律适用，提高审判质效，提升司法公信力，努力让人民群众在每一个司法案件中感受到公平正义。

“中国法院年度案例系列”丛书，是国家法官学院和最高人民法院司法案例研究院精选全国各高级人民法院每年选送的优秀案例，深入挖掘典型案例内在价值编辑的实用精品丛书，旨在总结提炼典型案例的裁判规则和裁判方法，发挥司法规范、指导、评价、引领的重要作用，大力弘扬社会主义核心价值观，增强全民法治意识和法治素养，展现新时代我国司法领域新发展、新成就。

本丛书自2012年编辑出版以来，已连续出版12年，每年年初出版，受到读者广泛好评。本丛书出版之初有15个分册。近年来，为顺应审判执行实践需要，更加全面反映我国司法审判执行工作的发展进程，响应读者需求，2014年度新增金融纠纷、行政纠纷、刑事案例3个分册，2015年度将刑事案例调整为刑法总则案例、刑法分则案例2个分册，2016年度新增知识产权纠纷分册，2017年度新增执行案例分册，2018年度将刑事案例扩充为4个分册，2022年度将土地纠纷（含林地纠纷）分册改为土地纠纷（含环境资源案例）分册。在全国各级人民法院的大力支持下，丛书编委会现编辑出版《中国法院2023年度案例系列》丛书，共23个分册。

“中国法院年度案例系列”丛书以开放务实的态度、简洁明快的风格，追求“好读有用”，主要体现出以下特色：一是选编案例来源广泛、时效性强。

国家法官学院和最高人民法院司法案例研究院每年通过各高级人民法院汇集全国范围内上一年度审结生效的典型案例近万件，使该丛书有广泛的精选基础，可及时、定期提供全国范围内新近发生的多种类型的新型、疑难案例。二是由法官释理说法，全方位深度挖掘案例价值。大多数案例由主审法官撰写“法官后语”，深入阐释案例的裁判思路和相关考量，充分发挥典型案例在司法裁判、类案参考、法学研究、行为指引、宣示教育等方面的价值，力求引发读者的共鸣与思考，为读者提供借鉴和启迪。三是编排依次以案由和法律适用问题为序，方便读者检索。丛书充分体现“以读者为中心”的理念，每册内容主要根据案由分类编排，每个案例主要围绕法律适用问题，用一句话精要概括裁判规则、裁判思路或争议焦点，以其作为主标题，让读者能一目了然，迅速找到所检索的目标案例。四是注重裁判文书再加工，高度提炼案例内容。案例编写突出争议焦点以控制篇幅，剔除无关信息，尽可能在有限的篇幅内为读者提供更多与争议焦点、所查类案相关的有效、有益信息。

中国法制出版社始终全力支持“中国法院年度案例系列”丛书的出版，给了作者和编辑们极大的鼓励。2023年，这套丛书将继续提供数据库增值服务。购买本书，扫描前勒口二维码，即可在本年度免费查阅往年同类案例数据库。我们在此谨表谢忱，并希望通过共同努力，逐步完善，做得更好，真正探索出一条编辑案例书籍、挖掘案例价值的新路径，更好地服务司法审判高质量发展、服务法治社会建设、服务学习研究法律的读者。

“中国法院年度案例系列”丛书既是法官、检察官、律师等法律工作者的办案参考和司法人员培训的实用教材，也是社会大众学法用法的经典案例读本，同时是教学科研机构与人员从事案例研究的良好系列素材。当然，案例作者和编辑在编写、编审过程中也难以一步到位实现最初的愿望，客观上会存在各种不足甚至错误，欢迎读者批评指正。我们愿听取各方建议，不断拓宽深化司法案例研究领域，立足新发展阶段，推动实现中国特色司法案例事业的高质量发展。

国家法官学院
最高人民法院司法案例研究院
2023年5月

目　录

Contents

一、确认合同效力纠纷

二、债权人代位权纠纷

三、债权人撤销权纠纷

四、债权转让合同纠纷

五、民事主体间房屋拆迁补偿合同纠纷

六、供用热力合同纠纷

七、赠与合同纠纷

八、保证合同纠纷

九、租赁合同纠纷

十、融资租赁合同纠纷

十一、保理合同纠纷

十二、承揽合同纠纷

十三、建设工程施工合同纠纷

十四、运输合同纠纷

十五、保管合同纠纷

十六、委托合同纠纷

十七、委托理财合同

十八、物业服务合同纠纷

十九、中介合同纠纷

二十、典当纠纷

二十一、合伙合同纠纷

二十二、服务合同纠纷

二十三、劳务合同纠纷

二十四、其　他

二十五、准合同纠纷

（一）不当得利纠纷

（二）无因管理纠纷

一、确认合同效力纠纷

1

农村集体组织的内部管理行为不能对抗无过错第三人

——周某美等诉A村民小组等确认合同无效案

【案件基本信息】

1. 裁判书字号

广西壮族自治区崇左市中级人民法院（2021）桂14民终569号民事判决书

2. 案由：确认合同无效纠纷

3. 当事人

原告（上诉人）：周某美等

被告（被上诉人）：A村民小组、陆某旺、唐某生、滕某师

【基本案情】

2008年4月，陆某旺与A村民小组（原为A村经联社）签订一份《山地承包合同书》，合同约定：A村民小组将其所管辖的山地发包给陆某旺生产经营。该山地面积为860亩左右，详细以镇林站勾图为准，红线圈内则为陆某旺的承包范围；承包山地期限为31年，自2007年7月1日起至2038年1月1日止；承包金总计6万元；自签订合同之日起，15天内一次性交清承包金；陆某

旺在承包期间，可以转让承包，但转包后要告知A村民小组；双方还约定其他权利义务及违约责任等主要内容。时任A村民小组组长麻某香及A村民小组领导成员周某定、杨某芳、杨某新，群众代表陆某庭、周某民、李某善等人和承包人陆某旺在合同上签名，A村经联社盖上公章。合同附有部分家庭代表签字表。合同签订后，A村民小组依约将涉案土地交付给陆某旺经营管理。2008年4月1日，陆某旺向A村民小组支付了涉案山地承包金6万元。2013年9月15日，陆某旺将涉案山地转包给唐某生。2013年11月4日，唐某生将涉案山地转包给滕某师经营管理。周某美等228人认为，A村民小组与陆某旺签订的《山地承包合同书》没有经村民会议三分之二以上成员或户代表同意，也未报镇人民政府批准，违反民主议定原则，且承包金偏低，严重损害A村村民群众的集体利益，诉至扶绥法院请求判决：1. 确认陆某旺于2008年4月与A村民小组签订的《山地承包合同书》无效；2. 判决确认陆某旺与唐某生于2013年9月15日签订的《林地转让协议书》无效；3. 判决确认唐某生与滕某师于2013年11月4日签订的《林地转让协议书》无效；4. 判令陆某旺、唐某生、滕某师共同将860亩山地交还给A村民小组集体。

【案件焦点】

涉案土地承包合同是否有效。

【法院裁判要旨】①

广西壮族自治区扶绥县人民法院经审理认为：当事人对自己提出的主张，有责任提供证据。当事人对自己提出的诉讼请求所依据的事实有责任提供证据加以证明，没有证据或者证据不足以证明当事人的事实主张的，由负有举证责任的当事人承担不利后果。本案为农村土地承包合同纠纷，本案争议焦点是涉案土地承包合同是否有效。首先，2008年4月，A村民小组与陆某旺签订的《山地承包合同书》，约定A村民小组将其所管辖的山地发包给陆某旺生产经

① 本书【法院裁判要旨】适用的法律法规等条文均为案件裁判当时有效，下文不再对此进行提示。

营。承包期为31年，即自2007年1月1日起至2038年1月1日止，陆某旺需要一次性支付承包金6万元。该合同经时任A村民小组负责人麻某香及部分村民在合同上签字并由A村经联社盖章确认，即为双方的真实意思表示，原告以A村民小组与陆某旺恶意串通，事先没有经过本集体经济组织成员的村民会议三分之二以上成员或者三分之二以上村民代表的同意，并报镇人民政府批准就将涉案土地发包给陆某旺，发包合同上的村民签字笔迹有部分假冒，非村民成员本人所签，A村民小组和陆某旺的行为侵害了周某美等228人的利益为由主张涉案合同无效。但是，《中华人民共和国农村土地承包法》第五十二条并未规定违反民主议定程序签订的合同无效，而且，A村民小组作为群众性自治组织，依照村民委员会组织法相关规定，管理本村属于村民集体所有的土地和其他财产，其有权作为合同当事人一方签订涉案承包合同，A村民小组在签订涉案承包合同前未经过上述民主议定程序，系A村民小组未尽到相应的缔约义务，陆某旺并无过错，A村民小组不能将自己没有尽到缔约义务而可能造成的法律后果让陆某旺承担，这有违诚信原则。其次，涉案合同签订并已经实际履行十几年的时间，陆某旺和滕某师分别对讼争的土地山林进行投资开发，做了大量的投入。根据《最高人民法院关于审理农业承包合同纠纷案件若干问题的规定（试行）》第二条规定，发包方所属的半数以上村民，以签订承包合同时违反《中华人民共和国土地管理法》和《中华人民共和国村民委员会组织法》等法律规定的民主议定原则，或者其所签合同内容违背多数村民意志，损害集体和村民利益为由，以发包方为被告，要求确认承包合同的效力提起诉讼的，人民法院应当依法受理，并可通知承包方作为第三人参加诉讼；该法第二十五条规定，人民法院在审理依本规定第二条所起诉的案件中，对发包方违背集体经济组织成员大会或者成员代表大会决议，越权发包的，应当认定该承包合同为无效合同，并根据当事人的过错，确定其应承担的相应责任。属本条前款规定的情形，自承包合同签订之日起超过一年，或者虽未超过一年，但承包人已实际做了大量的投入的，对原告方要求确认该承包合同无效或者要求终止该承包合同的，人民法院不予支持。但可根据实际情况，依照公平原则，对该承包合同的有关内容进行适当调整。因此，依照该规定，即便发包方违背集体经济组织成员大会或者成员代表大会决议，越权发包，但自承包合同签订之日起超过一年，或者虽未超过一年，但承包人已实际做了大量的投入的，原告方要求确认该承包合同无效或者要求终止该承包合同的，人民法院不予支持。本案中，涉案合同系 2008 年 4 月签订的，但约定从 2007 年 1 月 1 日起履行，合同履行至今已达十几年，周某美等 228 人述称直到今年才知道该合同的存在，但庭审中又称多年来因为 A 村民小组的越权发包行为，周某美等 228 人曾向政府有关职能部门反映问题以维护自身权益，且案涉承包合同上有部分村民签名，再加上陆某旺和滕某师之前已经在承包山地上砍伐过两次林木，在砍伐林木之前，林业部门在履行审批职责时依程序曾对涉案林地的经营权、使用权是否存在争议等事项在 A 村民小组进行相关公告，故对周某美等 228 人声称近期才知道涉案山地发包事实而无法主张权利，一审法院不予采信。《最高人民法院关于审理农业承包合同纠纷案件若干问题的规定（试行）》自 1999 年 7 月 8 日起实施，2008 年 12 月 24 日因被物权法及新的司法解释所取代而废止。2008 年 4 月，A 村民小组与陆某旺签订的《山地承包合同书》，属于在该规定实施有效期内签订并履行，周某美等 228 人在诉状中自认陆某旺于 2007 年 1 月起已对涉案山地进行实际经营管理，涉案合同亦是约定承包期间自 2007 年 1 月 1 日起算，由此可知，陆某旺已在涉案山林实际做了大量投入，且该合同已生效。根据“法不溯及既往”原则，涉案合同合法有效。同时，周某美等 228 人亦未能提供证据证明 A 村民小组发包签订涉案合同损害了国家或集体利益。该合同并没有违反法律、行政法规的强制性规定。因此，对周某美等 228 人诉请确认涉案承包合同无效，不予支持。

据此，广西壮族自治区崇左市扶绥县人民法院依照《中华人民共和国民法典》第一百四十三条，《中华人民共和国民事诉讼法》第六十四条，《最高人民法院关于适用〈中华人民共和国民事诉讼法〉的解释》第九十条之规定，判决如下：

驳回周某美等 228 人的诉讼请求。

周某美等 228 人不服，提起上诉。

广西壮族自治区崇左市中级人民法院经审理认为：一审法院认定事实清楚，适用法律及处理正确。周某美等 228 人未能举证证明合同约定的承包费低于同时期其他同类合同的承包费，无证据证明 A 村民小组与陆某旺存在恶意串通，损害村民利益的事实。《山地承包合同书》第六条第六项约定“乙方在承包期间，可以转让承包。但转包后，要告知甲方”，该项条款应理解为乙方无须经甲方同意即可转包，但转包后要告知甲方即 A 村民小组，并未约定需告知到全体村民，因此陆某旺将承包地转包给唐某生，唐某生又转包给滕某师，并没有违反承包合同的约定，转包行为有效。

综上所述，周仁美等 228 人的上诉请求不成立，应予驳回。原审判决认定事实清楚，适用法律及处理正确，应予维持。依照《中华人民共和国民事诉讼法》第一百七十条第一款第一项之规定，判决如下：

驳回周某美等 228 人的上诉，维持原判。

【法官后语】[①]

合同是联结市场主体的纽带。严格履行合同约定，是激发市场经济活力的关键，更是增强市场交易信用，促进营商环境得到良性发展的前提。“秉持诚实，恪守承诺”，是诚信原则的核心内容，不适当地宣告合同无效，会造成许多交易链中断，不利于保护合同双方合理信赖和预期。

具体到本案，涉案土地承包合同违反的是管理性规定还是效力性强制性规定，违反《中华人民共和国农村土地承包法》第五十二条第一款是否必然导致合同无效的法律效果。答案应该是否定的。

《中华人民共和国民法典》明确了五种合同无效的情形，在正确把握合同效力认定的同时，合同相对性的问题也值得我们思考。

---

① 本书【法官后语】对相关法律问题涉及的法律法规等进行了时效性更新，下文不再对此进行提示。

1. 认定合同效力的问题

本案的涉案合同系经时任A村民小组负责人及部分村民在合同上签字并由经联社盖章确认，即为双方的真实意思表示。A村民小组作为群众性自治组织，依照《中华人民共和国村民委员会组织法》相关规定，管理本村属于村民集体所有的土地和其他财产，其有权作为合同当事人一方签订涉案承包合同，且承包人一次性履行了承包金，合同签订的双方主体适格，也未存在法律规定的合同无效情形，应认定该合同合法有效，受法律保护。

2. 未经民主议定程序签订的土地承包合同效力的认定问题

本案原告诉称A村民小组与承包人恶意串通，事先没有经过本集体经济组织成员的村民会议三分之二以上成员或者三分之二以上村民代表的同意，并报镇人民政府批准就将涉案土地进行发包，应认定承包合同无效。上述规定属于管理性规定，而非效力性强制性规定，《中华人民共和国农村土地承包法》第五十二条第一款的规定并未明确违反该强制性规定将导致合同无效，违反该规定也并不必然损害国家利益和社会公共利益，因此本案中即便A村民小组未经民主议定程序将农村土地进行发包，也不会导致合同无效。

3. 农村集体组织内部管理行为是否能突破合同相对性原则的认定问题

合同相对性原则在整个合同制度中具有重要的基础地位，对无效合同应作出非常严格的限制，合同一般不会具有涉它性，不会直接影响第三人的利益，不能轻易认定无效。本案中合同一方当事人A村民小组作为群众性自治组织，依照相关规定，管理本村属于村民集体所有的土地和其他财产，其有权签订涉案承包合同，在签订合同前未经上述民主议定程序，系A村民小组未尽到相应的缔约义务，属于农村集体组织的内部管理行为，不能对抗无过错第三人。在不损害国家及公共利益的情况下，以未经民主议定程序认定土地承包合同无效，进而让合同无过错的另一方当事人承担村民小组没有尽到缔约义务可能造成的法律后果有失公平，违反诚信原则。

本案的涉案合同已经履行了十多年，A村村民从未提及过承包合同违法或无效，且承包人及后续人员在承包地的种植和管理上投入了较大的劳力、物力，林业部门在审批承包地林木砍伐时曾对林地经营权、使用权是否存在争议在村里进行过公告，也未见有村民提出异议，应认定A村村民知悉和认可承包合同效力。原告在合同履行十多年后才对承包合同效力提出异议，且未能提供证据予以证明其诉称的涉案合同系恶意串通，损害了村民的利益等事实，故应承担举证不能的不利后果。

保障合同的稳定性和连续性以及交易安全，是合同立法的重要宗旨，对合同无效的确认应当持慎重的态度，严格按照法律规定的情形予以确认。《中华人民共和国民法典》规定的五种合同无效情形，前四种规定相对比较明确和具体，第五种“违反法律、行政法规的强制性规定”则比较特殊，该规定本身不能单独作为确认合同无效的依据，而是需要援引其他法律、行政法规的相关规定才能确定。因此在《中华人民共和国农村土地承包法》第五十二条第一款的规定并未明确违反该强制性规定将导致合同无效的情况下，不必使其作用于当事人的合同关系中，侵入意思自治的领域并否认民事法律行为的效力。

编写人：广西壮族自治区扶绥县人民法院　韦慧媛　郑瑜洁

2

房产涉及亲属安置利益，名为赠与实为委托卖房的合同效力的认定

——吕某辉等诉吕某标等确认合同无效案

【案件基本信息】

1. 裁判书字号

北京市第二中级人民法院（2021）京02民终10481号民事判决书

2. 案由：确认合同无效纠纷

3. 当事人

原告（上诉人）：吕某辉、许某泉、许某雨

被告（被上诉人）：吕某标、吕某、付某、李某纯

【基本案情】

吕某标、刘某改系夫妻关系，育有吕某、吕某辉二人。吕某辉与许某泉原系夫妻关系，许某雨系二人之子，付某系吕某之子。北京市东城区人民法院于2020年7月14日作出民事判决书，宣告刘某改为无民事行为能力人，并指定吕某标、吕某共同担任刘某改的监护人。2021年1月10日刘某改死亡。

原登记在吕某标名下的北京市东城区××号房屋（以下简称涉案房屋）系因危改所取得的安置房屋，根据2001年12月30日《民安危改区就地安置合同》记载，应安置人口5人，其中包括吕某辉、许某泉、许某雨（以下简称吕某辉等三人），计算房屋购房款时使用了吕某辉等三人的户口优惠。

2020年1月4日吕某辉等三人起诉吕某标、刘某改所有权确认纠纷一案，要求确认涉案房屋共同共有并确认份额。东城区人民法院于2020年6月作出民事判决书，判决驳回全部诉讼请求。2020年7月10日吕某辉等三人起诉吕某标、刘某改用益物权纠纷一案，要求确认吕某辉等三人对涉案房屋有权占有、居住、使用。东城区人民法院于2020年8月26日作出（2020）京0101民初10096号民事判决书，判决吕某辉等三人对涉案房屋享有居住使用权。判决后吕某标、刘某改不服，提起上诉。二审法院认为，原登记的所有权人吕某标在一审、二审诉讼过程中已两次变更登记，本案相关事实有待查明。故于2020年12月30日作出（2020）京02民终9129号民事裁定书，裁定撤销（2020）京0101民初10096号民事判决，发回重审。

2020年8月21日吕某标与付某签订赠与合同，表明吕某标自愿无偿将涉案房屋100%份额赠与付某所有，付某表示接受赠与。同日双方办理过户，付某缴纳税费并补交土地出让金。2020年10月13日，付某与李某纯签订房屋买卖合同，约定李某纯以646万元的价格购买涉案房屋。双方均认可李某纯按照约定已全额支付购房款，房屋已交付。2020年12月18日涉案房屋登记在李某

纯名下。付某于2020年10月、2021年1月、2月多次向吕某标账户转款共计6466241.71元。

【案件焦点】

吕某标与付某签订的涉案《赠与合同》是否存在无效情形。

【法院裁判要旨】

北京市东城区人民法院经审理认为：根据查明的事实，吕某标与付某虽签订赠与合同，但根据双方的真实意思表示及实际履行情况可以看出实际是吕某标通过赠与方式委托付某代为出售房屋，且已实际履行完毕，付某已将卖房款给付吕某标。涉案房屋原系吕某标与刘某改的夫妻共同财产，针对吕某标的上述行为，刘某改的共同监护人吕某亦表示同意，吕某标将房屋变更为货币形式并欲购买更适宜居住的房屋，其行为并未侵害刘某改的合法权益。吕某辉等三人虽作为涉案房屋的被安置人，但尚未有生效文书确认其对涉案房屋具体享有的权利，且即使其享有相关权利，也不必然仅通过居住使用进行实现，进而不能因此阻止房屋产权人行使对房屋进行处分的权利。目前无法认定吕某标的上述行为侵害了吕某辉等三人的合法权益。如吕某辉等三人针对涉案房屋的权益明确后，可另行主张经济补偿。因此，现有证据无法认定吕某标、付某系恶意串通损害他人利益，故本院对吕某辉等三人的诉讼请求，不予支持。综上所述，北京市东城区人民法院依据《中华人民共和国民法典》第五百零二条之规定，判决如下：

驳回吕某辉等三人的诉讼请求。

吕某辉等三人不服一审判决，提出上诉。

北京市第二中级人民法院经审理认为：本案争议焦点为吕某标与付某签订的涉案《赠与合同》是否存在无效情形。首先，根据查明的事实和当事人的自认，吕某标虽与付某签订了涉案《赠与合同》，但吕某标的真实意思表示是通过赠与方式委托付某出售房屋，故该合同名为赠与合同，实为委托合同，应以委托合同来认定合同效力。吕某标委托付某代为出售房屋，该合同已实际履行完毕，付某已将房款支付给吕某标，该合同不存在违反法律、行政法规强制性规定等法定无效情形。

其次，关于该合同是否存在恶意串通、损害第三人利益的无效情形。关于是否损害刘某改的利益，该合同实质系委托合同，且经刘某改的两位监护人吕某标和吕某同意，出售房屋的购房款亦已经由付某全部支付给吕某标，不存在损害刘某改利益的情形。关于是否损害吕某辉等三人的居住使用权，目前尚未有生效判决确认吕某辉等三人对涉案房屋享有居住使用权。退一步讲，即使吕某辉等三人享有居住使用权，也不能阻却房屋所有权人权利处分，吕某辉等三人可待取得确权证据后另行主张经济补偿。

另外，缔约乃当事人的权利自由，法院无权强制当事人缔约，故吕某辉等三人上诉要求法院敦促吕某标另购新房，超出了法院职权，亦缺乏法律依据。

综上所述，吕某辉等三人的上诉请求不能成立，应予驳回；一审判决认定事实清楚，适用法律正确，应予维持。依照《中华人民共和国民事诉讼法》第一百七十条第一款第一项之规定，判决如下：

驳回上诉，维持原判。

【法官后语】

司法实践中，房产由拆迁安置而来，被拆迁房屋内户籍人口中通常包括被拆迁人（后多数成为安置房屋所有权人）及其亲属。根据拆迁政策，户籍人口作为房屋的安置人口登记在册，每名安置人口获得一定的安置面积，从而获得一定的购房优惠，亲属作为被安置人通过法院判决确认对房产享有居住使用权这一安置利益的情况较为普遍。房产所有权人的处分权与亲属安置利益可能发生冲突，对所有权人的处分行为是否损害亲属安置利益导致处分无效存在不同观点。

合同性质的认定及所有权人的处分行为与亲属安置利益冲突时的价值衡量是本案的审查重点：

1. 合同性质的认定

本案中，吕某标与付某虽签订赠与合同，约定吕某标将安置房屋100%份额赠与付某，但随后付某将安置房屋出售并将房款全数给付吕某标。因此结合合同履行情况及当事人自认事实，法院认定吕某标的真实意思系通过赠与方式委托付某出售房屋，故该合同虽名为赠与合同但实为委托合同，且已履行完毕。

2. 所有权人的处分行为与亲属安置利益冲突时的价值衡量

（1）安置利益的权利内容及性质。本案中安置利益系由拆迁安置中作为被安置人口而获得的，对安置房屋所享有的居住使用权利。经过类案检索及查阅相关文献资料，对于安置利益并未有明确的法律规定及理论共识。实践中，被安置人实现安置利益的途径主要包括实际居住使用安置房屋，以及当安置人口较多、住房面积小等无法实现居住权利时通过主张经济补偿的方式实现。根据《中华人民共和国民法典》第三百二十三条的规定，用益物权人对他人所有的不动产或者动产，依法享有占有、使用和收益的权利；本法第三百六十六条的规定，居住权人有权按照合同约定，对他人的住宅享有占有、使用的用益物权，以满足生活居住的需要；以及本法第三百六十七条第一款的规定，设立居住权，当事人应当采用书面形式订立居住权合同。结合安置利益的权利内容及实现路径，可见其性质更加接近用益物权，但并非居住权。实践中亦多是以“用益物权确认纠纷”为由主张确认安置利益。

（2）冲突的价值衡量。所有权中的处分权，是指所有权人对标的物进行处置，从而决定标的物权属变化或者物理形态变化的权能，是所有权人最基本的权利，是所有权内容的核心。具体而言，包括事实上的处分和法律上的处分。事实上的处分，是指对物进行物理上处理，如销毁某物品等。法律上的处分是指所有权人使标的物的所有权发生移转、消灭等法律行为，如买卖、赠与某物品等。所有权人行使处分权对安置利益的行使客观上会产生一定影响，当二者发生冲突时，司法应当优先保护何种利益？一种观点认为，所有权人在进行处分行为时，应当明知其处分行为对亲属的安置利益构成不利因素，损害了亲属利益，并非善意。如有证据证明处分行为相对方亦对亲属安置利益知情的，应适用“恶意串通，损害第三人利益”的合同无效规定，认定处分行为无效。另一种观点认为，根据《中华人民共和国民法典》第二百四十一条规定，用益物权人行使权利，不得损害所有权人的权益。安置利益作为接近用益物权的权益，自然不得阻却作为所有权核心权能的处分权的行使。在此前提下，安置房屋被处分后，可对安置利益要求经济补偿。另外，考虑到交易安全，安置房屋出售时，不动产权属登记证书上并无安置信息，让购房人承担无效风险不利于市场交易稳定。本案采纳第二种观点。

本案中，根据合同实际履行情况及当事人的自认事实，法院认定吕某标与付某之间成立委托卖房合同关系，因付某已将房价款给付吕某标，该合同已履行完毕，不存在违反法律、行政法规强制性规定等法定无效情形。那么是否存在恶意串通、损害第三人利益的无效情形呢？因刘某改系无民事行为能力人，首先需要分析该合同是否损害刘某改的利益，这也是本案中需要考虑的特殊部分。刘某改与吕某标系夫妻关系，该合同已经刘某改的两位监护人吕某标及吕某同意，出售房款亦已交付吕某标，故未有损害刘某改利益的情形。至于是否损害吕某辉等三人的安置利益，根据以上分析，安置利益不能阻却房屋所有权人的处分权利，吕某辉等三人经确权对安置房屋享有安置利益后可另行主张经济补偿。

编写人：北京市东城区人民法院　黄碧珍

3

恶意串通损害第三人利益的核心认定要素区分

——祝某文诉薛某确认合同效力案

【案件基本信息】

1. 裁判书字号

江苏省苏州市中级人民法院（2021）苏05民终字6595号民事判决书

2. 案由：确认合同效力纠纷

3. 当事人

原告（上诉人）：祝某文

被告（被上诉人）：薛某

第三人：温某辰

【基本案情】

祝某文系第三人温某辰之母，被告薛某与温某辰自述仅为朋友关系。

薛某与温某辰于2017年11月2日签订了一份《网吧公司股份转让协议》，后薛某于2018年1月18日收到温某辰支付的30万元。该30万元中有9万元系由祝某文直接转账给薛某。祝某文亦提交银行流水证明其向温某辰多次分批转账共计17万元。针对《网吧公司股份转让协议》的效力，经过另一起诉讼案件的一审、二审、再审，已确定该协议无效。薛某在审理过程中所提供的微信聊天记录则可以证实温某辰与薛某之间签订的协议仅是为了应付温某辰的母亲，双方之间的30万元往来并非温某辰支付给薛某的股权转让款，而是温某辰提供给他人的借款。且温某辰从未参加协议中所述网吧的经营管理，亦从未主张办理股东变更登记，故二者之间并不存在股权转让的真实意思表示。祝某文据此认为薛某与温某辰恶意串通损害其利益，故起诉至法院，请求法院确认薛某与温某辰签订的《网吧公司股份转让协议》无效并判令薛某向其退还本金259070.77元并赔偿资金占用损失。

【案件焦点】

1. 虚假意思表示所签订的合同损害第三人合法权益时，是否构成恶意串通；2. 虚假意思表示隐藏的真实民事法律行为损害第三人权益时，是否构成恶意串通；3. 直系亲属关系等因素是否影响恶意串通的构成。

【法院裁判要旨】

江苏省苏州市姑苏区人民法院经审理认为：另一起关联案件的终审判决书及再审裁定书均已认定薛某与温某辰之间的股权转让协议并非双方真实意思表示，故该股权转让协议确非有效合同。祝某文主张薛某与温某辰恶意串通损害了其利益，故要求薛某向其退还26万元，然合同无效侵害第三人利益指向的是无效合同处分了第三人的权益或致使第三人基于该合同约定自行处分权益进而遭受损失，本案及前关联案中均查明祝某文系向其子温某辰提供26万元资金，虽然温某辰与薛某之间并无受让股权之合意，但祝某文向温某辰提供该26万元并非薛某与温某辰之间无效合同导致，故其无法根据原合同法关于恶意串通损害第三人利益的规定要求薛某返还款项，本院对其诉讼请求难以支持。而薛某切实收取的30万元款项，应由温某辰另外基于双方间真实法律关系要求结算或返还。

综上，江苏省苏州市姑苏区人民法院根据《中华人民共和国民法典》第一百四十六条，《中华人民共和国合同法》第五十二条第二项，《最高人民法院关于适用〈中华人民共和国民法典〉时间效力的若干规定》第一条第二款、第三条之规定，判决如下：

驳回原告祝某文全部诉讼请求。

祝某文不服原审判决，提起上诉。

江苏省苏州市中级人民法院经审理认为：祝某文与温某辰系母子关系，祝某文提供26万元并非薛某与温某辰之间无效合同导致，其依据恶意串通损害第三人利益的规定要求薛某返还上述款项不能成立。薛某所收取的30万元款项也应由温某辰基于其与薛某之间的真实法律关系进行结算或返还。一审法院据此未支持祝某文的相应诉请并无不当。

综上所述，江苏省苏州市中级人民法院依照《中华人民共和国民事诉讼法》第一百七十条第一款第一项之规定，判决如下：

驳回上诉，维持原判。

【法官后语】

恶意串通行为又被称作恶意通谋行为，是指行为人与相对人互相勾结，为牟取私利而实施的损害他人合法权益的民事法律行为。《中华人民共和国民法典》第一百五十四条规定恶意串通损害他人合法权益的民事法律行为无效，其原理在于双方相互勾结损害他人合法权益的行为，具有明显的不法性，应当给予否定性评价，从而保护受到侵害的第三人的合法权益，维持正常的市场经济秩序。而随着如今市场经济的飞速发展，恶意串通的表现形式也越来越多样化，同时也存在更多样的情况和其他法律所规定的合同无效有所交叉的地方，如何区分恶意串通条款与其他法律条款的不同之处，对于维护法治秩序、整顿市场交易秩序、合理保护当事人权益有着重要意义。

就本案而言，恶意串通就存在与通谋虚伪行为有交叉的部分。当事人也受此困惑，并选择了以恶意串通来起诉，最终导致其诉求未能得到法院支持。通谋虚伪行为和恶意串通存在重合的地方，如本案而言，该通谋虚伪行为同样具有恶意串通的样式，其所存在的伪装虚假表示，实际上签订合同的双方就存在各自的恶意，二者之间互相串通，并以此从第三方那边获取了其本不应获取的利益，其伪装行为下的隐藏行为因为行为人看似成立的“恶意串通”，损害了第三方的利益。但是二者实际在本质上是有区别的。恶意串通是行为人通谋，主观上有恶意，后果上损害了他人的合法权益，其中的意思表示有可能是真实的。而通谋虚伪行为也不一定都是恶意，有时出于人情或者其他考虑。恶意串通条款所维护的法益和秩序，在于保护涉及当事人之外的不知情第三人的合法权益，而通谋虚伪行为条款所维护的法益，在于揭露当事人的真实意思表示，使民事行为和交易秩序回归到正常的状态。以本案为例，虽然从表象上看存在温某辰和薛某共同联合签署协议来从祝某文处获得金钱，从而对她进行欺骗的行为，但是这并非祝某文向其子温某辰提供26万元资金的主要原因，究其根本，还是基于其自身对于直系亲属尤其是子女的特殊情况，包括期望、情感、信任等因素。而并非因为前述的无效合同。即法院判决中所强调的，合同无效侵害第三人利益指向的是无效合同处分了第三人的权益或致使第三人基于该合同约定自行处分权益进而遭受损失，当该合同本身并不足以成为影响第三人处分自身财产的因素时，那么难以支持该第三人以恶意串通条款提起的诉讼主张。同时原隐藏行为所体现的，是祝某文之子温某辰为他人提供借款的一个民事行为，本身则不存在构成恶意串通的相应情形。

本案承办法官以抽丝剥茧的方式，完全剖析了案件的法理结构，厘清了应当适用恶意串通条款的情形。也为其他类案的审理，提供了一定的借鉴意义，对于恶意串通条款的适用，需要更加综合性地考虑多种因素，尤其是相对应的无效民事行为，是否属于第三人处分自身财产的根本原因。应当更加综合地从一般理性人的角度，考量当事人在作出民事法律行为时的自身情感因素、社会伦理因素等。

综上，虽然该案件驳回了祝某文的诉讼请求，但是是对厘清《中华人民共和国民法典》中诸多民事行为无效条款的一次有力尝试，树立了司法实践中更加本质和深入的一种区分标准和裁判规则，同时也为更好地将社会主义核心价值观纳入法治法律框架中进行司法裁判提供了有益的借鉴。

编写人：江苏省苏州市姑苏区人民法院　陈乾焕

4

开发商与小区业主就车位使用权利益纠纷合同效力认定

——陈某某等诉投资公司、楼某某确认合同无效案

【案件基本信息】

1. 裁判书字号

浙江省绍兴市中级人民法院（2021）浙06民终1683号民事判决书

2. 案由：确认合同无效纠纷

3. 当事人

原告（被上诉人）：陈某某等

被告（上诉人）：楼某某

被告：投资公司

【基本案情】

被告投资公司系某商业广场某某地块房产开发商。原告陈某某等37人向被告投资公司购买了该地块的商铺或公寓，但至今未向被告投资公司购买该地块的地下停车位使用权。

某商业广场某某地块共计有地下停车位143个，车位编号为C-001至C-143。2019年9月25日，被告投资公司在报刊上刊登针对全体业主的公告，公告载明“A、C地块剩余部分地下车位，有意向的业主可在10月15日前往营销中心咨询购买，若届时仍有剩余库存，我公司将打包出售”。2019年11月，被告投资公司将上述143个编号为C-001至C-143的地下停车位使用权以每个2万元的价格转让给了非该小区业主的被告楼某某，双方签订了143份《地下停车位使用权转让协议》。2019年11月4日，被告楼某某在某某商业广场C区张

贴公告，公告载明C区楼盘现所有地下车位已由被告投资公司出售给被告楼某某，未经被告楼某某同意不得擅自使用，否则被告楼某某有权直接挪车或收取一定的车位使用费。

本案在诉前调解阶段曾组织双方当事人进行调解。调解过程中，被告投资公司于2020年1月22日发函给被告楼某某，告知因涉及群体起诉要求暂停车位实施安装地锁；于2020年3月16日向法院调解室出具情况说明一份，被告投资公司计划协调大客户楼某某将部分车位使用权以均价每个7万元/的价格转让给业主。在本案诉讼过程中，被告投资公司向业主发出告知函，函件载明“您若有某商业广场C地块地下车位使用需求，我司可在同等条件下优先将使用权一次性有偿转让于您，转让价格7万元至9万元不等（价格可适当协商）”。部分业主已收到该告知函。

【案件焦点】

投资公司将案涉小区所有的地下车位使用权全部转让给楼某某是否违反了法律法规的强制性规定。

【法院裁判要旨】

浙江省绍兴市上虞区人民法院经审理认为：《中华人民共和国物权法》第七十四条第一款规定，建筑区划内，规划用于停放汽车的车位、车库应当首先满足业主的需要。因此，被告投资公司在地下停车位使用权转让前应当首先满足本小区业主的需要。本案中，被告投资公司仅以登报方式公告车位使用权转让事宜，该方式并不易于让小区业主知晓。且涉案小区的车位与房屋的配置比例明显不到1∶1，而本案中被告投资公司将案涉地块143个地下停车位使用权全部转让给非小区业主的被告楼某某，显然将无法满足案涉小区业主对地下停车位的需要。因此，被告投资公司与被告楼某某签订的143份《地下停车位使用权转让协议》违反了《中华人民共和国物权法》第七十四条第一款的强制性规定，应属无效。

浙江省绍兴市上虞区人民法院依照《中华人民共和国物权法》第七十四条

第一款，《中华人民共和国合同法》第五十二条第五项，《中华人民共和国民法典》第四百九十六条，《最高人民法院关于适用〈中华人民共和国民法典〉时间效力的若干规定》第九条之规定，判决如下：

确认被告投资公司与被告楼某某签订的某商业广场某某地块的 143 份《地下停车位使用权转让协议》无效。

楼某某不服原审判决，提起上诉。

浙江省绍兴市中级人民法院经审理认为：根据生活常理，小区业主通过 2019 年 9 月 25 日的报刊登的公告获知车位出售信息的可能性较低，而投资公司在能够以在小区直接张贴公告等方式向业主公开出售车位的情况下，反而采取了不易被业主获知信息的登报公告方式，结合案涉小区所有地下车位无一售出的事实，故该院认定投资公司的该次登报公告并不能起到向业主公开出售车位的效果。法院还认为，开发商若需要对外出售、出租车位或转让车位使用权的，应当先向小区业主公开出售、出租或转让车位使用权，以优先满足业主需要；此后，对于剩余车位，开发商才可以选择通过打包转让车位使用权等方式予以处置。本案中，投资公司在未向业主公开出售车位的情况下，即将案涉小区所有的地下车位的使用权全部转让给楼某某，显然损害了小区业主的权利。综上，投资公司与楼某某一次性签订 143 份《地下停车位使用权转让协议》转让案涉小区所有地下车位的行为，损害了案涉小区全体业主的合法权益，违反了法律法规的强制性规定，应属无效。原审判决认定事实清楚，适用法律正确，应予维持。依照《中华人民共和国民事诉讼法》第一百七十条第一款第一项之规定，判决如下：

驳回上诉，维持原判。

【法官后语】

随着城市居民拥有的私家车数量急剧增长，城市小区停车位供需问题也日益突出，但有些开发商却将小区地下停车位转让给小区业主以外的第三人，导致小区业主起诉要求确认车位转让合同无效的纠纷时有发生，此类车位纠纷涉及的业主人数众多，案件处理结果对其他小区有借鉴意义，当前该类案件已成为小区车位纠纷中的热点、难点问题。

《中华人民共和国物权法》第七十四条第一款规定：建筑区划内，规划用于停放汽车的车位、车库应当首先满足业主的需要。《中华人民共和国民法典》延续了《中华人民共和国物权法》的上述规定，《中华人民共和国民法典》第二百七十六条规定：建筑区划内，规划用于停放汽车的车位、车库应当首先满足业主的需要。《最高人民法院关于审理建筑物区分所有权纠纷案件适用法律若干问题的解释》第五条规定，建设单位按照配置比例将车位、车库，以出售、附赠或者出租等方式处分给业主的，应当认定其行为符合民法典第二百七十六条有关“应当首先满足业主的需要”的规定。前款所称配置比例是指规划确定的建筑区划内规划用于停放汽车的车位、车库与房屋套数的比例。《中华人民共和国民法典》第二百七十六条中规定的“首先满足业主的需要”中的“首先”应理解为开发商在一定时间范围内确保业主能够购买车位。可通过设立合理的限制销售期和限制出租期的方式维护业主和开发商利益的平衡，在限制销售期、限制出租期内，开发商不得将车位、车库出售或出租给业主以外的人，也不得超过合理需要处分给业主。超出该期限若仍有业主未购买车位，则视为业主没有购买车位的需要，开发商才能自由处分车位。同时，开发商应履行告知义务，鉴于小区业主人数往往较多，开发商在处分车位时应通过容易被业主获知的方式通知业主，在同等条件下，业主享有优先购买权和优先承租权。而在本案中，投资公司在能够以在小区直接张贴公告等方式向业主公开出售车位的情况下，反而采取了不易被业主获知信息的登报公告方式，最后法院认定该次登报公告并不能起到向业主公开出售车位的效果，投资公司在打包转让车位时未履行对业主的告知义务，违反了《中华人民共和国民法典》第二百七十六条关于“首先满足业主的需要”的规定。同时，该条规定“业主的需要”应理解为业主的合理停车需要，而不包括业主的投资经营需要。在城市停车位难以满足所有业主日常停车需要的情况下，如果允许业主因个人投资因素购买、囤积车位，势必会导致其他业主购买使用车位的成本增加，损害其他业主的合法权益，因此需要根据配置比例标准对每户业主购买车位的数量进行控制，以满足业主对车位的合理需要。在本案中，即便楼某某能够取得小区业主身份，但投资公司将案涉小区143个地下停车位使用权全部转让给楼某某，也不符合配置比例标准，因此也不能认定投资公司转让车位符合“首先满足业主的需要”的规定。

关于《中华人民共和国民法典》第二百七十六条规定的性质，有观点认为该条规定属于强制性规定，也有观点认为属于“授权第三人规范”。笔者认为，《中华人民共和国民法典》第二百七十六条的规定性质上应属于强制性规定，且属于效力性强制性规定。理由如下：第一，该条款属于调整小区公共利益的条款，停车位、停车库应当首先满足业主的需要，不是满足特定业主的需要，而是满足该建筑区划内的所有业主对停车位、停车库的需要。既然是建筑区划内所有业主的利益，自然与一家一户业主利益不同，属于公共利益，而调整公共利益的法律条款应当属于强制性规定。第二，效力性强制性规定侧重规定违反行为的法律行为价值，以否认其法律效力为目的；而管理性强制性规定侧重规定违反行为的事实行为价值，以禁止其行为目的。与维护合同自由的价值相比，《中华人民共和国民法典》第二百七十六条将保护业主群体利益的价值置于更加优先的位置，而立法机关将业主群体利益进行优先保护的目的，当然是以否定违反行为的法律效力为目标，因此，该条款应属于效力性强制性规定。结合《中华人民共和国民法典》第一百五十三条第一款关于“违反法律、行政法规的强制性规定的民事法律行为无效”的规定，如果开发商违反该规定转让车位的，有利害关系的业主可以请求确认该转让行为无效。在本案中，投资公司将小区全部地下停车位一次性打包转让给楼某某，导致了陈某某等小区业主存在无法使用地下停车位的风险，也导致了小区业主对地下停车位享有的优先购买或使用的权利无法得到保障，显然违反了“应当首先满足业主的需要”的效力性强制性规定，因此陈某某等小区业主有权要求确认投资公司与楼某某之间的地下停车位转让合同无效。

综上所述，《中华人民共和国民法典》第二百七十六条规定性质上为效力性强制性规定，《最高人民法院关于审理建筑物区分所有权纠纷案件适用法律若干问题的解释》第五条进一步明确了配置比例标准作为认定是否符合“应当首先满足业主的需要”的依据。房产开发商违反上述规定所签订的车位转让合同的效力，结合《中华人民共和国民法典》第一百五十三条第一款的规定，应当产生无效的法律后果，有利害关系的业主有权主张车位转让合同无效。

编写人：浙江省绍兴市上虞区人民法院　曹清

5

未依照法律、行政法规规定办理批准手续的合同，当事人是否有法定解除权

——王某明诉娄某红、周某长合同案

【案件基本信息】

1. 裁判书字号

湖南省长沙市中级人民法院（2022）湘01民终1号民事判决书

2. 案由：合同纠纷

3. 当事人

原告（上诉人）：王某明

被告（上诉人）：娄某红

被告：周某长

第三人：刘某、A镇人民政府

【基本案情】

2011年12月15日，周某长、娄某红、刘某三人合伙，由周某长作为代表与A镇政府、A镇国土资源所（以下简称A镇国土所）签订《委托办理用地手续协议书》，约定共建浏阳市A镇世纪街南段A区。2012年12月18日，王某

明与周某长、娄某红签订《集体土地转让协议》，约定：（1）出让方：A镇人民政府世纪街南路开发延伸段（甲方），受让方：王某明（乙方），甲方向乙方转让集体土地一块，乙方用于商住街道开发用地；该转让地块共两巷，位于甲方一期工整商住开发区内，面积为135平方米左右。（2）土地使用权转让价格及付款方式：该宗土地系集体转让土地，转让款共计40万元整，合同签订后付款36万元，余购地款4万元基础完工后付清。（3）乙方应在协议签订后，根据付款方式及时足额付款；甲方必须在协议签订后30个工作日内将该宗地块交付乙方使用。（4）甲方必须及时为乙方免费办理好所购地块的城建、国土手续，甲方负责联系该地块户主及组上相关手续，其组上入户手续费用由乙方承担（组上过户费大约2000元内）。（5）周某长、娄某红在甲方处签章，王某明在乙方处签章。《集体土地转让协议》还对其他事项进行了约定。2013年2月8日，周某长出具收条一张，内容为："今收到王某明老板购地款两巷门面地款36万元注明（汇款28万元，现金8万元）周某长立2013.2.8"。被告已收到36万元款项，但集体土地的相关审批手续至今未办理完成，涉案集体土地亦未实际交付给原告使用。

庭审中，王某明称由于周某长、娄某红、刘某未依照《集体土地转让协议》办理集体土地转国有土地的手续，导致涉案地块无法交付，才产生本案诉讼；周某长则称其与娄某红、刘某合伙开发涉案地块，《集体土地转让协议》签订后，王某明应依约将户口转入并办理寄户手续，集体土地的后续手续才能办理，但王某明至今未办理寄户；娄某红称《集体土地转让协议》可以继续履行，但前提是原告应配合办理有关手续。另查明，截至起诉之日，王某明的户籍地仍为湖南省长沙县A镇。

【案件焦点】

未依照法律、行政法规规定办理批准手续的合同效力如何，当事人是否有解除权。

【法院裁判要旨】

湖南省浏阳市人民法院经审理认为：双方签订的《集体土地转让协议》依法成立，不存在无效情形。尽管该协议因未经审批而未生效，但是不影响该协议中履行报批等义务条款及相关条款的效力。根据法律规定，在履行期限届满前，当事人一方明确表示或者以自己的行为表明不履行主要债务的，当事人可以解除合同。本案中，案涉协议并未完全实际履行，涉案地块亦未实际交付给原告使用，原告起诉以实际行动明确表示不再继续履行合同，故对于原告请求解除合同的诉讼请求，本院予以支持。关于违约责任。本案双方均存在不同程度的违约，原告向法院起诉请求解除协议后，被告应及时将 36 万元款项返还给原告，但娄某红、周某长至今未返还，给原告造成了实际损失，故应支付自原告第一次向法院起诉之日（2020 年 5 月 21 日）起按全国银行间同业拆借中心公布的一年期贷款市场报价利率标准计算至实际履行之日止的利息。关于第三人刘某和 A 镇政府的责任承担问题。根据合同相对性原则，二者均无须担责。

湖南省浏阳市人民法院依照《中华人民共和国民法典》第五百零二条、第五百六十三条、第五百六十六条，《中华人民共和国土地管理法》第四条、第五十九条、第六十三条，《中华人民共和国民事诉讼法》第一百四十四条、第二百五十三条之规定，判决如下：

一、解除王某明与娄某红、周某长于 2012 年 12 月 18 日签订的《集体土地转让协议》；

二、娄某红、周某长于本判决生效之日起三十日内向王某明偿还 36 万元并支付利息损失（利息计算方法为：以 36 万元为基数，自 2020 年 5 月 21 日起至实际履行之日止，按照全国银行间同业拆借中心公布的一年期贷款市场报价利率标准计算）；

三、驳回王某明的其他诉讼请求。

王某明、娄某红不服一审判决，提起上诉。

湖南省长沙市中级人民法院同意一审法院裁判意见，判决如下：

驳回上诉，维持原判。

【法官后语】

判断未生效合同当事人是否具有法定解除权，首先需要判断两个问题：一是未依照法律、行政法规规定办理批准手续的合同条款的约束力如何；二是未依照法律、行政法规办理批准手续能否成为解除权产生的法定事由。

依法成立的合同是否必然对当事人具有约束力？依法成立的合同，自成立时生效，但是法律另有规定或者当事人另有约定的除外。《中华人民共和国民法典》第五百零二条第二款规定：未办理批准等手续影响合同生效的，不影响合同中履行报批等义务条款以及相关条款的效力。也就是说，如果未办理批准手续，合同将处于未生效的状态。未生效合同是欠缺生效要件的合同，本案中的合同未经批准的情形即是一例，合同实体条款尚不发生效力，合同的当事人不能直接请求履行合同，但其中的报批等程序条款对双方仍具有约束力。

既然依法成立但尚未生效的合同仅具有部分约束力，那么该类合同是否需要再行解除？对于这一问题，实务中更倾向认为，“成立未生效的合同对双方当事人具有一定的拘束力，即履行报批手续的义务，应当解除。”可见，法律并不排除当事人通过解除成立但未生效合同，以摆脱合同形式拘束力的需要和可能。法律规定了三种合同解除方式：协商解除、法定解除和诉讼解除，解除事由和解除方式不一，其中法定解除权属于单方解除，主要规定于《中华人民共和国民法典》第五百六十三条，在合理期限内通知对方即可解除合同，解除事由包括不可抗力、当事人拒绝或迟延履行主要债务致使合同目的不能实现等。根据诚实信用原则，基于双方合意而成立的合同，因未依照法律、行政法规规定办理报批手续而导致合同未生效，但双方都有完成缔约、推动合同发生效力的责任，故合同中关于履行报批义务的约定即成为未生效合同的“主要债务”，影响到合同目的是否能够实现。因此，对履行报批的积极义务人和配合报批的消极义务人而言，都可因对方不履行或不配合报批手续而获得法定解除权。

具体到本案，原、被告之间签订的《集体土地转让协议》因未依照法律、行政法规规定办理批准手续而未生效，但其中报批条款具有约束力。被告有办理报批的义务，原告有配合办理报批的义务。由于本案双方都存在不同程度的违约，导致报批手续一直未完成，因此，原、被告均可因对方违约行为获得法定解除权。原告王某明以诉讼方式通知对方后，合同即告解除，被告应退还已付款项，逾期未还则应赔偿原告损失。据此，一审法院判决解除双方合同，返还已付款并确定利息损失的起算时间点为原告第一次起诉之日，二审中亦予以维持。

编写人：湖南省浏阳市人民法院　雷博

二、债权人代位权纠纷

6

债务人与次债务人之间的仲裁协议
不影响债权人代位权的行使

——甲电气公司诉某医院债权人代位权案

【案件基本信息】

1. 裁判书字号

山东省淄博市博山区人民法院（2022）鲁0304民初1024号民事判决书

2. 案由：债权人代位权纠纷

3. 当事人

原告：甲电气公司

被告：某医院

第三人：乙电气公司

【基本案情】

2018年8月27日，被告某医院作为甲方（采购人）、第三人乙电气公司作为乙方（中标单位），签订某医院新院区环网柜采购项目《合同书》一份。双方在合同中约定，乙方向甲方提供并安装调试符合要求的环网柜，合同价款为852600元；付款方式为全部货物运到指定地点安装完毕并验收合格后，付至合同价款的 30%，在设备正常运行、提供完善技术服务的前提下，剩余合同价款的 70%，在之后三年内无息付清；纠纷解决方式为提交某市仲裁委员会仲裁。

该工程所需环网柜实际由原告甲电气公司供货并安装，2018 年 10 月 10 日通过了竣工验收。2018 年 10 月 26 日，第三人乙电气公司作为买方，原告甲电气公司作为卖方，补签了《买卖合同》一份。合同约定由卖方向买方供货环网柜 4 台并负责安装施工，合同价款 60 万元，在被告某医院支付第三人乙电气公司环网柜项目专用款 75 万元且到账后两个工作日内，卖方向买方开具 16% 增值税发票，同时买方向卖方付清合同全款 60 万元整。合同还约定了其他事项。至今，被告未向第三人付款，第三人亦未向原告付款。原告提起本案诉讼主张其债权人代位权，并据此要求依法判令被告支付电气产品货款 60 万元。被告某医院辩称原告主张的代位权不成立，认为原、被告并非直接的合同关系，原告在本案中无诉权。本案中被告与第三人签订的合同约定争议解决方式为提交某市仲裁委员会仲裁，如原告主张行使代位权也应当依法到仲裁委提起仲裁而非起诉，故应驳回原告诉讼请求。第三人陈述意见同被告辩称相一致。

环网柜工程护栏系被告另找他人安装，为此支出 18032 元，原告同意从总价款中扣除。

【案件焦点】

债务人与次债务人之间的仲裁协议是否影响债权人代位权的行使。

【法院裁判要旨】

山东省淄博市博山区人民法院经审理认为：被告与第三人、第三人与原告分别签订的两份买卖合同依法成立，合法有效。合同标的物环网柜工程已于 2018 年 10 月 10 日经竣工验收合格并正常运行使用。根据被告与第三人所签《买卖合同》的约定，被告的付款期限是在 2021 年 10 月 10 日之前，现该期限已过，被告未向第三人付款。而第三人既未向原告付款，又不以诉讼、仲裁等方式向被告主张自己的到期债权，导致原告对第三人的债权无法实现。因此，原告有权依照上述法律的规定以自己的名义代位第三人行使对被告的债权追偿权，原告的起诉符合法律规定，原告的代位权成立。对被告关于原告在本案中不具有诉权的抗辩主张不予采纳。原告认可被告为建环网柜围栏向案外人支付18032元并同意从货款中扣除，故被告应付原告货款为581968元。对原告的该诉讼请求予以支持。

原告所提起的代位权诉讼，不是当事人因合同权利义务关系而直接产生的纠纷，而是债权人为了保全合同债权而向合同外第三人提起的诉讼，诉的依据不是合同，而是法律规定，因此只能依法选择诉讼的方式。尽管被告和第三人的买卖合同中约定了纠纷解决的方式是向某市仲裁委员会申请仲裁，但这种约定不能限制原告所提起的代位权诉讼。原告直接向法院提起诉讼符合法律规定，对被告关于本案应选择仲裁方式的抗辩主张，本院不予采纳。依照《中华人民共和国民法典》第五百三十五条、第五百三十七条的规定，判决如下：

一、被告某医院于本判决生效之日起十日内代第三人乙电气公司向原告甲电气公司支付环网柜货款581968元；

二、驳回原告甲电气公司的其他诉讼请求。

判决后，双方当事人均未上诉，本判决现已生效。

【法官后语】

本案主要涉及的问题在于债务人与次债务人之间的仲裁协议是否影响债权人代位权的行使。此问题所反映出的核心法律问题在于，法律一方面赋予债权人通过起诉的方式来实现债权人代位权，而另一方面法律又规定次债务人对债务人的抗辩也可以向债权人主张。在此情形下，债务人与次债务人之间的仲裁协议排除法院管辖就成为次债务人对债权人的抗辩理由。而本案则通过审判实践明晰了处理该问题的裁判思路，即债务人与次债务人之间的仲裁协议不能限制债权人代位权的行使。

债权人代位权制度是一项重要的债之保全制度，其立法是明确债务人责任财产范围以保护债权人利益，同时又尽量不干涉债务人的私法自治。债权人代位权最早规定于《中华人民共和国合同法》第七十三条第一款："因债务人怠于行使其到期债权，对债权人造成损害的，债权人可以向人民法院请求以自己的名义代位行使债务人的债权，但该债权专属于债务人自身的除外。”之后，最高人民法院出台了《最高人民法院关于适用〈中华人民共和国合同法〉若干问题的解释（一）》（以下简称《合同法司法解释一》），就债权人代位权制度作出了详细的解释。《中华人民共和国民法典》又对债权人代位权制度作出了进一步的明确规定。

《中华人民共和国民法典》第五百三十五条第一款规定："因债务人怠于行使其债权或者与该债权有关的从权利，影响债权人的到期债权实现的，债权人可以向人民法院请求以自己的名义代位行使债务人对相对人的权利，但是该权利专属于债务人自身的除外。”根据该规定，代位权的行使方式必须通过诉讼程序进行，代位权诉讼的管辖，继续沿用《中华人民共和国合同法》第七十三条关于代位权专属人民法院管辖的规定。《中华人民共和国民事诉讼法》没有对代位权的实施在程序方面作出专门的规定，故代位权的管辖仍应按照《合同法司法解释一》的相关规定精神予以处理。《合同法司法解释一》第十四条规定："债权人依照合同法第七十三条的规定提起代位权诉讼的，由被告住所地人民法院管辖。”而这里的被告显然是指相对人即次债务人。据此，代位权诉讼只能由相对人即次债务人住所地法院管辖。也就是说，代位权诉讼适用一般地域管辖，既排除其他法院的地域管辖，也排除债权人与债务人之间、债务人与相对人之间的管辖协议和仲裁协议，债务人、相对人不得以此进行抗辩。[①]而之所以作出如此理解来解决仲裁协议与代位权行使的冲突问题，关键在于对仲裁协议的约束力和代位权的性质这二者的准确界定把握。

关于仲裁协议的约束力问题，仲裁协议是当事人把他们之间将来或已经发生的特定争议交付仲裁的共同意思表示。[②]无论是从理论还是实践来看，仲裁协议约束的对象应仅限于协议的签署主体，对未签订书面协议的第三人原则上并不产生效力。尽管在《最高人民法院关于适用〈中华人民共和国仲裁法〉若

① 最高人民法院民法典贯彻实施工作领导小组主编：《中华人民共和国民法典合同编解释理解与适用》，人民法院出版社2020年版，第504页。

② 宋连斌：《国际商事仲裁管辖权研究》，法律出版社2000年版，第5页。

干问题的解释》（以下简称《仲裁法解释》）第八条和第九条中涉及仲裁协议对未签订书面协议的第三人的效力问题，但从其主要内容来看，主要是确认了两种特殊情形下的有效性：一是当事人订立仲裁协议后合并、分立或死亡的，仲裁协议对其权利义务继受人或继承人有效；二是债权债务转让后仲裁协议对受让人有效。① 而这两种情形从本质上来看其实就是当事人主体和权利义务的当然承继，故从法理上来讲并不影响仲裁协议效力的承继。而从代位权的性质来看，债权人代位权属于一种固有的法定权利，其权利来自法律规定而非当事人约定。债务人对其权利并未丧失，因此债权人代位权不是“债务人的默示让与”，只不过是可以行使债务人权利的权利。② 因此，债权人代位权在本质上并不存在当事人主体或权利义务的当然承继，故而从法理上讲也就不存在债务人与次债务人之间的仲裁协议效力及于债权人的问题。既然如此，那么从法律上来讲债务人与次债务人之间的仲裁协议不能影响债权人代位权的法定行使。

综上，债权人代位权直接来源于法律规定，其性质不是债务人权利的转让。根据合同相对性原则，债权人并非系仲裁协议的签署方，自然不受债务人与次债务人之间的仲裁协议的影响。据此，本案中尽管被告和第三人的买卖合同中约定了纠纷解决方式是向某市仲裁委员会申请仲裁，但这种约定不能限制原告提起代位权诉讼的权利。原告直接向法院提起代位权诉讼符合法律规定。故法院对于被告提出的本案应选择仲裁方式的抗辩主张不予采纳并判决被告代第三人向原告偿还货款无疑是正确的。

编写人：山东省淄博市中级人民法院　荣明潇

山东省淄博市博山区人民法院　孙雪萍

---

① 《仲裁法解释》第八条规定：当事人订立仲裁协议后合并、分立的，仲裁协议对其权利义务的继受人有效。当事人订立仲裁协议后死亡的，仲裁协议对承继其仲裁事项中的权利义务的继承人有效。前两款规定情形，当事人订立仲裁协议时另有约定的除外。第九条规定：债权债务全部或者部分转让的，仲裁协议对受让人有效，但当事人另有约定、在受让债权债务时受让人明确反对或者不知有单独仲裁协议的除外。

② 韩世远：《合同法学》，高等教育出版社2010年版，第162页。

三、债权人撤销权纠纷

7

债务人无偿处分时，债务人行为诈害性的判断时点问题

——吴某诉王某债权人撤销权案

【案件基本信息】

1. 裁判书字号

北京市第一中级人民法院（2021）京01民终6236号民事判决书

2. 案由：债权人撤销权纠纷

3. 当事人

原告（上诉人）：吴某

被告（被上诉人）：王某

第三人（被上诉人）：付某

【基本案情】

王某与付某于1999年10月登记结婚。2017年3月21日，王某与付某以夫妻间房屋归属约定为由，将案涉房屋转移登记至付某一人名下。2019年2月，经法院判决判令王某偿还吴某借款本息超800万元。

2019年6月14日，王某与付某离婚。二人签订的《离婚协议书》关于房屋的财产处理约定为，夫妻共同所有的案涉房屋的房地产所有权归女方所有，

房地产权证的业主姓名变更由女方选择时间办理，男方必须协助女方办理变更登记的一切手续，过户费用由女方负责。2019 年 8 月法院作出执行裁定书以吴某暂不能向该院提供王某的下落及其他可供执行的财产线索为由，终结本次执行程序。

吴某遂向法院提出诉讼，请求撤销王某将案涉房屋转让至付某名下的行为，将房屋产权恢复登记在王某名下；撤销王某和付某于 2019 年 6 月 14 日签订的《离婚协议书》中第 3 条第 2 款关于共有房屋分割的条款。

【案件焦点】

《离婚协议书》中涉案房屋归付某所有是否属于王某无偿转让财产。

【法院裁判要旨】

北京市海淀区人民法院经审理认为：王某与付某于 2017 年 3 月 21 日以夫妻间房屋归属约定为由将案涉房屋转移登记为付某一人所有，该转移登记行为意味着对王某与付某而言，案涉房屋由原夫妻共同财产变更为付某个人财产。但是，二人离婚时不能将其作为夫妻共同财产进行分割，二人的相关约定并不产生案涉房屋权属转移的法律效果，必然也不存在无偿转让财产的行为。即便在二人离婚时将案涉房屋作为共同财产加以处置，亦不能改变双方此前对案涉房屋的约定及转移登记行为，备案的《离婚协议书》中关于案涉房屋的分割约定，并不产生无偿转让的法律后果，也不存在实质影响吴某债权实现的情形。因此，对吴某的诉讼请求未予支持。

北京市海淀区人民法院依照《中华人民共和国婚姻法》第十九条的规定，判决如下：

驳回原告吴某的诉讼请求。

吴某不服一审判决，提起上诉。

北京市第一中级人民法院经审理认为：根据已查明事实，北京市海淀区人民法院于 2019 年 2 月 15 日作出的（2019）京 0108 民初 19185 号民事判决书，确定了吴某对王某依法享有的债权，2019 年 6 月 14 日王某与付某登记离婚并签订了《离婚协议书》，协议书中对涉案房屋财产的处理作了约定，吴某据此主张王某与付某通过签订《离婚协议书》将作为夫妻共同财产的涉案房屋无偿转让给付某，对其债权造成损害，要求撤销王某的无偿转让行为。综合各方当事人一、二审诉辩主张，本案争议焦点为《离婚协议书》中案涉房屋归付某所有是否属于王某无偿转让财产。2017 年 3 月 21 日，王某与付某以夫妻间房屋归属约定为由将案涉房屋转移登记至付某一人名下，不论该转移登记行为是否对涉案房屋产生物权变动的效力，都可以认定王某与付某于 2017 年即对涉案房屋的归属作了约定，该约定早于生效判决书确认的吴某对王某享有债权的时间。同时，结合处理离婚财产时需综合考虑子女和女方权益、夫妻双方是否具有过错等各种因素，王某、付某关于《离婚协议书》中财产分割符合照顾女方权益的原则，王某、付某主张的不存在无偿转让财产行为的抗辩具有一定的合理性，因此一审法院关于不予支持吴某作为债权人在本案中行使撤销权的认定并无不当。另外，吴某主张付某以二手房买卖形式将房产转卖给案外人，该案外人的代理人与王某是兄弟关系，但其未提举证据予以证明，付某对此亦不予认可，因此本院对该主张不予采信。

综上，吴某的上诉请求不能成立，应予驳回；一审判决认定事实清楚，适用法律正确，应予以维持。北京市第一中级人民法院依照《中华人民共和国民事诉讼法》第一百七十条第一款第一项之规定，判决如下：

驳回上诉，维持原判。

【法官后语】

本案是一起债权人撤销权纠纷，债权人撤销权是指当债务人无偿处分或以不合理的对价交易导致其财产权益减少或者责任财产负担不当加重，对债权人的债权实现有影响时，债权人可以请求人民法院撤销债务人所实施行为的一项民事权利。本案涉及夫妻对共同财产的分割，以及夫妻其中一方作为债务人放弃应享有的夫妻共同财产份额。本案重点从如下几个方面考虑。

1. 债务人行为诈害性时点的判断

债权人可行使撤销权予以撤销的行为，均是基于债务人处分财产权益行为的诈害性。将债务人财产状态“无资力”作为对债权人债权实现有影响的重要判断标准，即必须是债务人减少财产的行为足以影响债权人债权的清偿，具有诈害性债权人才能行使撤销权。而债务人诈害行为对债权人债权实现的影响的判断时点，应符合债务人诈害行为时和撤销权行使时的双重标准。

行为时标准，意味着必须在债务人实施积极减少其责任财产的行为时，即已陷于“无资力”，才能构成诈害行为。如果债务人在行为时有足以清偿债务的财产，未对债权造成损害，即使其后因其他财产变动或财产贬值导致其不能清偿债务，仍不能成立诈害行为。“权力行使时”标准，意味着债权人行使撤销权时诈害状态仍在继续中，故在行使撤销权时，因债务人的经营或者经济状况好转导致其责任财产增加或者升值，足以清偿债权时，债权人亦不得行使撤销权。

当然，上述时点标准分析的基础为债务人的处分行为发生在债权之后，易言之，金钱债权应于诈害行为发生前成立，如果发生在债权成立之前，则谈不上损害债权的问题，债权人不能行使撤销权。

本案中，王某与付某在2017年约定将案涉房屋转移登记至付某一人名下并进行了登记，付某据此应取得案涉房屋的所有权。同时，也有观点认为，夫妻关系存续期间对不动产的转移登记，不会导致不动产的物权变动，仍属于夫妻共同财产。但是，不论该转移登记行为是否对涉案房屋产生物权变动的效力，可以确定的是，王某与付某于2017年即对涉案房屋的归属作了约定，该约定早于生效判决书确认的吴某对王某享有债权的时间。基于上述关于诈害性时点判断的分析，可以认定债权人行使撤销权的条件并未成就。

2. 夫妻分割共同财产需综合各种因素

本案除债权人撤销权的构成要件是否成就的问题之外，还涉及夫妻分割共同财产的问题。《中华人民共和国民法典》第一千零六十五条对夫妻约定财产制进行了规定。

本案在审理过程中，王某明确表示其在婚姻存续期间有出轨行为，且与婚外情人常年保持同居关系，疏于对家庭和子女的照顾，该自认经查证属实。多年来均是由女方付某抚养子女，对家庭的付出更多，因此从综合考虑子女和女方权益、夫妻双方是否具有过错等各种因素的角度出发，双方将涉案房屋约定归女方所有亦符合照顾女方权益的原则。再结合前述关于债权人撤销权行使条件的论述，本案未支持债权人吴某的诉讼请求。

编写人：北京市第一中级人民法院　德智

四、债权转让合同纠纷

8

未办理转移登记的不动产抵押权随主债权一并转让

——孙某某诉贾某某债权转让合同案

【案件基本信息】

1. 裁判书字号

北京市密云区人民法院（2021）京0118民初1907号民事判决书

2. 案由：债权转让合同纠纷

3. 当事人

原告：孙某某

被告：贾某某

【基本案情】

2017年12月14日，贾某某向张某某借款90万元；同日，贾某某和张某某签订《抵押合同》，以其所有的坐落于密云区某小区房屋一套为其向张某某90万元借款及利息提供担保，并于2017年12月18日向北京市规划和国土资源管理委员会办理抵押登记。

2018年3月13日，张某某与孙某某签订《债权转让协议书》，张某某将其对贾某某享有的90万元借款、利息债权以及房屋抵押权一并转让给孙某某，并将张某某借款转账手续、房屋产权证、不动产抵押登记证等材料交给孙某某，但未办理抵押权变更登记手续。孙某某将债权转让事宜通知了贾某某。孙某某向张某某转账90万元。

贾某某向张某某支付利息合计14万元。抵押房屋不动产权证书载明房屋共有情况为单独所有。贾某某称该房屋系婚后购买，属夫妻共同财产。贾某某认可签订抵押合同时未告知张某某结婚情况。

因贾某某未向孙某某偿还借款，孙某某起诉要求贾某某偿还90万元借款及利息，并要求对贾某某位于密云区某小区的抵押房产优先受偿。贾某某不同意孙某某上述诉讼请求，成此诉。

【案件焦点】

《中华人民共和国民法典》实施后，债权人转让主债权及从权利房屋抵押权，在未办理房屋抵押权转移登记手续的情况下，债权受让人能否受让房屋抵押权。

【法院裁判要旨】

北京市密云区人民法院经审理认为：张某某和孙某某签订的《债权转让协议书》系双方真实意思表示，不违反法律、行政法规的效力性强制性规定，应为有效合同。本案中，贾某某认可孙某某起诉前告知其债权转让事宜，其知晓张某某与孙某某的债权转让行为，可以认定债权转让人已经向债务人履行了债权转让的通知义务，故该债权转让对贾某某发生法律效力，贾某某应当在欠付款项范围内向孙某某承担还款责任，故对孙某某要求贾某某偿还借款90万元及利息的诉讼请求，本院予以支持。

《中华人民共和国民法典》第五百四十七条规定，债权人转让债权的，受让人取得与债权有关的从权利，但是该从权利专属于债权人自身的除外。受让人取得从权利不因该从权利未办理转移登记手续或者未转移占有而受到影响。关于孙某某要求处置贾某某名下密云区某小区的抵押房产，由孙某某优先受偿的诉讼请求，因抵押合同中无“债权人转让债权，抵押人不承担担保责任”的约定，故抵押权作为从属性权利应随着主债权的转让而一并转让。

贾某某称抵押房屋系婚后购买，系夫妻共同财产，但不动产权证书上登记房屋为贾某某单独所有，且贾某某认可签订抵押合同时未告知张某某自己的婚姻情况，张某某有理由相信该房屋系贾某某一人所有，孙某某作为张某某对贾某某债权的受让方，亦可取得完整的抵押权利，故本院对孙某某的该项诉讼请求，亦予以支持。

北京市密云区人民法院依照《中华人民共和国民法典》第五百四十七条，《中华人民共和国合同法》第八条、第七十九条、第八十条、第二百零六条、第二百零七条，《最高人民法院关于审理民间借贷案件适用法律若干问题的规定》（2020 年 12 月 23 日修正）第二十五条、第三十一条，《最高人民法院关于适用〈中华人民共和国民法典〉时间效力的若干规定》第一条第二款、第三条之规定，判决如下：

一、贾某某于本判决生效之日起十日内偿还孙某某借款本金 90 万元并支付利息（以 90 万元为基数，自 2018 年 3 月 14 日起至 2020 年 8 月 19 日止按月利率 2%计算，自 2020 年 8 月 20 日起至实际付清之日止按全国银行间同业拆借中心 2021 年 2 月公布的一年期贷款市场报价利率的四倍计算）；

二、孙某某在上述债权范围内对贾某某提供的坐落于北京市密云区某小区的抵押房屋折价或拍卖、变卖的价款享有优先受偿权。

判决后，双方当事人均未上诉，本判决现已生效。

【法官后语】

本案涉及《中华人民共和国民法典》实施后，债权人转让主债权及从权利房屋抵押权时，在转让人未将房屋抵押权转移登记至受让人名下时，债权受让人在受让主债权的同时能否一并受让房屋抵押权的问题。

关于上述问题有两种截然不同的观点：第一种观点认为，不动产抵押权随主债权转让，须以登记为生效要件，未经登记，不发生抵押权转让的效力；第二种观点认为，不动产抵押权随主债权的转让而转让，无须进行转移登记。关于不动产物权登记对不动产物权变动的效力，我国一直以来采取不动产物权登记生效为原则的立法体例。《中华人民共和国民法典》第二百零九条第一款在肯定我国不动产物权变动效力方面采取登记生效原则的同时，也规定“法律另有规定的除外”。关于法律规定的例外情形，《中华人民共和国民法典》第四百零七条规定，抵押权不得与债权分离而单独转让或者作为其他债权的担保。债权转让的，担保该债权的抵押权一并转让，但是法律另有规定或者当事人另有约定的除外。《中华人民共和国民法典》第五百四十七条规定，债权人转让债权的，受让人取得与债权有关的从权利，但是该从权利专属于债权人自身的除外。受让人取得从权利不因该从权利未办理转移登记手续或者未转移占有而受到影响。可见，民法典采取第二种观点。

《中华人民共和国民法典》之所以如此规定，主要基于民事权利基础理论。民事权利以在权利的相互关系中能否独立存在为标准分为主权利和从权利。主权利是指在几个相互关联的权利中不依赖于其他权利的存在而独立存在的权利，从权利是以其他权利的存在为存在基础，没有其他权利的存在就失去意义的权利。被担保债权与抵押权的关系，即是主权利和从权利的关系。依据民法传统理论原则上是“对主权利的处分及于从权利”，即主债权转移，抵押权也随之转移。除非法律有例外规定或者当事人有相反的约定。此外，从担保物权的担保对象来看，担保人是为债务人提供担保，至于债权人是谁，原则上不影响担保的变动。债权转让时针对主债权设立的抵押权继续存在，符合抵押权设立的初衷，有利于保障主债权顺利实现。

但应注意以下两个方面的问题：一是例外情形。在法律另有规定、当事人另有约定以及从权利专属于债权人自身时，抵押权并不一定随着主债权的转让而转让。例如，原债权人和抵押人在签订抵押合同时明确约定，债权人转让债权必须经抵押人同意否则抵押权因债权转让而消灭，在此种情况下，抵押权并不能随着主债权的转让而转让。二是善意第三人利益保护问题。在未办理抵押权变更登记的情况下，登记记载的权利人与实际权利人不一致，如信赖该登记物权的存在并已从事了物权交易的善意第三人的利益与债权受让人利益保护存在冲突时，应依法适用善意取得制度，优先保护善意第三人的合法权益。

实践中，债权转让后变更抵押权人登记的情形较少，究其原因，一方面不动产登记机关往往要求原抵押权人、抵押人、债权受让人共同到现场办理变更登记，手续烦琐；另一方面受让人法律意识淡薄，个别受让人误认为手持抵押人向原抵押权人交付的不动产权属证书、不动产登记证明、被担保主债权转让协议等，足以保障其抵押权实现，未意识到潜在的风险隐患。

综上，在肯定主债权转让未办理转移登记手续的不动产抵押权一并转让的同时，应积极完善抵押权人变更登记相关规定，使该项操作简便易行，同时对未办理变更登记的弊端进行风险提示，使更多的债权受让人选择更加完备的权利保障方式，最大限度地保护债权受让人的合法权益。

编写人：北京市密云区人民法院　张维霞

五、民事主体间房屋拆迁补偿合同纠纷

9

民事主体间房屋拆迁补偿合同纠纷表见代理的认定

——某村委会诉孙甲、孙乙民事主体间房屋拆迁补偿合同案

【案件基本信息】

1. 裁判书字号

山东省淄博市中级人民法院（2021）鲁03民终3118号民事判决书

2. 案由：民事主体间房屋拆迁补偿合同纠纷

3. 当事人

原告（被上诉人）：某村委会

被告（上诉人）：孙甲

被告：孙乙

【基本案情】

孙甲系某村村民，原居住在该村210号位置的房屋院落，孙甲有四女，其中长女孙丙与孙乙结婚，孙乙的户口于1993年前后迁入某村，因孙甲家庭人口众多，1992年某村村委会为孙甲另划地盖房，即该村27号宅院，孙甲夫妻居住27号房屋，孙乙夫妻居住210号房屋，2008年12月16日孙甲、孙乙分户。

2013年某村实行旧村改造，制订《旧村改造拆迁安置实施方案》，方案

第四章第三条规定：“所有拆迁安置范围内的农户，在双方对评估结果认可的情况下签订协议书。新村建好后，先拆后搬，经领导小组验收合格后方可入住。”第五章第一条规定：“根据国家有关政策规定，一户只有一处宅基地，其他多余的宅基地（不管是村委规划或是买卖、抢占的）都不享受分房政策。”第二条规定：“祖籍是本村，户口在本村，并长期居住的，享受村民待遇的男性公民或妻子在本村长期居住，有独立宅基地房产是村集体经济成员的户；及有女无子、已结婚的养老女婿或女儿已满十八周岁，有宅基地的（只限一个女儿）。享受安置房、保障房各一套。安置房按照成本价收款，与原有房屋补偿款抵交（多退少补），村集体补助八万元及签订拆迁协议及房屋拆迁奖励四万元；免费享受保障房一套。”第十一条规定：“年满60周岁以上的老人，一律居住老年公寓，不再安置楼房。”2016年11月17日孙甲与某村委会签订《房屋拆迁补偿安置协议》，其中第三条约定其27号房屋及附属物（协议误写为210号），评估补偿价值共为190028元，第六条约定：“宅基地拆除时间由村民大会和村民代表会决定，并由村委会进行公示。在规定的拆除时间内，乙方宅基地上的附属物由乙方自行处理，收益归乙方所有；逾期未拆除的，该基地上的一切附属物归甲方所有，甲方可以任意处理，乙方不得向甲方主张任何权利。”孙乙同期与某村委会签订《房屋拆迁补偿安置协议》，约定其210号房屋及附属物评估价值共计174361元。2018年某村新房建成，2018年11月27日孙乙按照某村统一要求，与某村委会签订《房屋拆迁补偿及楼房安置协议》，该协议约定孙甲、孙乙两处房屋评估价值共计364389元，另对奖励补偿等事项进行了约定。后某村为孙乙提供房屋两套，分别为8-2-603室，8-2-604室，为孙甲提供老年公寓一套。孙乙已居住新房，其210号房屋及附属物已拆除，但孙甲居住的27号房屋及附属物未拆除，2018年11月18日，某村召开村民代表大会，决定旧房拆除时间为2018年12月26日至2019年1月10日，并对拆除时间进行公示，但孙甲居住的房屋一直未拆除。

【案件焦点】

孙乙在《房屋拆迁补偿及楼房安置协议》的签字确认行为是否对孙甲具有约束力。

【法院裁判要旨】

山东省淄博市临淄区人民法院经审理认为：原告与被告孙甲签订的《房屋拆迁补偿安置协议》，合法有效，被告有义务履行协议，拆除旧房。但被告孙乙已履行了安置补偿协议，拆除了其居住的210号房屋及附属物，27号房屋院落系由被告孙甲实际居住，因此，本院判令被告孙甲对其27号房屋及附属物予以拆除。

山东省淄博市临淄区人民法院依照《中华人民共和国合同法》第六十条、第一百零七条，《最高人民法院关于适用〈中华人民共和国民法典〉时间效力的若干规定》第一条，《中华人民共和国民事诉讼法》第六十四条之规定，判决如下：

一、被告孙甲履行《房屋拆迁补偿安置协议》，于本判决生效后十日内将其位于某村27号的房屋及附属物拆除并清理；

二、驳回原告某村委会的其他诉讼请求。

孙甲不服一审判决，提起上诉。

山东省淄博市中级人民法院经审理认为：因旧村改造房屋拆迁事宜，孙甲、孙乙分别与某村委会签订《房屋拆迁补偿安置协议》后，孙乙与某村委于2018年11月27日签订《房屋拆迁补偿及楼房安置协议》，系平等民事主体之间经协商达成的民事协议，并不违反法律、行政法规的强制性规定和公序良俗，孙甲主张协议无效依据不足。从协议的内容看既是对原协议存在未尽协议内容进行的补充，又是对原协议的整合，孙乙签字确认。根据《中华人民共和国民法典》第一千零四十五条的规定，孙乙虽系孙甲女婿，但并不属于与孙甲共同生活的近亲属家庭成员，孙乙在涉案总协议上签字，该协议包含孙甲27号宅基房屋拆迁利益，在某村委会未提供证据证实孙乙签订上述补充协议时获得孙甲的相关授权的情况下，孙乙构成无权代理，签订协议后亦未得到27号房屋所有权人孙甲的事后追认，孙乙所订立的补充协议不具有对孙甲的约束力。现有证据亦不足以证实，孙甲已经与某村委会进行充分协商达成协议，并得到拆迁补偿，现某村委会在本案中主张孙甲将案涉 27 号房屋及附属物拆除并清理，理据不足，本院不予支持。原审法院对此认定不当，本院予以纠正。综上，孙甲的上诉请求成立，予以支持。

山东省淄博市中级人民法院依照《最高人民法院关于适用〈中华人民共和国民法典〉时间效力的若干规定》第一条、第三条，《中华人民共和国民法总则》第一百七十一条，《中华人民共和国民法典》第三百六十二条、第一千零四十五条，《中华人民共和国土地管理法》第六十二条，《中华人民共和国民事诉讼法》第六十四条、第一百七十条第一款第二项之规定，判决如下：

一、撤销一审判决；

二、驳回某村委会的诉讼请求。

【法官后语】

本案涉及的主要问题在于，民事主体间房屋拆迁补偿合同纠纷中，并非与被拆迁人共同生活的近亲属家庭成员在涉案总协议上签字，该协议包含被代理人（被拆迁人）宅基房屋拆迁利益，签字确认行为是否对被代理人具有约束力。对此认定的关键在于能否认定签字方的行为究竟是有权代理还是无权代理，若是无权代理能否构成表见代理，这对于外表授权的承认与保护、善意相对人利益的保护和保护财产交易的动态安全均具有重要意义，也是解决实践中类似问题的关键所在。

《中华人民共和国民法典》第一千零四十五条第三款规定："配偶、父母、子女和其他共同生活的近亲属为家庭成员。"《中华人民共和国民法典》首次对家庭成员进行了明确界定，即配偶、父母、子女和其他共同生活的近亲属（兄弟姐妹、祖父母、外祖父母、孙子女、外孙子女）为家庭成员。家庭成员是指在同一家庭内生活、相互具有法定权利义务关系的近亲属。家庭成员以共同生活为核心特征，有亲属关系的人不一定是家庭成员，但家庭成员一定是近亲属。女婿与岳父母基于姻亲而成为亲属，但不属于岳父母家庭成员。

《中华人民共和国民法典》第一百七十一条第一款规定："行为人没有代理权、超越代理权或者代理权终止后，仍然实施代理行为，未经被代理人追认的，对被代理人不发生效力。"该条规定了无权代理及其法律后果。《中华人民共和国民法典》第一百七十二条规定："行为人没有代理权、超越代理权或者代理权终止后，仍然实施代理行为，相对人有理由相信行为人有代理权的，代理行为有效。"该条规定了表见代理。其构成要件包括：1. 须是无权代理，即代理人没有代理权、超越代理权或者代理权终止后实施的代理行为。2. 须在代理行为外观上存在使相对人相信行为人具有代理权的理由。包括：(1) 存在外表授权，即存在有代理权授予的外观，代理行为外在表现上有相对人相信行为人有代理权的事实。(2) 相对人对行为人有代理权形成了合理信赖。3. 须相对人与无权代理人实施了民事法律行为。4. 须是相对人善意且无过失。相对人不知道行为人没有代理权，且对其"不知道"没有主观上的过失。符合上述四个条件，构成表见代理，产生与有权代理相同的法律效力，即表见代理人代理实施的民事法律行为的后果，直接由被代理人承担。以《最高人民法院关于当前形势下审理民商事合同纠纷案件若干问题的指导意见》第十三条规定为基础，结合理论研究成果和司法实务经验，明确了认定"相对人有理由相信行为人有代理权"的两个条件：一是存在代理权的外观；二是相对人不知道行为人行为时没有代理权，且无过失。对上述两种情形的认定需要结合代理行为存在诸如合同书、公章、印鉴等有权代理的客观表象形式要素，以及合同的缔结时间、以谁的名义签字、是否盖有相关印章及印章真伪、标的物的交付方式与地点等因素综合判断。相对人对行为人实施民事法律行为时存在代理权的外观承担举证责任，被代理人就相对人不构成善意承担举证责任。

本案中，孙甲、孙乙经原告某村委会批准分别享有独立宅基地使用权，在公安户籍管理中分别立户生活，符合《中华人民共和国土地管理法》第六十二条关于农村村民一户一处宅基地的规定。如前所述，孙乙虽系孙甲女婿，但并不属于与孙甲共同生活的近亲属家庭成员，孙乙在涉案总协议上签字，该协议包含孙甲27号宅基房屋拆迁利益，在某村委会未提供证据证实孙乙签订上述补充协议时获得孙甲的相关授权的情况下，孙乙构成无权代理，签订协议后亦未得到27号房屋所有权人孙甲的事后追认，因此对孙甲不产生法律效力。

在认定孙乙构成无权代理后，应进一步分析是否构成表见代理。审判实践中，对权利外观的考量应当结合合同订立与履行过程中的各种因素，综合判断行为人的行为能否产生具有代理权的表象。主要考量因素包括：(1) 合同是否以被代理人名义订立。(2) 行为人的身份、职务是否与被代理人有关联。(3) 被代理人对行为人是否存在可合理推断的授权关系。(4) 合同等对外文件材料上是否加盖与被代理人有关的、可正常对外使用的有效印章。(5) 合同关系的建立方式是否与双方以往的交易方式相符。(6) 合同订立过程、交易环境和周围情势等是否与被代理人有关。(7) 被代理人是否存在能够使人相信其参与合同履行的行为。(8) 标的物的用途、交付方式与交付地点等是否与被代理人有关，被代理人是否取得履行合同的利益。(9) 其他具有代理权客观表象的情形。行为人在交易过程中存在其他行为，足以使一般商人合理推断该行为系基于被代理人合法授权的，可以作为认定的考量因素。对主观要素的考量应当结合合同订立和履行过程中的各种因素，综合判断合同相对人是否为善意且无过失，即合同相对人不知道行为人无代理权，其在作出相应判断时已尽到合理注意，不存在明显的疏忽或懈怠。一般而言，上述权利外观因素越充分，越能够说明合同相对人主观上善意无过失。此外，可供用于判断相对人主观善意的其他考量因素还可包括：(1) 合同相对人与被代理人之间是否存在交易历史以及相互熟识程度。(2) 合同相对人在订立合同之前是否已充分知悉权利外观事实。(3) 合同相对人注意义务与交易规模大小是否相称。(4) 交易对效率的要求与合同相对人核实代理权限的成本是否相称。本案中，因旧村改造房屋拆迁事宜，在孙甲、孙乙分别与某村委会签订《房屋拆迁补偿安置协议》后，孙乙与某村委会于2018年11月27日签订《房屋拆迁补偿及楼房安置协议》，从协议的内容来看，既是对原协议存在未尽协议内容进行的补充，又是对原协议的整合，直接涉及孙甲的宅基房屋拆迁利益。某村委会作为协议的相对人仅依据孙乙为孙甲的女婿，并未提交其他证据证实孙乙实施在涉案总协议上签字的民事法律行为时存在上述代理权的外观，其无理由相信孙乙有代理权。就所签协议而言，某村委会在明知两人独立分户生活的情况下，完全有机会且很容易对孙乙的代理权限找孙甲核实，其主观上难以构成善意且无过失。因此，孙乙的无权代理构不成表见代理，故孙乙所订立的补充协议不具有对孙甲的约束力。

编写人：山东省淄博市临淄区人民法院　刘海红

六、供用热力合同纠纷

10

合同类纠纷中违约金的正确认定

——甲公司诉乙公司、丙公司供用热力合同案

【案件基本信息】

1. 裁判书字号

山东省淄博市中级人民法院（2021）鲁03民终2675号民事判决书

2. 案由：供用热力合同纠纷

3. 当事人

原告（被上诉人）：甲公司

被告（上诉人）：乙公司

被告：丙公司

【基本案情】

甲公司与乙公司签订供暖配套协议书一份，约定乙公司负有向甲公司支付供暖配套费150万元的义务，为了履行上述合同义务，甲公司与乙公司及案外丁公司于2020年7月15日签订付款协议一份，约定乙公司以商业承兑汇票形式支付涉案配套费，甲公司收到商业承兑汇票背书给丁公司，丁公司在收到商业承兑汇票二十个工作日内，将商业承兑汇票载明的金额150万元支付给甲公

司，并约定如丁公司未将款项按上述约定的时间、金额打入甲公司账户，乙公司承诺以现金形式向甲公司支付涉案配套费。如未按上述协议履行，则乙公司按欠款总额的日千分之三向甲公司支付违约金。

后乙公司及案外丁公司未按协议约定付款，丙公司系乙公司的唯一股东，对乙公司的债务承担连带清偿责任。乙公司辩称供暖配套协议书中约定的150万元配套费已通过电子承兑汇票的形式支付，已完成该付款义务。

【案件焦点】

违约金应如何正确认定。

【法院裁判要旨】

山东省淄博市周村区人民法院经审理认为：原、被告双方及丁公司签订的付款协议中，约定丁公司未如约将150万元转入甲公司账户，则由其以现金形式向甲公司支付该配套费。乙公司主张该协议中使用的公章为假章，故其转让承兑汇票就已经完成了付款义务。但因为洽谈、签订协议均为特定自然人，可以认为系有权代理，对乙公司具有约束力，所以对甲公司要求乙公司支付配套费150万元及违约金的诉讼请求予以支持。丙公司是甲公司的唯一股东，无证据证明乙公司财务独立于丙公司，故涉案债务丙公司应承担连带清偿责任。

据此，山东省淄博市周村区人民法院依照《中华人民共和国合同法》第六十条、第一百零七条、第一百一十四条，《中华人民共和国公司法》第六十三条，《中华人民共和国民事诉讼法》第一百四十四条之规定，判决如下：

一、乙公司向甲公司支付配套费150万元及自2020年8月16日起至实际清偿之日止，以150万元为基数，按日千分之三标准计算的违约金；

二、丙公司对上述债务承担连带清偿责任。

乙公司不服一审判决，提起上诉。

山东省淄博市中级人民法院经审理认为：乙公司与甲公司签订的供暖配套协议是双方当事人的真实意思表示，合法有效，合同当事人应按照合同约定全面履行合同义务。甲公司与乙公司和案外丁公司签订的付款协议，因案外人李某在付款协议上签字属于职务行为，且乙公司亦采用承兑汇票的方式履行付款义务与付款协议约定履行方式一致，故该付款协议应对乙公司具有约束力。乙公司虽然向甲公司交付了150万元的承兑汇票，但该汇票未能兑付，乙公司亦无证据证明丁公司已代为履行债务，所以其应向甲公司支付150万元配套费。关于违约金，违约金具有补偿和惩罚双重性质，即在补偿守约方损失的基础上，对违约方加以惩罚。同时，人民法院调整违约金应以实际损失为基础，兼顾合同的履行情况、当事人的过错程度以及预期利益等因素。就本案而言，乙公司未按合同约定支付配套费，构成违约，应当向甲公司支付违约金，双方在付款协议约定逾期付款的违约金计算标准是以欠款总额为基数日千分之三，若按此标准计算，年利率是108%，甲公司主张乙公司违约导致其资金周转困难，但未提供充分证据予以证明实际损失的数额。双方约定的涉案违约金过高，结合本案的实际情况，考虑到乙公司违约的过错程度，根据公平原则酌定乙公司以同期全国银行间同业拆借中心公布的贷款市场报价率的四倍为标准向甲公司支付违约金。一审对此认定不当，予以纠正。据此，山东省淄博市中级人民法院依照《中华人民共和国合同法》第六十条、第一百零七条、第一百一十四条，《中华人民共和国公司法》第六十三条，《最高人民法院关于适用〈中华人民共和国合同法〉若干问题的解释（二）》第二十九条，《中华人民共和国民事诉讼法》第一百七十条第一款第二项之规定，判决如下：

乙公司以同期全国银行间同业拆借中心公布的贷款市场报价率的四倍为标准向甲公司支付违约金。

【法官后语】

司法实践中，违约金条款大多基于合同双方的约定而产生，其目的在于约束合同双方，以促使合同目的顺利实现，其数额也更加倾向于以补偿守约方的损失为基准。本案涉及的主要问题就是在合同类案件中应如何正确认定违约金，旨在通过分析影响违约金条款及其数额认定的相关因素，为此类案件的后续处理提供可资借鉴的典型案例。

根据《中华人民共和国民法典》第五百八十五条①的规定，违约金及其计算方法是可以由当事人根据实际情况进行约定的。因违约金条款设立的目的在于补偿当事人的损失，故其数额往往以因一方违约给另一方当事人造成的损失为基准，在审判实践中也会综合考虑其他因素，以最大限度保证公平原则的实现。违约金条款普遍具有以下几个特征：一是违约金是事先约定的条款，往往是双方当事人在订立合同时为了约束对方而确立；二是违约金是独立于合同确定的履行义务之外的金钱给付，往往在一方当事人不履行或者是不完全履行合同约定的义务时确定的违约责任。

违约金具有补偿和惩罚双重性质，即在补偿守约方损失的基础上，对违约方加以惩罚，但是违约金更加侧重于对当事人的补偿性而不是惩罚性。因为法院在判断约定违约金是否过高或者过低时，一般是以对守约方造成的损失为基准的，对违约金数额的调整也是主要参考因违约造成的损失的数额。对于认定标准，可以参考《最高人民法院关于审理商品房买卖合同纠纷案件适用法律若干问题的解释》第十二条的规定，当事人以约定的违约金过高为由请求减少的，应当以违约金超过造成的损失30%为标准适当减少；当事人以约定的违约金低于造成的损失为由请求增加的，应当以违约造成的损失确定违约金数额。

在审判实践中面对复杂多样的案情，对于违约金数额的认定除参考上述法律条文外还应该综合考虑以下几个因素，避免出现不公平的情况。一是考虑合同的实际履行情况。如合同内容的大部分已经履行完毕，只剩余极少部分因为特殊原因不能完全履行，在审判时就可以对违约金进行酌减。但是像本案这种情况，乙公司完全没有履行合同约定的付款义务，那么对违约金的认定就应该本着公平原则，根据乙公司的违约行为给甲公司造成的损失确定违约金，甲公司主张乙公司违约导致其资金周转困难，但因为没有提供充分的证据，所以只

① 《中华人民共和国民法典》第五百八十五条规定：当事人可以约定一方违约时应当根据违约情况向对方支付一定数额的违约金，也可以约定因违约产生的损失赔偿额的计算方法。约定的违约金低于造成的损失的，人民法院或者仲裁机构可以根据当事人的请求予以增加；约定的违约金过分高于造成的损失的，人民法院或者仲裁机构可以根据当事人的请求予以适当减少。当事人就迟延履行约定违约金的，违约方支付违约金后，还应当履行债务。

能由法院酌定违约金的数额。二是考虑当事人的过错程度。违约方存在恶意违约的情况，违约金应该更多地体现出其惩罚性特征，双方均存在过失的情况则应该适当减少违约金的数额，更多地体现出其补偿性特征。三是合同双方的预期利益。当预期利益必然实现或者是实现的可能性很大，但因违约方的行为导致合同目的没有实现，此时违约金的数额就应该适当予以提高。当然，如果存在债务人因为违约而额外获利的情况或者是如果违约方给付违约金会严重影响其生存，法院就要根据实际情况进行酌定。本案中，乙公司未按照合同约定向甲公司支付配套费构成违约，双方在付款协议上约定的违约金的计算标准是以150万元为基数，日千分之三为标准，若按此标准计算，年利率是108%，即便是甲公司主张乙公司违约导致其资金周转困难，但是因为没有充分证据证明实际损失的数额，也可以认定双方约定的违约金过高，所以二审法院根据公平原则酌定乙公司以同期全国银行间同业拆借中心公布的贷款市场报价率的四倍为标准向甲公司支付违约金，无疑是合理适当的。

综上，基于违约金条款的性质与设立目的，其数额的认定原则上不应超出因违约给守约方造成的损失。但是，为保障合同双方的合法权益还应该对合同的实际履行情况、当事人的过错程度以及合同双方的逾期利益进行综合考量，避免因过度强调违约金条款的补偿性特征而显失公平，实现社会效果与法律效果的有机统一。

编写人：山东省淄博市中级人民法院　荣明潇
山东省淄博市周村区人民法院　张蓓
山东省淄博市中级人民法院　杨富元

七、赠与合同纠纷

11

离婚约定赠与子女房产不能随意撤销

——马某诉孟某英赠与合同案

【案件基本信息】

1. 裁判书字号

吉林省高级人民法院（2022）吉民申3436号民事裁定书

2. 案由：赠与合同纠纷

3. 当事人

原告（上诉人、再审申请人）：马某

被告（被上诉人、再审被申请人）：孟某英

【基本案情】

马某与孟某英于1988年10月8日登记结婚，婚后生育长女马某方，长子马某宇（离婚时未成年）。2014年7月21日，双方因感情不和协议离婚。双方约定，婚生子马某宇由马某抚养；位于万良镇的门市房和A村的个人二层楼房产权都归儿子马某宇所有，家用轿车归男方所有，男方另外给女方10万元。该协议书中涉及的门市房位于万良镇B村，幢号为3-54-1，结构为砖混，楼层为二层，建筑面积为266平方米，所有权登记在马某名下，并由马某实际居住。

位于万良镇A村的二层楼房，现由孟某英居住，该楼房建筑面积379.79平方米，已办理了建设工程规划许可证，但尚未办理不动产登记手续，该房屋因孟某英欠案外人单某英债务，2021年7月6日经单某英申请，抚松县人民法院对该财产采取了保全措施。

孟某英欠案外人张某梅、宋某娥、单某英多人债务。孟某英因车祸现双腿行动不便。

【案件焦点】

当事人双方离婚约定将财产赠与婚生子女能否撤销。

【法院裁判要旨】

吉林省抚松县人民法院经审理认为：原、被告离婚时，对子女及财产达成的协议，系双方当事人真实意思表示，双方现在证据不能证实存在胁迫、欺诈等行为，故该协议合法有效，本院予以确认，双方应当按照约定履行各自的权利义务。

关于双方约定将财产赠与婚生子能否反悔的问题。根据《中华人民共和国民法典》第六百五十七条的规定，赠与合同是赠与人将自己的财产无偿给予受赠人，受赠人表示接受赠与的合同。原、被告虽然约定将房屋赠与子女，但根据《中华人民共和国民法典》第六百五十八条及第六百六十三条的规定，赠与人依然享有对所赠与财产撤销的权利，即任意撤销权及法定撤销权。行使任意撤销应当满足以下几个条件：（1）赠与合同尚未履行，赠与合同的物权尚未发生转移；（2）赠与合同不具有社会公益和道德义务的性质。（3）赠与合同尚未公证。法定撤销权主要针对受赠人严重侵害赠与人或者赠与人近亲属的合法权益；对赠与人有扶养义务而不履行；不履行赠与合同约定的义务而产生，从本案来看，受赠人马某宇未发生以上所列情形，被告不具备行使法定撤销权的理由。但本案被告行使任意撤销权，符合上述法律规定，其反悔赠与的辩解主张本院予以采信。

由于双方行使的是对房屋的赠与，根据《中华人民共和国民法典》第二百零九条第一款之规定，不动产物权经过依法登记才能发生物权效力，未经登记不发生效力。案涉房屋中位于万良镇B村的门市房已登记在原告名下，虽然未登记在被告名下，但该房屋依然是双方离婚时的共同财产，现原告同意将该房屋赠与马某宇，被告负有协助过户登记的义务。被告居住使用的位于万良镇A村的房屋，既没有办理物权登记手续，且被告不同意将房产赠与马某宇，因此原告要求被告将该房屋一并过户至马某宇名下的诉讼请求缺乏法律依据，本院不予支持。

吉林省抚松县人民法院依照《中华人民共和国民法典》第二百零九条、第六百五十七条、第六百五十八条，《中华人民共和国民事诉讼法》第六十七条之规定，判决如下：

一、被告孟某英于本判决生效之日起五日内协助原告马某将位于万良镇B村，幢号为3-54-1，结构为砖混，楼层为二层，建筑面积为266平方米的房屋过户至马某宇名下；

二、原告马某其他诉讼请求不予支持。

马某不服一审判决，提出上诉。

吉林省白山市中级人民法院经审理认为：关于马某是否系本案适格原告问题。根据《最高人民法院关于适用〈中华人民共和国民法典〉婚姻家庭编的解释（一）》第六十九条的规定，马某作为离婚协议的一方当事人要求孟某英履行离婚协议中约定的房产赠与内容，主体适格。

关于离婚协议中约定的房产赠与内容的性质问题。本案中，马某与孟某英离婚协议中约定“位于万良镇的门市房和A村的个人二层楼房产权都归儿子马某宇所有”，此协议性质究竟属于离婚协议的一个组成部分还是单独的民事赠与合同，这是本案定性的关键。根据我国婚姻法及相关司法解释的规定，夫妻就财产归属、子女抚养等问题达成一致意见后，可以向婚姻登记机关申请办理离婚登记。夫妻离婚时，双方对财产问题所进行的约定，具有法律效力，受法律保护，双方均应当遵照执行。离婚协议包括三个基本内容，即双方离婚的意思表示、夫妻共同财产的分配问题、未成年子女的抚养问题。离婚协议约定房屋赠与子女是一种以解除双方身份关系为目的的赠与行为，具有一定的道德义务性质。本案中，双方在离婚时约定将诉争房产赠与马某宇作为离婚给未成年子女马某宇的补偿，系双方为了解除婚姻关系而对财产进行的特殊约定，是离婚协议的组成部分，并非单纯的民事赠与合同，现马某与孟某英的夫妻关系已因离婚协议得以解除，且离婚协议的其他内容业已履行，故离婚协议中房产赠与的内容对马某与孟某英也当然发生法律效力。

关于本案离婚协议中房产赠与内容能否任意撤销问题。根据《中华人民共和国民法典》第六百五十八条的规定，本案所涉离婚协议中约定赠与房产份额行为是建立在解除原有婚姻关系这一特定身份关系的基础之上，具有一定的道德义务性质，因此不能任意撤销。一审法院认定孟某英可以行使任意撤销权属适用法律不当，本院予以纠正。

关于涉案房屋现在能否交付及实际过户至马某宇名下问题。根据《中华人民共和国民法典》第二百零九条的规定，因位于万良镇 A 村的房屋，现无法办理不动产权登记手续，并被法院予以查封，无法出租、出售及转让。马某上诉要求将上述房屋过户至马某宇名下的诉请，无法实现。另外，子女赡养父母不仅是德之根本，也是法律明确规定的义务。根据庭审查明的事实，孟某英现居住于万良镇 A 村的房屋，暂无其他住所，且因车祸导致双腿行动不便，经济状况显著恶化。马某宇作为孟某英的子女，现已成年，有赡养扶助父母的道德及法律义务，为弘扬民法典社会主义核心价值观的立法目的及维护和谐稳定的母子关系，对马某上诉要求孟某英交付及实际过户至马某宇名下的主张，无论从法律上、事实上还是情理上均不具备履行条件，因此法院不予支持。

吉林省白山市中级人民法院依照《中华人民共和国民法典》第二百零九条第一款、第六百五十八条，《中华人民共和国民事诉讼法》第一百七十七条第一款第一项，《最高人民法院关于适用〈中华人民共和国民事诉讼法〉的解释》第三百三十二条之规定，判决如下：

驳回上诉，维持原判。

马某不服，申请再审。

吉林省高级人民法院经审查认为：同意一、二审法院意见，裁定如下：

驳回马某的再审申请。

【法官后语】

协议离婚时夫妻双方达成的将房产赠与子女的条款，与解除婚姻关系密不可分，往往是赠与人为换取另一方同意协议离婚而承诺履行的义务，在双方当事人已经协议离婚，但未办理房产变更登记手续的情况下，一方反悔请求撤销赠与条款的，人民法院经审查没有欺诈、胁迫的情形，应当判决驳回其诉讼请求。

离婚协议中将财产赠与子女的约定，并不是一般的赠与合同。根据《中华人民共和国民法典》第六百五十七条"赠与合同是赠与人将自己的财产无偿给予受赠人，受赠人表示接受赠与的合同"的规定，构成赠与合同的前提是赠与人将自己的财产无偿给予受赠人而不要求受赠人为此付出代价或承担任何义务。在审判实践中很少出现受赠人在离婚协议上确认接受赠与的情形。也就是说，离婚协议中的所谓赠与并未在赠与人与受赠人之间达成一致，不是一般的赠与合同。

根据《中华人民共和国民法典》第一千零七十六条的规定，"夫妻双方自愿离婚的，应当签订书面离婚协议，并亲自到婚姻登记机关申请离婚登记。离婚协议应当载明双方自愿离婚的意思表示和对子女抚养、财产以及债务处理等事项协商一致的意见"。当事人在民政部门登记离婚时，离婚协议中的房产赠与条款与整个离婚协议是一个整体，故不能单独行使任意撤销权。由于婚姻关系的本质是一种身份关系，这就决定了双方达成的财产分割协议具有自身的特点。由于离婚的男女双方基于共同的生活经历或共同的子女，在订立关于分割共同财产的协议时，除纯粹的利益考量外，常会难以避免地掺杂一些感情因素。故男女双方基于离婚事由将夫妻共同财产处分给子女的行为，可视为一种附协议离婚条件的赠与行为，在双方婚姻关系已经解除的前提下，基于诚信原则，也不能允许任意撤销赠与。有的当事人恶意利用赠与的撤销达到既离婚又占有财产的目的，不仅给子女或原配偶造成了经济损失和新的精神伤害，也给社会带来了不诚信反而受益的负面影响。

当事人在财产分割协议中，约定将一方或双方财产赠与子女，亦是财产分割协议的内容，任何一方没有特殊原因，都应当接受这一决定所带来的法律后果。《最高人民法院关于适用〈中华人民共和国民法典〉婚姻家庭编的解释（一）》第六十九条第二款“当事人依照民法典第一千零七十六条签订的离婚协议中关于财产以及债务处理的条款，对男女双方具有法律约束力”强调了离婚协议中财产分割条款的法律约束力，不可擅自变更或撤销。以离婚协议中赠与条款的法律约束力对抗任意撤销权的任意性，根据特别法优于一般法的原则，应优先适用《最高人民法院关于适用〈中华人民共和国民法典〉婚姻家庭编的解释（一）》第六十九条第二款的规定。

因此，一方不同意履行财产分割协议中将财产赠与子女的约定，只能通过证明双方订立财产分割协议时存在欺诈、胁迫等情形，并请求法院撤销财产分割协议。根据《最高人民法院关于适用〈中华人民共和国民法典〉婚姻家庭编的解释（一）》第七十条：“夫妻双方协议离婚后就财产分割问题反悔，请求撤销财产分割协议的，人民法院应当受理。人民法院审理后，未发现订立财产分割协议时存在欺诈、胁迫等情形的，应当依法驳回当事人的诉讼请求”的规定，夫妻双方协议离婚后就财产分割问题反悔，请求撤销财产分割协议的，法院应当受理。法院审理后，未发现订立财产分割协议时存在欺诈、胁迫等情形的，应依法驳回当事人的诉讼请求。

此外，子女赡养父母不仅是德之根本，也是法律明确规定的义务。《中华人民共和国民法典》第二十六条第二款规定：“成年子女对父母负有赡养、扶助和保护的义务。”父母一方身体残疾，生活困难，作为成年子女，有赡养扶助父母的道德及法律义务，为维护和谐稳定的母子关系，对案涉房产过户至子女名下的主张，法院不予支持。

综上，本案在司法审判中，注重大力弘扬社会主义核心价值观，倡导诚实忠信、家庭文明、乡风和谐的良善家庭道德伦理观，为建设新时代良善家道、家风树立司法守正标杆。

编写人：吉林省白山市中级人民法院　兆艳红

12

夫妻一方将财产赠与第三者及非婚生子女，配偶能否要求返还

——张某珍诉谭某锋等赠与合同案

【案件基本信息】

1. 裁判书字号

广东省肇庆市中级人民法院（2021）粤12民终1729号民事判决书

2. 案由：赠与合同纠纷

3. 当事人

原告（上诉人）：张某珍

被告（上诉人）：刘某华

被告（被上诉人）：巫某贤

被告：谭某锋

【基本案情】

张某珍与谭某锋于1997年1月13日登记结婚，夫妻关系存续至今。谭某锋与刘某华自2005年开始交往并至2020年6月结束，刘某华自认在该期间堕胎、流产不少于10次。刘某华于2016年1月5日生育儿子巫某，后改名为巫某贤。2019年4月17日，经司法鉴定所出具《鉴定意见书》，鉴定支持谭某锋系巫某的生物学父亲。

2018年10月11日、29日，谭某锋分别转账10万元、2万元至刘某华银行账户。2019年4月至2020年5月，谭某锋多次通过微信向刘某华转账款项，张某珍及谭某锋确认上述款项系用于装修巫某贤名下的房屋。

2018年11月15日，刘某华代理巫某与案外人陈某明签订《不动产买卖合同》，约定巫某向陈某明购买位于四会市东城街道某小区的房屋一间，总房款为13.5万元等合同内容。2020年9月4日至9月6日，实名登记户主在刘某华名下的手机号码向张某珍发送短信“买房谭某峰出了12万元是银行转账，我下午去查流水知道的，装修买家私家电等等12.5万元全部都是微信转账的”“他出了24.5万元，我出了5万元，加上装修共用了29.5万元”等内容。

【案件焦点】

1. 谭某锋赠与刘某华、巫某贤（非婚生儿子）房屋的行为是否无效；2. 刘某华是否应当向张某珍返还谭某锋赠与的购房款、装修款；3. 儿子巫某贤是否应当向张某珍返还谭某锋赠与的购房款、装修款。

【法院裁判要旨】

广东省四会市人民法院经审理认为：关于谭某锋赠与刘某华、巫某贤房屋的行为是否无效。由于涉案房屋的买卖合同系刘某华以巫某贤的名义与案外人陈某明签订和购买的，谭某锋对房屋不享有所有权且没有直接将涉案房屋赠与给刘某华、巫某贤，因此张某珍要求确认谭某锋赠与刘某华、巫某贤涉案房屋行为无效的诉求，依据不足，应不予支持。

《中华人民共和国民法典》第一千零六十条规定：“夫妻一方因家庭日常生活需要而实施的民事法律行为，对夫妻双方发生效力，但是夫妻一方与相对人另有约定的除外。夫妻之间对一方可以实施的民事法律行为范围的限制，不得对抗善意相对人。”第一千零六十二条第二款规定：“夫妻对共同财产，有平等的处理权。”由此根据上述法律立法本意，夫或妻在处理夫妻共同财产上的权利是平等的，因日常生活需要而处理夫妻共同财产的，任何一方均有权决定；夫或妻非因日常生活需要对夫妻共同财产作重要处理决定，他人有理由相信其为夫妻双方共同意思表示的，不得对抗善意第三人。对张某珍要求刘某华、巫某贤返还购房款、装修款等合计24.5万元的问题，应根据受赠与对象刘某华、巫某贤的身份情况，分析如下：

1. 关于刘某华是否应当返还收到谭某锋赠与财产的问题。首先，谭某锋在妻子张某珍不知情情况下向刘某华转账了 12 万元，该行为既非因日常生活需要，又未经张某珍同意，且刘某华没有付出相应的对价，因此刘某华接受赠与不属于善意第三人。其次，刘某华自认在 2005 年至 2020 年与谭某锋交往并为谭某锋堕胎十余次，双方作为成年人在长达 15 年的交往中刘某华应当明知谭某锋已婚，但双方还保持不正当男女关系，两人行为超越了法律和道德所容许的限度，构成了对社会公共利益的侵害，因此，刘某华接受谭某锋赠与财产的行为有悖公序良俗原则。综上，谭某锋赠与刘某华财产的行为，因侵犯了张某珍的夫妻共同财产权益及违反了公序良俗原则而无效，故刘某华应向张某珍返还谭某锋赠与的财产 12 万元。

2. 关于儿子巫某贤及刘某华是否应当返还房屋的装修费 12.5 万元的问题。首先，根据张某珍提交的短信聊天记录及中国电信股份有限公司四会分公司出具的实名登记信息显示，刘某华实名登记的通信号码在 2020 年 9 月、11 月期间，多次发送短信确认谭某锋支付了 12.5 万元的装修及家私费用等。虽然刘某华抗辩上述短信可能系谭某锋发送的而不是其本人发送的，但根据刘某华的陈述，谭某锋与刘某华在 2020 年 6 月已经结束交往，此种情况下刘某华若将手机交付给谭某锋使用，明显不合常理。在刘某华不能提供相反的证据推翻上述短信内容的情况下，结合张某珍提交的微信转账记录，以及张某珍和被告谭某锋均确认谭某锋支付了涉案房屋的装修费 12.5 万元的情形，因此，应认定谭某锋为装修在巫某贤名下的房屋支付了装修费及家私家电等 12.5 万元。其次，根据张某珍提交的鉴定意见书，谭某锋系巫某贤的生物学父亲，因此，谭某锋对巫某贤具有法定的抚养义务，而该抚养义务包括基本生活、医疗、教育及保障居住等义务，因此谭某锋基于亲情和道德上的义务对巫某贤赠与装修等款项，没有违反公序良俗即不符合合同无效情形。另外，虽然谭某锋使用夫妻共同财产为涉案房屋进行装修、购买家私家电等，但巫某贤在房屋装修期间年龄不到四岁系无民事行为能力人，巫某贤系被动接受赠与，不存在恶意或善意即不符合可撤销事由，因此，根据民法典上述规定，张某珍不能以侵害了夫妻共同财产为由要求巫某贤返还赠与的财产。最后，根据民事行为过错原则，谭某锋对巫某贤赠与夫妻共同财产的行为存在全部过错，故应由谭某锋对妻子张某珍的损失承担返还和赔偿责任，而非系巫某贤。综上，谭某锋赠与巫某贤装修房屋及购置家私款项的行为具有道德义务和亲子之情，不存在无效或可撤销情形，因此，张某珍要求刘某华或巫某贤返回 12.5 万元装修费用的诉讼请求，理据不足，应不予支持。

3. 关于刘某华抗辩谭某锋支付的款项系支付给巫某贤抚养费的问题。刘某华、巫某贤没有提交证据证明谭某锋转账的 12 万元系支付的抚养费，而且支付给巫某贤的抚养费系谭某锋的个人债务，与本案并非同一法律关系，不宜在本案中一并处理，巫某贤可另案向谭某锋主张权利。

关于刘某华以谭某锋可以处置个人财产份额为由申请调查张某珍夫妻间财产状况的问题。根据上述论述，张某珍与谭某锋夫妻关系存续期间，双方均对夫妻共同财产不分份额的享有所有权，而非各自占有一半，因此，刘某华申请的调查事项与待证事实无意义，应对其调查取证申请不予准许。

广东省四会市人民法院依照《中华人民共和国民法典》第一条、第十条、第一百五十三条、第一百五十七条、第六百五十七条、第一千零六十条、第一千零六十二条、第一千零七十一条，《最高人民法院关于适用〈中华人民共和国民事诉讼法〉的解释》第九十条、第九十五条之规定，判决如下：

一、刘某华应于本判决生效之日起十日内向张某珍返还 12 万元；

二、驳回张某珍其他的诉讼请求。

张某珍、刘某华不服原审判决，提起上诉。

广东省肇庆市中级人民法院同意一审法院裁判意见，并作出判决：驳回上诉，维持原判。

【法官后语】

本案是典型的有配偶者发生婚外情并生育子女而发生的赠与纠纷，对于此类赠与行为的效力，目前在实践中存在着三种不同观点。

第一种是有效说，即认为应驳回赠与方配偶的诉讼请求，理由是赠与方与其配偶是夫妻财产的共同所有人，对共有财产依法享有平等的处理权，若配偶一方将夫妻共同财产赠与他人，是赠与一方侵犯了配偶对夫妻共同财产的合法权益，受赠方没有直接侵犯配偶的权利，故配偶方要求受赠方返还财产没有依据，配偶方应当向赠与方要求赔偿。第二种是部分无效说，即认为应判决受赠方返还赠与财产的一半，理由是赠与方对夫妻共同财产享有一半的权利，其可以将自己享有的份额赠与他人，赠与方将配偶方的财产赠与第三者或非婚生子女侵犯了配偶方的合法权益，即受赠方应当返还一半财产给配偶一方。第三种是全部无效说，即应全额返还赠与财产，理由是赠与方的赠与行为是基于不正当男女关系而为，违反了公序良俗原则和《中华人民共和国民法典》的有关规定，同时第三者和非婚生子女接受赠与财产不属于善意取得，此赠与合同无效，应当全额返还。笔者认为，将夫妻共同财产赠与不当关系的第三者及生育的非婚生子女，该赠与行为是否有效，应从法律、情理与当事人之间的法律关系及利益平衡角度综合考虑，以更好的协调当事人之间的利害关系并达到保护经济上弱者的目的。

1. 将夫妻共有财产赠与第三者的合同效力及财产返还问题

《中华人民共和国民法典》的第八条及第一百五十三条第二款规定，“民事主体从事民事活动，不得违反法律，不得违背公序良俗；违背公序良俗的民事法律行为无效”。依民法理论，任何民事行为不得违反公序良俗原则。所谓公序良俗，是指民事法律行为的目的和内容不得违反公共秩序和善良风俗。由于婚外恋、婚外情等不当男女关系违反了《中华人民共和国民法典》第一千零四十二条第二款规定：“禁止重婚。禁止有配偶者与他人同居”以及善良风俗和良好的公共秩序，而配偶一方将财产赠与第三者是基于与第三者保持同居等不当男女关系而为，违反了公序良俗原则和法律有关规定，同时作为不当关系的第三者接受赠与财产不属于善意取得，因此，应当援引公序良俗原则认定赠与合同关系无效。

作为夫妻，在婚姻关系存续期间所取得的财产，属于夫妻共同所有。夫妻对共同财产享有平等的处理权，并不意味着夫妻各自对共同财产享有一半的处分权，也并非按份额的所有，配偶一方擅自将财产赠与第三者的行为侵犯了另一配偶方的合法权益。因此，夫妻一方擅自将共同财产赠与不当关系的第三者的赠与行为应为全部无效，而非一半无效。

《中华人民共和国民法典》第一百五十七条："民事法律行为无效、被撤销或者确定不发生效力后，行为人因该行为取得的财产，应当予以返还；不能返还或者没有必要返还的，应当折价补偿。有过错的一方应当赔偿对方由此所受到的损失；各方都有过错的，应当各自承担相应的责任。法律另有规定的，依照其规定。"合同无效产生的法律后果是返还因该合同所取得的财产，那么将夫妻共同财产赠与第三者的赠与行为无效和一般合同无效产生同样的后果，即配偶一方可主张要求受赠者全额返还赠与财产，而非部分返还财产。

本案中，谭某锋转账给刘某华的款项均系与张某珍的夫妻共同财产，谭某锋非因家庭周转需要且未征得共有人张某珍的同意将财产赠与长期保持不当关系的刘某华，侵犯了张某珍的财产权。谭某锋基于与刘某华之间存在的不正当婚外同居关系将财产赠与刘某华，该行为违反了公序良俗的法律原则，依法无效，张某珍作为财产共有人可以主张刘某华全额返还接受的赠与财产。

2. 将夫妻共有财产赠与非婚生子女的合同效力及财产返还问题

非婚生子女和父母之间存在血缘关系，造成非婚生的原因在于父母，该子女没有选择权，不应由子女承担不利的法律后果，故在法律地位上非婚生子女不应和婚生子女有所区别。《中华人民共和国民法典》第一千零七十一条规定，非婚生子女享有与婚生子女同等的权利，任何组织或者个人不得加以危害和歧视。不直接抚养非婚生子女的生父或者生母，应当负担未成年子女或者不能独立生活的成年子女的抚养费。即父母对子女或非婚生子女有抚养义务并保证非婚生子女享有基本的生活、居住、受教育权。配偶一方因保证非婚生子女的基本生活而将夫妻共同财产赠与非婚生子女，该赠与行为不属于违反公序良俗或违反法律强制性规定的情形，不应当认定为无效。

本案中，谭某锋系巫某贤的生物学父亲，谭某锋应保障巫某贤基本生活、居住等权利，其将合理的财产赠与巫某贤用于装修房屋、购买家电，不属于违反公序良俗的情形，谭某锋的妻子不能以赠与行为无效或谭某锋存在恶意为由撤销赠与行为，而要求巫某贤返还财产。

3. 本案的典型意义

法院的判决在一定程度上会引领社会导向，对社会秩序的建构起到一定的积极作用。比如，法院一旦认定将夫妻共同财产赠与不当男女关系的第三者被判定为有效或只返回部分，会变相鼓励“婚外恋”等不正之风并导致配偶一方财产受损，这显然悖离我国公序良俗、社会主义核心价值观。另外，我们还应当认识到非婚生子女是无辜的，他们的身份不是自己所选择的，社会各界应当对于非婚生子女给予应有的尊重和保护，以弥补他们在家庭生活中的缺憾，给非婚生子女一个健康的生存环境，应当成为社会文明程度的标志。本案的判决无疑对树立法律权威，维护稳定的社会秩序起到了良好的示范作用。

编写人：广东省四会市人民法院　邵平

八、保证合同纠纷

13

反担保金的退还应以担保责任的实现为前提

——新能源公司诉实业公司保证合同案

【案件基本信息】

1. 裁判书字号

广东省高级人民法院（2022）粤民终365号民事判决书

2. 案由：保证合同纠纷

3. 当事人

原告（上诉人）：新能源公司

被告（被上诉人）：实业公司

第三人：某银行涪陵支行、热电公司

【基本案情】

2012年3月29日，热电公司与某银行涪陵支行签订了《固定资产贷款合同》约定：借款人热电公司向贷款人某银行涪陵支行贷款人民币2亿元，贷款期限自2012年3月29日起至2020年3月29日止，并约定了利率、利息、罚息、违约责任等。同日，某银行涪陵支行作为抵押权人与实业公司作为抵押人签订《抵押合同》约定：为保障热电公司和某银行涪陵支行签订主合同项下债权的实现，实业公司愿意以其有权处分的房地产设定抵押，担保的主债权为主合同项下的本金2亿元整，担保范围为主合同项下本金及利息、复利、罚息、违约金、损害赔偿金和实现债权及抵押权的费用。实现债权及抵押权的费用包括但不限于催收费用、诉讼费（或仲裁费）、抵押物处置费、过户费、保全费、公告费、执行费、律师费、差旅费及其他费用。其后，双方就实业公司名下的414套房屋办理了抵押权登记手续，共同担保2亿元借款。

2012年4月8日，实业公司作为甲方、电力公司作为乙方、热电公司作为丙方签订《协议书》约定：甲方同意以甲方资产抵押给某银行涪陵支行为乙方下属公司即丙方贷款人民币2亿元做担保。乙方保证支付给甲方1亿元人民币现金作为反担保，并由甲方使用1年，利息由甲方按每月1%支付给乙方。当乙方、丙方未能按时足额偿还银行贷款本息或出现违约时，甲方有权选择将甲方所使用的款项直接支付给银行偿还贷款，以降低甲方抵押房屋的风险。同日，实业公司（甲方）、电力公司（乙方）、热电公司（丙方）签订《反担保合同》，内容与《协议书》基本相同。

2012年5月4日，某银行涪陵支行依约向热电公司发放贷款人民币19982万元。

2012年3月28日、2012年5月22日、2012年5月25日，电力公司通过其银行账户共转账支付1亿元给实业公司。2012年6月1日，实业公司向电力公司转账支付了100万元。

2020年3月25日、同年9月27日，债权人某银行涪陵支行与债务人热电公司、担保人实业公司分别签订两份《展期合同》，约定对债务进行展期，展期后到期日为2021年6月1日。

新能源公司作为债权受让方与电力公司作为债权转让方签订《债权转让协议》，约定电力公司将《协议书》中针对实业公司所享有的债权一并转让给新能源公司。实业公司为此出函，明确同意上述债权转让。

新能源公司向一审法院起诉请求：1. 实业公司向新能源公司返还反担保金5018万元以及利息53910047元；2. 实业公司向新能源公司支付自2021年3月

23日起至实际给付之日止的逾期还款利息。

【案件焦点】

1. 在主债务人已偿还大部分借款但尚未完全清偿情况下，反担保人是否有权要求担保人先行退还部分反担保金；2. 担保人的追偿权范围的确定。

【法院裁判要旨】

广东省江门市中级人民法院经审理认为：本案属保证合同纠纷，涉案的《固定资产贷款合同》《抵押合同》《协议书》《反担保合同》《展期合同》《债权转让协议》，均系各方当事人的真实意思表示，合同约定不违反法律、行政法规的强制性规定，合法有效，合同当事人应当按照约定全面履行自己的义务。

本案的争议焦点是：新能源公司主张实业公司返还反担保金及相应利息的依据是否充分。第一，关于电力公司支出涉案款项的基础法律关系的问题。结合实业公司认可的2012年5月22日、25日支付的反担保金5000万元，可以认定电力公司支付的1亿元款项是基于《协议书》的约定提供的反担保金，即该款项的基础法律关系为担保法律关系。第二，关于新能源公司的反担保责任是否可以缩减的问题。本案中实业公司与新能源公司之间系担保与反担保关系。反担保所担保的对象并非主债权，而是主债权的担保人对债务人的追偿权。抵押人在承担抵押担保责任后，有权向债务人追偿，即抵押人对债务人的追偿权应自其承担担保责任之日起方可成立。现没有证据确定担保人实业公司实际承担的担保责任范围、金额，以及证实反担保人在提供反担保时所具有的担保风险发生了改变。在此情况下，新能源公司以实业公司提供的抵押担保本金范围已由2亿元减少至4982万元为由主张减少反担保金，理据不充分，一审法院驳回新能源公司在本案的全部诉讼请求。

广东省江门市中级人民法院依据《中华人民共和国民法典》第三百八十七条第二款，《最高人民法院关于适用〈中华人民共和国民法典〉有关担保制度的解释》第十八条第一款，《最高人民法院关于适用〈中华人民共和国民法典〉

时间效力的若干规定》第一条、第二十条，《中华人民共和国民事诉讼法》第六十七条第一款、第一百四十五条、第一百四十七条之规定，判决如下：

驳回新能源公司的全部诉讼请求。

新能源公司不服一审判决，提起上诉。

广东省高级人民法院经审理认为：本案争议焦点在于实业公司应否退还新能源公司的部分反担保金。

本案热电公司是主合同项下的涉案贷款的债务人，实业公司提供抵押担保，新能源公司就涉案贷款向实业公司提供了反担保金，故一审判决认定实业公司与新能源公司之间构成担保与反担保关系，双方无异议，本院予以确认。本案因主债务人热电公司尚未向主债权人某银行涪陵支行完全清偿贷款欠款，实业公司作为担保人也还未承担最后的担保责任，实业公司无从要求反担保人新能源公司承担追偿责任。现新能源公司先行向实业公司主张退还多出主债务金额的反担保金，既无法律依据，亦无合同依据。

反担保所担保的债权（追偿权）的范围、履行期限、期间等都是不确定的，需根据日后主债权的实现情况来具体确定。具体到本案，新能源公司、实业公司均确认截至本案一审法庭辩论终结时，热电公司尚欠某银行涪陵支付贷款本金 4982 万元，但对热电公司尚欠的利息、罚息、复利等均无法确定具体金额。实业公司所担保的主债权所产生的利息、复利、罚息等仍然处于不断的累计之中，即实业公司所担保的主债权金额尚未确定，不存在减轻担保责任的事实基础。由于没有证据确定担保人实业公司实际承担的担保责任范围、金额必然小于新能源公司所提供的反担保金额，新能源公司以实业公司提供的抵押担保本金范围已由 2 亿元减少至 4982 万元为由主张减少反担保金，理据不足，一审法院驳回新能源公司在本案的全部诉讼请求，依法有据，处理正确。

广东省高级人民法院依照《中华人民共和国民事诉讼法》第一百七十条第一款第一项之规定，判决如下：

驳回上诉，维持原判。

【法官后语】

《中华人民共和国民法典》第三百八十七条规定："债权人在借贷、买卖等民事活动中，为保障实现其债权，需要担保的，可以依照本法和其他法律的规定设立担保物权。第三人为债务人向债权人提供担保的，可以要求债务人提供反担保。反担保适用本法和其他法律规定。"《中华人民共和国民法典》第六百八十九条规定："保证人可以要求债务人提供反担保。"

所谓"反担保"，指的是为债务人提供担保的第三人，为保证自己的追偿权得到实现，要求债务人为自己追偿权的实现而提供的担保。反担保是一个与本担保相对应的概念，是担保人转移担保风险的一种措施，其本质与担保并无差别。对于反担保的理解应该在担保的范围之内，反担保的法律适用也应该参照担保相关法律规定。反担保是担保的担保，是为了保障主债权的担保人承担担保责任后实现对主债务人追偿而设立的担保。设置反担保是担保机构维护自身权益的重要方式，有利于督促受保企业全面履约化解担保风险、促进资金流通、保障交易安全。但由于对反担保的性质以及反担保合同当事人权利义务等法律问题存在困惑，在实务操作中极易发生纠纷。如何及时有效地解决这些法律问题，将有助于担保制度的健康、稳健发展。

本案为一起反担保人与担保人之间权利义务冲突的纠纷案件。因主债务人热电公司尚未向债权人某银行涪陵支行完全清偿贷款欠款，实业公司作为担保人也还未承担最后的担保责任，根据《最高人民法院关于适用〈中华人民共和国民法典〉有关担保制度的解释》第十八条第一款关于"承担了担保责任或者赔偿责任的担保人，在其承担责任的范围内向债务人追偿的，人民法院应予支持"的规定，实业公司无从要求反担保人新能源公司承担追偿责任。而本案反担保人新能源公司先行向担保人实业公司主张退还多出主债务金额的反担保金，缺乏法律依据与合同依据。另外，反担保人新能源公司所担保的实业公司对热电公司的债权（追偿权）的具体金额无法确定，担保人实业公司实际承担的担保责任范围也未必小于反担保人新能源公司所提供的反担保金，反担保人新能源公司以实业公司提供的抵押担保本金范围已减少为由主张减少并退回反担保金，该理由亦不成立，故一、二审法院驳回了新能源公司要求返还借款与还款之间差额反担保金的诉讼请求。

反担保所担保的对象并非主债权，而是主债权的担保人对债务人的追偿权，该追偿权的实现有赖于担保人承担担保责任之后再向主债务人主张。在主债务未完全履行，担保责任未实现的情况下，反担保人无权要求担保人先行退还差额部分的反担保金。

编写人：广东省高级人民法院　黄立嵘

14

涉嫌犯罪的主从合同行为并非必然无效

——刘某明诉刘某升保证合同案

【案件基本信息】

1. 裁判书字号

北京市第二中级人民法院（2021）京02民终7717号民事判决书

2. 案由：保证合同纠纷

3. 当事人

原告（被上诉人）：刘某明

被告（上诉人）：刘某升

【基本案情】

2018年6月5日，刘某明（甲方）与S公司（乙方）签订服务协议，约定乙方通过寻找推荐有资金使用需求的相对方协助甲方实现自有闲置资金的投资或运转，使甲方在此过程中获取收益。同日，刘某明（甲方）与张某臣（乙方）、S公司（丙方）签订了借款合同，约定借款金额80万元；借款利率

13%；借款期限12个月；借款时间自2018年6月6日至2019年6月6日。同日，刘某明通过银行转账方式向S公司转账80万元。同时刘某升出具《担保函》一份，载明鉴于刘某明先生与S公司签署投资理财协议保本保收益，固定收益，如果出现本金收益风险，本人刘某升自愿为此客户本息承担无限连带责任，愿用个人名下的所有资产及所有收入作为履行代偿责任，直到兑付为止。后因S公司、张某臣未按照协议约定返还刘某明本息，刘某升亦未承担保证责任，刘某明将S公司、刘某升诉至北京市朝阳区人民法院，该院因S公司涉嫌犯罪于2019年9月26日被立案侦查，故裁定驳回刘某明的起诉。

【案件焦点】

1. 涉非法吸收公众存款罪的民间借贷行为以及在此基础上设立的担保行为效力应如何认定；2. 主合同因涉刑被裁定驳回起诉后，当事人基于从合同主张相应债权的，人民法院应如何处置。

【法院裁判要旨】

北京市丰台区人民法院经审理认为：关于焦点一，本案涉及的主合同有两个，分别为刘某明与S公司签订的《服务合同》以及在S公司推荐下与张某臣签订的《借款合同》。从形式上看，主合同虽系刘某明和张某臣所签，但收款人为S公司，实际借款人为S公司，结合刑事案件查明的部分事实，本案主合同关系应认定系刘某明与S公司之间成立。至于其合同效力，S公司虽因涉嫌经济犯罪而被公安机关立案侦查，但刘某明与S公司之间的借款合同关系，系双方真实意思表示，就本案单个协议而言并不违反法律和行政法规相关规定，故应当认定为有效。刘某升自愿出具《担保函》，承诺为刘某明上述协议中债权本金和利息的返还承担无限连带责任，虽然承诺函并未明确所担保的主合同名称，但根据合同编号及结合刘某升介绍刘某明投资该公司，刘某明倚赖其推荐签订上述协议的事实，应当认定刘某升所担保的主债权为刘某明所出借的本金及利息。关于刘某升主张本案涉嫌刑事犯罪故应裁定驳回起诉以及一事不再理等辩称意见，因主合同的债务人涉嫌刑事犯罪，债权人请求担保人承担民事责任的，属于同一当事人因不同事实分别发生民商事纠纷和涉嫌刑事犯罪的情形，民商事案件与刑事案件应当分别审理。故本案不因 S 公司涉嫌经济犯罪而停止审理，亦与前诉起诉主债务人不构成重复起诉。

北京市丰台区人民法院依照《中华人民共和国合同法》第六十条，《中华人民共和国担保法》第六条、第十八条、第三十一条之规定，判决如下：

一、刘某升于本判决生效之日起十日内就 S 公司所欠刘某明借款本金 80 万元及利息 104000 元承担连带保证责任；

二、刘某升承担上述保证责任后，有权向 S 公司追偿；

三、驳回刘某升的其他诉讼请求。

刘某升不服一审判决，提出上诉。

北京市第二中级人民法院经审理认为：人民法院应当根据《中华人民共和国合同法》第五十二条、第十四条之规定，认定双方借贷关系系当事人真实意思表示，无证据表明有违法律行政法规的强制性规定，借贷关系有效，亦具相关法律规定。故对刘某升关于案涉借款协议无效的上诉主张，缺乏事实和法律依据，本院不予采纳。涉案担保函的约定内容属于保证期间约定不明的情形，故案涉保证期间应为二年。由此可见，刘某明所诉主张并未超过保证期间，刘某升应承担保证责任。

北京市第二中级人民法院依照《中华人民共和国民事诉讼法》第一百七十条第一款第一项之规定，判决如下：

驳回上诉，维持原判。

【法官后语】

本案系民间借贷与涉嫌非法吸收公众存款犯罪刑民交叉时，认定民间借贷行为效力、担保行为效力的典型案例。刑民交叉情况下如何评价民事法律行为的效力是司法实践中的重要问题。《最高人民法院关于审理民间借贷案件适用法律若干问题的规定》以司法解释的形式对民间借贷案件中，刑民交叉时民事合同效力的认定作出了尝试性的规定。根据该规定，借款人或者出借人的借贷行为涉嫌犯罪的，民间借贷合同非当然无效，人民法院应根据案件认定的事实情况，依据民法典相关规定在个案特定情形下作出具体判断。就本案而言，担保人以借贷行为构成犯罪为由，主张不承担民事责任的，人民法院应当依据民间借贷合同与担保合同的效力、当事人的过错程度，依法确定担保人的民事责任。本案审理难点有两点：一是涉嫌犯罪的民间借贷行为是否有效；二是担保人是否应当承担担保责任。

1. 涉及非法吸收公众存款罪的民间借贷行为的效力问题

笔者认为，在民间借贷案件涉及非法吸收公众存款犯罪的情况下，应肯定民间借贷行为的效力。理由如下：

第一，非法吸收公众存款罪的性质系违反市场准入类犯罪，刑法规制的是当事人的市场准入资格，而非该类型的合同，因此该类规范在民法上属于管理性强制规定，而非效力性强制规定。第二，非法吸收公众存款的犯罪行为是由一方缔约主体单独实施，而非双方主体共同实施的。刑法评价的是该当事人单独实施的非法经营行为，而民法评价的则是双方当事人之间的合同行为。第三，非法吸收公众存款罪的构成是由若干个民事借款行为的叠加从而导致发生量变到质变的过程，具体到每一笔借贷业务，均是在当事人自愿的情形下发生的，没有损害国家、集体、公共利益或者第三人的利益，因此单个的借贷业务应合法有效。第四，从民法公平理念的角度出发，债权人的利益更应当受到保护。如果认定借贷无效，而犯罪人被免除事先约定较高的利息支付义务，债权人作为无过错方，其利益可能受到损害。综上，涉嫌非法吸收公众存款罪的单个民间借贷行为的效力应为有效。

2. 保证人是否应当承担保证责任的问题

根据法律规定，主合同无效则从合同相应无效，但主合同有效时，作为从合同的担保合同的效力则取决于担保合同本身。担保合同的效力认定，要根据民法典关于合同效力的规定予以认定。本案中，虽然犯罪人与担保人系同一人，但担保行为与涉嫌犯罪的行为以及借贷行为均系独立的行为，在担保行为并无法律规定无效的情形下，应当认定为有效，担保人应当根据担保合同承担担保责任。关于保证人主张主合同涉嫌犯罪被裁定驳回起诉，保证合同案件属于一事不再理的情形的意见，法院认为属于同一当事人因不同事实分别发生的行为，一个是借贷行为，一个是担保行为，并非属于一事不再理的范畴，借贷行为涉嫌犯罪被裁定驳回，担保行为可以作为独立的民事法律行为进行处理。

结合上述分析，刑民交叉情形下，民事法律行为不因涉及刑事犯罪而必然无效，民事法律行为的效力仍然要结合民事法律规定在个案中作出认定。当涉及犯罪的主民事法律行为被认定为有效时，从民事法律行为系独立于主民事法律行为的行为，其效力也要结合民事法律规定进行单独认定，当事人可以依据从民事法律行为形成的法律关系单独提起诉讼。

编写人：北京市丰台区人民法院　徐冲　胡润涵

九、租赁合同纠纷

15

单方解除权对守约方既是权利也是约束

——赵某菲等诉秦某怀房屋租赁合同案

【案件基本信息】

1. 裁判书字号

北京市第二中级人民法院（2021）京 02 民终 15600 号民事判决书

2. 案由：房屋租赁合同纠纷

3. 当事人

原告（被上诉人）：赵某菲、黄某、赵某娜

被告（上诉人）：秦某怀

【基本案情】

秦某怀为涉案房屋的所有权人，赵某菲等为租客。2021 年 8 月 28 日，双方就案涉房屋签订了租赁合同，约定：租期自 2021 年 9 月 1 日至 2022 年 8 月 31 日，甲方应于 2021 年 9 月 1 日前将房屋按约定条件交付给乙方。甲方有下列情形之一的，乙方有权单方解除合同：1. 迟延交付房屋达 3 日的。2. 合同第十一条违约责任约定：（一）甲方有第十条第三款约定的情形之一的，应按月租金的 100%向乙方支付违约金；（二）租赁期内，甲方需要提前收回房屋的，或乙方需要提前退租的，应提前 30 日通知对方，并按月租金的 100% 支付违约金，甲方还应退还未到期的租金。（三）甲方未按约定时间交付房屋或者乙方不按约定支付租金但未达到解除合同条件的，以及乙方未按约定时间返还房屋的，应按月租金的 100% 标准支付违约金。当日，赵某菲、赵某娜及黄某支付了秦某怀 3 个月房屋租金及 1 个月的押金。

8 月 30 日，因秦某怀与上任租户张某雪的问题未处理完毕，秦某怀与赵某菲等沟通，希望推迟房屋交付时间至 9 月 2 日，赵某菲等要求退租金与押金。8 月 31 日晚上，因秦某怀拒绝交付房屋，赵某菲等报警，后秦某怀交付 1 把房屋钥匙，赵某菲等得以进入案涉房屋，但房屋内有上任租户的部分生活物品。当晚，因秦某怀主张起租日期是 9 月 1 日，8 月 31 日晚不能住，赵某菲等未在当晚入住，携带 1 把钥匙离开，各方约定第二日再商议。9 月 1 日，双方在屋内见面后，赵某菲等发现屋内仍有上任租户的物品，以房屋内尚有其他人住、其他人也有钥匙为由拒绝接收秦某怀交付的钥匙，要求解除合同。秦某怀不同意，表示解除合同要按照合同约定支付违约金。双方未就合同履行或者合同解除事宜达成一致意见，赵某菲等离开了案涉房屋，并将所有钥匙留在涉案房屋。后赵某菲等起诉要求被告返还租金及押金。

【案件焦点】

1. 如何认定双方行为的违约程度及对合同目的实现的影响；2. 如何合理适用单方解除权和违约责任条款划分违约责任。

【法院裁判要旨】

北京市房山区人民法院经审理认为：秦某怀与赵某菲等签署的《北京市房屋租赁合同》合法有效，各方均应按照约定履行合同义务。秦某怀未能在 2021 年 9 月 1 日前按约定交付房屋，构成违约，但不构成根本违约。

2021 年 9 月 1 日，秦某怀与赵某菲等协商交房时，秦某怀交付了 2 把钥匙，中介公司的工作人员也做好了《房屋交割清单》，至当日晚上 9 点，涉案房屋内上任租客物品问题已解决，具备交付条件，赵某菲等拒绝办理房屋交接手续，应承担房屋交付不能的责任。依据合同第十条第三款第一项约定，秦某怀延迟交付房屋达3日以上的，赵某菲方有单方解除合同的权利。秦某怀在9月1日晚交房，迟延时间未达到3日，赵某菲等此时尚不具备合同约定的单方解除权，其提出单方解除合同，属于违约解除。

综上，虽秦某怀在9月1日晚交房，时间上迟延了1天，违反了合同约定，赵某菲等本可以依据合同约定选择不解除合同并进而向秦某怀主张1个月租金的违约金，但其却选择了违约解除，依据合同约定，提前退租的，乙方主要承担1个月租金的违约金。现赵某菲等单方违约解除合同，属于提前退租的情形，应支付秦某怀1个月租金的违约金，以其交付的押金抵扣。

北京市房山区人民法院依照《中华人民共和国民法典》第四百六十五条、第五百零九条、第五百六十五条、第五百六十六条，《最高人民法院关于适用〈中华人民共和国民事诉讼法〉的解释》第九十条之规定，判决如下：

一、秦某怀于本判决生效后七日内退还赵某菲、黄某、赵某娜租金13200元；

二、驳回赵某菲、黄某、赵某娜的其他诉讼请求。

秦某怀不服一审判决，提出上诉。

北京市第二中级人民法院经审理认为：同意一审法院裁判意见，判决如下：

驳回上诉，维持原判。

【法官后语】

无论是相关行政部门制定的合同模板还是中介公司提供的合同，房屋租赁合同中均普遍地约定了单方解除权条款，实践中双方往往因该条款产生争议而诉至法院。此时，引发纠纷的各方行为的性质和影响如何认定，单方解除权行使条件是否成就，单方解除权条款如何适用，就成为案件的关键争议焦点。也就是说，法院要在查清各方违约事实的基础上，审慎审查各违约行为的违约程度，进而准确判定该行为对合同目实现的影响程度，并合理解释和适用双方约定的单方解除权条款，才能更好的判定合同解除的违约方和责任方，对案件作出合法理、合情理的判决。

在具体理解适用单方解除权条款时，我们既要做到严守合同原意，也要综合运用体系解释等方法探究合同本意，促进合同履行，确保裁判公平公正。单方解除权作为形成权，很好地保护了守约方在约定情形下解除合同的权利，但同样也是在约束守约方，要求其在面对显著轻微于合同解除约定情形的违约行为时不得单方解除合同，否则应承担相应的不利后果。

以本案为例，法院认定房主行为违约，但不构成根本违约，其原因在于，以社会大众的视角看问题，迟延一天交房的情况属于房屋租赁合同履行中可以理解和包容的问题，并不对租期一年的整体的租赁合同履行造成根本性履行不能的影响，即在此种情况下，租客不享有法定的解除权。那么租客就此事要求解除合同就需要关注其是否有约定的解除权。按照双方的租赁合同约定，房主迟延交房1日至3日的，租客可以向其要求违约金；迟延交房3日以上的，租客具有单方解除权……那么在此种合同约定条件下，赵某菲方也并未能够按照合同取得约定解除权。也就是说，赵某菲等提出的此时解除，就只能属于违约解除。至此，双方均发生了违约，且赵某菲一方的违约直接导致了合同的解除。

在这种情况下，一种观点认为，双方都违约的情况下就各自承担违约责任，秦某怀一方支付因迟延交房的违约金，赵某菲方支付因违约解除的违约金，双方其实应当是互不相欠的结局。另一种观点认为，本案按照时间顺序来看，秦某怀违约在先，其迟延交房的行为破坏了双方的信任，而赵某菲方要求解除虽不符合行使单方解除权的情形，但其要求解除是直接或间接地由秦某怀的行为导致，其要求解除具有事实上的理由，故合同违约解除的责任应当由秦某怀承担。但显然本案裁判思路并非上述观点，而是仅让赵某菲方承担了违约责任。法院认为合同中关于迟延交房的违约责任约定，是具有层级递进关系的。按照体系解释的方法，守约方在迟延3日以上收房时才可以解除合同，举重以明轻，即在迟延1日至3日交房的情况下，守约方不具备合同解除权，即不能因此解除合同才可以按照约定主张违约金。按照此种思路，赵某菲等因此动辄要求解除合同，违反了促进合同履行的司法价值，与《中华人民共和国民法典》第四百六十五条、第五百零九条、第五百六十三条、第五百六十五条、第五百六十六条等规定的合同严守、根本违约等要求相背离，故而其丧失主张违约金的权利且需承担违约解除的责任。

综上，合同中对单方解除权的约定既是对守约方权利的保障，又是防止守约方滥用权利的约束。故，在违约方未根本违约的情形下，法律还是要考虑保护合同的继续履行，守约方不应动辄要求解除合同，否则应当承担违约解除的风险。

编写人：北京市房山区人民法院　卢旭娇

16

“合同僵局”下违约方可请求法院判决解除合同

——梁某明诉刘某、王某玲房屋租赁合同案

【案件基本信息】

1. 裁判书字号

安徽省滁州市中级人民法院（2021）皖11民终3951号民事判决书

2. 案由：房屋租赁合同纠纷

3. 当事人

原告（被上诉人）：梁某明

被告（上诉人）：刘某、王某玲

【基本案情】

2019年5月24日，原告梁某明与被告刘某、王某玲签订《商铺租赁合同》一份，合同约定原告将位于定远县定城镇某小区119号房屋出租给被告用于经营婚纱摄影，租赁期限为3年，自2019年8月10日起至2022年8月9日止，租金每年一付，第一年租金交付日为2019年7月10日、第二年租金交付日为

2020年7月10日、第三年租金交付日为2021年7月10日。梁某明按照约定将房屋交付给刘某、王某玲使用，刘某、王某玲亦按照合同约定按期足额交付第一年和第二年租金。案涉房屋的所有权人系原告梁某明及其妻子谢某兰，上述事项谢某兰均充分知情并认可授权梁某明从事相关行为。2021年6月5日，刘某、王某玲向梁某明发送短信通知，告知不再租用案涉房屋，梁某明未同意，刘某、王某玲亦未再支付第三年租金。梁某明以刘某、王某玲未按约交付第三年租金11.1万元构成违约为由起诉，要求刘某、王某玲继续履行合同并承担违约责任。

【案件焦点】

1. 刘某、王某玲作为违约方，其能否要求解除案涉租赁合同；2. 案涉租赁合同应否解除；3. 若解除，刘某、王某玲应如何承担损害赔偿责任。

【法院裁判要旨】

安徽省定远县人民法院经审理认为：案涉《商铺租赁合同》不违反法律法规的强制性规定，合法有效，双方均应按合同约定履行各自义务，出租人交付房屋并收取租金，承租人交纳租金使用房屋。本案中，刘某、王某玲辩称其因不可抗力影响导致合同履行困难，主张适用不可抗力全部免责，但其提交的证据不足以证明因该不可抗力直接导致不能履行民事义务。合同解除权，是指守约方对违约方的解除权，根据本案的事实，梁某明不存在违约行为，刘某、王某玲因自身原因拒不交纳租金，并提前解除合同，显属违约，因此刘某、王某玲作为违约方，不享有合同法定解除权，是否解除合同应由守约方选择。另外，案涉租赁合同中并无条款明确赋予承租方在租赁期内行使合同解除权，刘某、王某玲虽主张其向梁某明行使了合同解除权，但因刘某、王某玲不享有合同解除权，其关于解除合同的通知就不具有法律约束力，且梁某明在短信中明确拒绝其解除合同的要求，并要求继续履行合同，故双方就合同解除事宜并未协商一致，刘某、王某玲所发短信不能免除其继续履行原合同的责任，双方之间的合同关系未受影响。刘某、王某玲在双方未协商一致的情况下，搬离案涉房屋系其对自身权利的处分，并不影响合同继续履行和合同目的的实现，故对于梁某明要求刘某、王某玲依据合同约定支付第三年房屋租金 11.1 万元的诉讼请求依法予以支持。关于梁某明诉请违约金 7.02 万元，根据合同约定，双方租赁合同中第二条第三项及第三条第四项关于违约金的条款均是承租方延迟交纳租金时出租方有权选择解除合同并采取的违约惩罚，现梁某明未选择解除合同而是诉请继续履行，则上述关于违约金的条款均不能直接适用。在梁某明要求刘某、王某玲继续履行合同支付房屋租金的诉请得到支持的情形下其并未遭受实际损失，故结合本案实际，对其主张违约金的诉请不予支持。

安徽省定远县人民法院依照《中华人民共和国民法典》第一百四十二条、第一百七十六条、第一百七十九条、第四百六十五条、第四百六十六条、第五百零二条、第五百零九条、第五百六十二条、第五百六十三条、第五百六十五条、第五百七十七条、第五百七十八条、第五百七十九条、第五百八十三条、第五百八十四条、第五百八十五条、第七百零三条、第七百零四条、第七百二十一条、第七百二十二条之规定，判决如下：

刘某、王某玲于本判决生效后十日内一次性向梁某明支付房屋租金人民币 11.1 万元。

刘某、王某玲不服提起上诉。

安徽省滁州市中级人民法院经审理认为：1. 刘某、王某玲于 2021 年 6 月 5 日已通过短信明确告知梁某明不再继续租赁涉案房屋，并告知房屋已经腾空以及门锁密钥，并实际搬离涉案房屋，即以自己的行为表明不再履行涉案租赁合同，但梁某明拒绝解除涉案租赁合同，这导致涉案租赁合同处于僵局状态，此时若不解除涉案租赁合同，一方面将导致涉案租赁房屋长期闲置，另一方面将使承租方在不占有使用房屋的情况下承担租金损失。从本案具体情况来看，刘某、王某玲作为承租人解除涉案租赁合同并不存在恶意违约的情形，在涉案租赁合同形成僵局的情形下，继续履行涉案租赁合同对刘某、王某玲也显失公平，梁某明作为守约方拒绝解除涉案租赁合同也有违诚实信用原则，合同双方是互赢关系，都要照顾对方的合理期待，尊重对方的利益，出租人作为守约方也负有减少损失扩大的义务。刘某、王某玲在一审中提起反诉，要求解除涉案租赁合同，但一审未予准许不当。刘某、王某玲虽未能通过起诉方式解除涉案租赁合同，但不能归责于己，且刘某、王某玲在一审庭审中抗辩了涉案租赁合同已解除，在二审也举证了反诉相关材料。为了有效化解双方之间的纠纷，减少当事人的诉累，从有利于充分发挥物的价值，减少财产浪费，有效利用资源出发，根据公平原则和诚实信用原则，涉案租赁合同应予以解除。一审判决双方继续履行涉案租赁合同不当，二审予以纠正。涉案租赁合同的解除时间以一审庭审时间即 2021 年 9 月 10 日为宜。故对刘某、王某玲上诉认为涉案租赁合同已解除的合理部分理由予以支持，超出部分不予支持。2. 刘某、王某玲作为承租人，在涉案租赁合同未到期，且出租人梁某明又未违约的情况下，提出解除涉案租赁合同属违约行为。鉴于双方涉案租赁合同已形成僵局，在一定条件下允许违约方刘某、王某玲解除涉案租赁合同以打破合同僵局，但应对守约方相应租金损失进行赔偿。根据涉案租赁合同的剩余租期、另行出租时间及租金差价，承租人刘某、王某玲的过错程度等因素，酌定赔偿标准以 4 个月租金为宜，即涉案租金（包括租金损失）应计算至 2022 年 1 月 10 日止。对梁某明其他租金扩大损失应由其自行承担。经计算，刘某、王某玲应支付梁某明租金及赔偿损失数额合计为：46250 元（111000 元/年÷12 个月×1 个月+111000 元/年÷12 个月×4 个月）。

安徽省滁州市中级人民法院依照《中华人民共和国民事诉讼法》第一百七十条第一款第一项之规定，判决如下：

一、维持安徽省定远县人民法院（2021）皖 1125 民初 5054 号民事判决第二项，即“驳回原告梁某明的其他诉讼请求”；

二、撤销安徽省定远县人民法院（2021）皖 1125 民初 5054 号民事判决第一项，即“被告刘某、王某玲于本判决生效后十日内一次性向原告梁某明支付房屋租金人民币 11.1 万元”；

三、上诉人刘某、王某玲于本判决生效后十日内一次性向被上诉人梁某明支付租金及赔偿损失合计 46250 元。

【法官后语】

1. “合同僵局”之缘起

从词语上看，“合同僵局”借鉴了“公司僵局”的概念，并在2019年《全国法院民商事审判工作会议纪要》（以下简称《九民纪要》）第四十八条中明确成为正式的官方用语，意指在合同关系中，一方当事人要求继续履行，而另一方当事人予以拒绝，无法达成私力协商一致意见时的对峙僵持状态。目前，合同僵局多集中在长期性、继续性合同中，因为此类合同履行周期长，依赖各方当事人的信任和合作，在给付完成之前一旦发生履行故障则会产生合同僵局。如本案涉及的房屋租赁合同，在租赁期限届满前，承租人由于经营不善陷入困境，继续租赁失去意义，其以实际搬离承租场所的行为表示不再继续履行合同，出租人却未予认可拒绝解除。虽然此时剩余租赁期限还较长，但双方信任基础已然破裂，不宜判决强制履行。

2. 违约方合同终止权的实践观点

目前针对能否赋予违约方合同解除权，存在肯定及否定两种观点。

（1）肯定说。第一，有利于保障社会资源的高效合理配置。效率是合同法的重要价值之一，提升效率不仅意味着社会财富的增加，也包含避免社会财富消极减少的含义。[①] 在合同丧失履行基础的情况下，放任僵局的发生和延续，既不利于社会资源的有效流转和增值，也不利于社会财富的积极增加，同时必然导致违约方利益遭受较大经济损失。在合同存续仅剩消极意义的情况下，赋予违约方申请打破合同约束力的权利，不但使其摆脱束缚，投身新的交易，也能通过违约损害赔偿弥补损失，并助推社会资源及时进入交易市场再行参与配置、生产。

第二，能够产生良好的法律效果。按照一般朴素观念，合同应被履行，违约即意味着失信和不道德。但是在合同僵局下，尤其是在违约方已经确定不能继续履行该合同且急于摆脱交易负担重新进行商业行为，守约方明知对方对此

---

① 孙良国：《违约方的合同解除权及其界限》，载《当代法学》2016年第5期。

合同已无期待却不解除合同，放任甚至追求违约方利益遭受损失的情况，即使不允许违约方要求终止合同关系，法律和生活实际也无法构建出更合理的合同秩序。有观点提出此种选择可能会产生诚信风险，实际上，借助该种裁判能够引导各方当事人在经济交往中互相体谅互助共济，倡导诚信交易的良好社会风尚。

（2）否定说。第一，有违合同严守原则。否定说认为若赋予违约方合同解除权利，其将不受约束，合同能否严格履行也将处于不确定状态，相对方的合理期待利益将会落空，这会造成合同法体系冲突，动摇我国合同法的根基，[①]也可能造成社会不完善的诚信体系雪上加霜。但是合同严守并不等同于不得变更或解除合同。在“合同僵局”案件中，违约方解除合同，是因身处僵局，相对方却不予解除情况下的被迫之举，合同应否解除并非取决于违约方是否申请，而是由法院或仲裁机构进行实质审查，况且合同解除也不影响违约赔偿责任的承担。

第二，与合同解除作为守约方救济途径的性质不符。但是，合同解除作为守约方救济方式与赋予违约方合同解除权并非非黑即白的关系，解除合同的目的是有效、合理地解决合同不能继续履行的善后问题，其也应作为合同履行不能或困难时，守约方故意放任合同僵局时，违约方尽力挽回经济损失寻求出路的救济途径。

第三，不符合政策导向。合同法立法政策导向在于鼓励交易，赋予违约方合同解除权有助长破坏交易稳定性之嫌。但是立法导向应当是保护合同当事人的合法权益，合理的当事人当然包括交易各方，赋予违约方此种权利也正是为了保障陷入僵局的各方当事人，避免资源闲置，促进经济效率，推动商业发展。

3.“合同僵局”的破解方案

针对合同僵局的法律适用，《九民纪要》第四十八条从四个方面提供了新的解决思路，《中华人民共和国民法典》第五百八十条第二款并获立法通过，根据该条规定：债务人在终止给付义务后，将发生《中华人民共和国民法典》

---

① 韩世远：《合同法的现代化：为何及如何》，载《法治研究》2019年第6期。

第五百六十六条“请求恢复原状或采取其他补救措施”的法律效果。《中华人民共和国民法典》第五百八十条第二款是在《九民纪要》第四十八条基础上进行的修改，实务中倾向认为，法院或仲裁机构可根据案件实际情况，综合考虑债务人是否进行部分履行、是否存在恶意违约、无法继续履行的原因、合同继续履行是否导致债务人遭受严重损失、合同存续是否将导致当事人之间权利义务关系失衡等因素。具体到本案，分析如下：

第一，当债务人不履行合同义务或者履行合同义务不符合约定时，债权人享有单方解除权，却因故意或过失未行使。本案中，承租人以搬离涉案房屋的方式表明终止合同并拒付剩余房租，承租人的给付利益遭受根本损害，此时债务人不愿意继续维持合同关系、合同无法继续履行、合同目的无法实现三个条件同时满足，出租人可以合同目的无法实现为由解除该合同，却为追求其个人租金利益拒绝提前终了合同，双方收益明显失衡。

第二，违约方不存在恶意违约情形，合同难以继续履行或继续履约成本过高。出现“合同僵局”的根本仍是违约行为的存在，故应对“合同僵局”的认定加以严格限制，避免引发道德风险和投机行为。如本案承租人系因合同履行期间经营不当，资金链断裂，决定不再从事原业务，没有继续租赁的需求，其要求解除租赁合同事出有因而非出于无良恣意。此时合同虽然可以继续履行，但是必将导致承租人继续支出租金、人工费用等成本，产生更严重的亏损，相较于给守约方带来的租金利益明显不对等，故继续履行合同对违约方显失公平。

第三，由违约方申请启动自救的方案，并给予作为“利益损失方”债权人充分救济。前者是打破合同僵局的程序要求，即需由违约方向法院或仲裁机构提出申请，这也是司法“不告不理”原则要求。需要明确的是，同意违约方申请解除合同是通过司法纠正使违约方更公平地承担违约责任和挽回损失，达到盘活市场资源、降低交易成本、减少内耗的效果破除合同僵局，而不是免除或减轻违约方责任。此处损害赔偿的功能应是以可预见性履行利益为基础的填补损害，债权人可以同时要求履行利益以及再次支出的费用赔偿。本案中承租人提前解除合同，房屋重新流入交易市场再次完成租赁需要时间成本，故承租人理应对出租人作出合理的经济赔偿。

编写人：安徽省滁州市中级人民法院 杨达 张玉格

17

空白溯及规则除外情形的认定标准

——刘某诉叶某凯、文化公司房屋租赁合同案

【案件基本信息】

1. 裁判书字号

北京市第二中级人民法院（2021）京02民终7739号民事判决书

2. 案由：房屋租赁合同纠纷

3. 当事人

原告（被上诉人）：刘某

被告（上诉人）：叶某凯

被告（被上诉人）：文化公司

【基本案情】

2019年5月8日，刘某（承租人，乙方）与文化公司（出租人，甲方）签订《招商合同》，约定文化公司将其投资开发并经营的房屋招商给刘某使用，承租年限为20年，自2019年3月18日起至2039年3月17日止，承租款总款项为59.79万元。合同签订当日，刘某向文化公司转账支付59.79万元。

因涉案房屋涉及违法建设被查封，导致文化公司无法向刘某交付。

2019年7月16日，刘某（乙方）与叶某凯（甲方）签订《欠款协议》，约定"甲方在本协议签订当日，退还乙方招商款项2000元，2019年9月30日前，退还招商款项1万元，2019年10月30日前，退还招商款项20万元，2019

年12月30日前，退还招商款项38.59万元”。叶某凯在甲方处签字捺印，刘某在乙方处签字捺印。上述《欠款协议》签订后，叶某凯分多次向刘某转账2.2万元，尚欠57.59万元。

经查，叶某凯与刘某签订《招商合同》时系文化公司法定代表人，但在与刘某签订《欠款协议》时已非文化公司法定代表人。

现刘某提起诉讼，要求判令文化公司与叶某凯共同返还招商款57.59万元及相应利息。文化公司同意返还招商款，但因合同中未约定利息，故不同意支付利息。叶某凯辩称其签订《欠款协议》系接受文化公司委托的职务行为，应由文化公司承担还款责任。

【案件焦点】

1. 叶某凯与刘某签订《欠款协议》的行为是否构成债务加入；2. 本案是否可以适用《中华人民共和国民法典》第五百五十二条有关债务加入的新增规定。

【法院裁判要旨】

北京市大兴区人民法院经审理认为：《欠款协议》中载明的甲方为叶某凯，并非文化公司，并且叶某凯在签订《欠款协议》时并非文化公司的法定代表人，其以个人名义与债权人刘某签订《欠款协议》的行为不能视为职务行为。从《欠款协议》的内容可见，叶某凯明确承诺了退还刘某招商款59.79万元以及分期还款的时间节点。之后，叶某凯亦曾通过个人账户向刘某退还了部分款项，叶某凯的上述行为应视为其自愿还款的意思表示，该行为属于并存的债务承担，已构成债的加入。

据此，北京市大兴区人民法院依照《中华人民共和国合同法》第一百零七条、第一百零九条，《中华人民共和国民法典》第五百五十二条，《最高人民法院关于适用〈中华人民共和国民法典〉时间效力的若干规定》第三条之规定，判决如下：

一、文化公司与叶某凯于本判决生效后十日内共同向刘某退还招商款

57.59万元；

二、文化公司与叶某凯于本判决生效后十日内共同向刘某支付逾期还款利息；

三、驳回刘某的其他诉讼请求。

叶某凯不服一审判决，提出上诉。

北京市第二中级人民法院经审理认为：本案二审审理的争议焦点如下：一是叶某凯与刘某签订《欠款协议》的行为是否构成债务加入；二是本案是否可以适用《中华人民共和国民法典》第五百五十二条之规定。关于争议焦点一，二审法院同意一审法院裁判意见。关于争议焦点二，虽然在《中华人民共和国民法典》实施以前我国现行法律并未规定债务加入，但债务加入作为一项基本的民法原理，不但在学理上被普遍认可，而且在实践中也普遍存在，属于市场经济中客观存在的重要交易类型，我国以往的司法实践对债务加入法律后果的认定与《中华人民共和国民法典》的新增规定亦无本质冲突。叶某凯以个人名义与刘某签订《欠款协议》，其作为完全民事行为能力人，对签订《欠款协议》的法律后果应当是明知的，现一审法院依据《中华人民共和国民法典》有关债务加入的新增规定，判决叶某凯需要与文化公司共同承担付款责任，并未减损叶某凯的合法权益，也难以认定违背其合理预期。

北京市第二中级人民法院依据《中华人民共和国民事诉讼法》第一百七十条第一款第一项之规定，判决如下：

驳回上诉，维持原判。

【法官后语】

"民法典是否具有溯及力"是《中华人民共和国民法典》正式实施后，人民法院在法律适用时面临的首要问题。为确保《中华人民共和国民法典》统一正确适用，妥善解决民法典施行后新旧法律衔接适用问题，最高人民法院适时出台《最高人民法院关于适用〈中华人民共和国民法典〉时间效力的若干规定》，其中第三条系《中华人民共和国民法典》新增规定溯及适用的基本规则。新增规定的溯及适用是在长期的审判实际和一系列司法解释基础上发展而来的溯及适用类型，有学者称之为“空白溯及”①。该条在规定空白溯及基本原则的同时，亦通过但书条款明确了空白溯及的除外情形，即“明显减损当事人合法权益、增加当事人法定义务或者背离当事人合理预期”的，不能适用新法的新增规定。之所以作此规定，究其根本，在于从更为公平合理的角度处理法律之间的平稳过渡。审判实践中，对于空白溯及的基本原则一般并无太大争议，但是如何理解并正确适用该但书条款，存在较大争议，对于统一法律适用，实现同案同判有重要意义，本案系如何认定空白溯及除外情形的典型案例。

本案中，双方当事人对于债务加入属于《中华人民共和国民法典》的新增规定并无争议，但是叶某凯主张本案符合《最高人民法院关于适用〈中华人民共和国民法典〉时间效力的若干规定》第三条规定的除外情形，如果适用《中华人民共和国民法典》关于债务加入的新增规定，将明显减损其合法权益，背离其合理预期。因此，适用《中华人民共和国民法典》有关债务加入的新增规定是否符合空白溯及的除外情形，成为双方当事人争议的主要焦点。笔者认为，认定适用《中华人民共和国民法典》的新增规定是否“明显减损当事人合法权益、增加当事人法定义务或者背离当事人合理预期”，应当综合考虑新增规定的学理基础、以往司法实践、被诉行为的法律后果以及可能的裁判假设结果等因素作出合理的认定。

具体到本案，虽然在《中华人民共和国民法典》实施以前我国现行法律并未规定债务加入，但债务加入作为一项基本的民法原理，在学理上被普遍认可，具备较为坚实的法理基础，法学理论上对于该制度的构成、法律后果并无实质争议。审判实践中，债务加入亦普遍存在，属于市场经济中客观存在的重要交易类型，我国以往的司法实践对债务加入法律后果的认定与《中华人民共和国民法典》的新增规定亦无本质冲突。本案中，叶某凯以个人名义与刘某签订《欠款协议》，明确同意以个人名义为文化公司欠付刘某的款项承担付款义务，叶某凯作为完全民事行为能力人，对签订《欠款协议》的法律后果应当是明知

① 最高人民法院民法典贯彻实施工作领导小组：《最高人民法院关于适用〈时间效力若干规定〉的理解与适用》，载《人民司法》2021 年第 10 期。

的，即对于其需依约按照《欠款协议》的约定向刘某支付相应款项的预期是明知的，如果其违反《欠款协议》约定，同样需要承担继续履行或赔偿损失等法律责任。因此，即使《中华人民共和国民法典》对于债务加入并未作出规定，因叶某凯签订《欠款协议》的行为发生于《中华人民共和国民法典》实施之前，应当适用《中华人民共和国合同法》的相关规定，叶某凯签订的《欠款协议》合法有效，双方均应依约履行，因叶某凯未按照合同约定履行还款义务，刘某亦有权要求其承担还款责任。该裁判假设的结果与适用《中华人民共和国民法典》新增规定的结果是一致的。

综上，人民法院在审查当事人之主张是否符合空白溯及除外情形时，应当综合考量本文提到的法理基础、审判实践、行为后果，辅之以裁判假设，进而对于是否适用民法典新增规定作出准确判断，以维护法律适用统一，最大限度控制《中华人民共和国民法典》施行过程中的过渡成本。

编写人：北京市第二中级人民法院　王磊

北京市丰台区人民法院　辛明明

18

绿色原则在合同关系中的适用

——牧业公司诉武某邑租赁合同案

【案件基本信息】

1. 裁判书字号

江西省抚州市中级人民法院（2021）赣10民终2133号民事判决书

2. 案由：租赁合同纠纷

3. 当事人

原告（被上诉人）：牧业公司

被告（上诉人）：武某邑

【基本案情】

2017年11月5日，牧业公司与武某邑签订合作协议，由牧业公司对武某邑提供的猪场母猪进行托管。在合作过程中，双方发生纠纷，经协商双方终止了合作协议。2018年9月1日，双方重新签订了《猪场租赁合同》，约定租赁期限5年即2018年9月1日至2023年8月31日止，租金按80万元/年计算，押金30万元，武某邑就排污系统需满足生产经营需要，负责处理好周边关系，如因周边关系及环保问题终止合同，按实际使用时间付租金，剩余租金及押金退回乙方，其间不得擅自提前终止合同，否则，需付违约金30万元，如因违约给对方造成损失，违约方承担赔偿责任等事项。合同签订后，牧业公司按约定支付了武某邑租赁猪场押金30万元及2018年、2019年猪场租金共160万元。此后，牧业公司开始经营猪场，但在猪场经营过程中双方发生纠纷。2020年9月1日，牧业公司交付了2020年度猪场租金。此外，在猪场经营期间，2019年4月16日，因违法排放污染物被县环境保护局调查处理。2019年10月31日，因排污问题，生态环境局对生猪发展专业合作社作出行政处罚：1. 立即停止排污行为；2. 罚款5万元。2020年9月15日，因排污问题，生态环境局对生猪发展专业合作社作出罚款25万元行政处罚。此后，牧业公司不再正常化经营、管理猪场直至撤离，牧业公司与武某邑双方未就猪场进行交接。2021年六七月左右之后，武某邑到猪场进行清理并接管。牧业公司诉至法院，请求：1. 解除原被告签订的猪场租赁合同并返还租赁押金款30万元；2. 被告返还自解除合同之日起即2020年9月1日至2021年8月31日年度租赁期间剩余租期时间的租金款预计四个月26.67万元，并承担违约金30万元，合计56.67万元；3. 要求被告赔偿租赁猪场出租设施缺陷造成原告遭受行政处罚的5万元及被告非法阻扰原告经营所造成的损失10.4万元，合计15.4万元。

二审期间，武某邑与牧业公司均认可该《猪场租赁合同》签订时间为2018年9月1日，且一审查明的养猪场与生猪发展专业合作社系同一养猪场。还查明，牧业公司已缴纳2019年10月31日生态环境局对生猪发展专业合作社作出的罚款5万元。

【案件焦点】

1. 武某邑与牧业公司签订的《猪场租赁合同》应否解除；2. 武某邑应否退还牧业公司押金、剩余租金，并支付违约金；3. 武某邑应否支付牧业公司已缴罚款5万元。

【法院裁判要旨】

江西省黎川县人民法院经审理认为：由于武某邑未能确保排污系统满足生产经营要求导致猪场无法经营致使合同目的不能实现，且武某邑同意解除合同并已实际接管案涉猪场，故对牧业公司要求解除合同和退还押金30万元及退还未使用猪场期间租金的诉讼请求，予以支持。由于牧业公司并未向武某邑直接交付猪场，武某邑系在2021年六七月左右之后接管猪场并予以清理，故剩余租金酌定从2021年7月1日起算至2021年8月31日共计2个月租金13.3333万元。牧业公司主张武某邑赔偿其因污水处理问题遭受的行政处罚5万元，根据租赁合同第九条第二项的约定武某邑有义务确保排污系统满足生产经营需要，处理好周边关系等，故该罚款武某邑应当予以赔偿。其他诉讼请求因牧业公司未提供充分证据予以证实，不予支持。

江西省黎川县人民法院依照《中华人民共和国民法典》第五百五十七条、第五百七十七条，《最高人民法院关于适用〈中华人民共和国民事诉讼法〉的解释》第九十条的规定，判决如下：

一、解除牧业公司与武某邑签订的《猪场租赁合同》；

二、武某邑在本判决生效之日起十日内退还牧业公司租赁押金30万元；

三、武某邑在本判决生效之日起十日内退还牧业公司剩余租金13.3333万元；

四、武某邑在本判决生效之日起十日内支付牧业公司赔偿款5万元；

五、驳回牧业公司的其他诉讼请求。

武某邑不服一审判决，提出上诉。

江西省抚州市中级人民法院经审理认为：关于焦点一、焦点二，二审法院同意一审法院裁判意见。关于焦点三，《中华人民共和国民法典》第五百零九条第三款规定，当事人在履行合同过程中，应当避免浪费资源、污染环境和破坏生态。守护碧水蓝天是每个人的责任，环保问题刻不容缓，作为企业不能一味追求经济效益而置环境与公共利益于不顾，污染生态环境必将付出应有的代价。本案中，牧业公司在租赁经营过程中，因养殖场已建沼气池严重超负荷运行，养猪废水经沼气池处理后，通过池塘后直接排入附近农渠。为此，生态环境局对生猪发展专业合作社作出立即停止排污行为；罚款5万元的行政处罚。之后，牧业公司缴纳罚款5万元。武某邑将猪场出租给牧业公司，其作为场地的实际所有人和受益人，未按约定确保猪场排污系统满足生产经营要求，牧业公司在经营管理过程中未尽到谨慎注意义务，也未采取相应的环保措施，双方行为导致养殖场已建沼气池严重超负荷运行，应对造成环境污染的行为共同承担责任，故本案酌定双方各承担50%的责任。

江西省抚州市中级人民法院依照《中华人民共和国民法典》第五百六十五条第二款、第五百五十七条第二款、第五百零九条第三款，《中华人民共和国民事诉讼法》第一百七十七条第一款第二项之规定，判决如下：

一、维持黎川县人民法院（2021）赣1022民初513号民事判决第一项、第二项、第三项、第五项，即1. 解除牧业公司与武某邑签订的《猪场租赁合同》；2. 武某邑在本判决生效之日起十日内退还牧业公司租赁押金30万元；3. 武某邑在本判决生效之日起十日内退还牧业公司剩余租金13.3333万元；4. 驳回牧业公司的其他诉讼请求；

二、撤销黎川县人民法院（2021）赣1022民初513号民事判决第四项，即武某邑在本判决生效之日起十日内支付牧业公司赔偿款5万元；

三、判决武某邑在本判决生效之日起十日内支付牧业公司已缴罚款2.5万元。

【法官后语】

本案在法律适用上的主要争点在于猪场因超标排放污染物被环保部门处以

5万元罚款，该笔行政处罚款损失由谁来承担的问题。对此，存在两种不同的观点：

第一种观点为违约责任说。该观点认为，依据《中华人民共和国民法典》第五百七十七条的规定，当事人一方不履行合同义务或者履行合同义务不符合约定的，应当承担赔偿损失等违约责任。涉案租赁合同约定出租人武某邑有义务确保排污系统满足生产经营需要，武某邑未按合同约定履行，导致牧业公司在生产经营过程中因超标排污被罚款，此笔罚款损失应由武某邑赔偿给牧业公司。

第二种观点为违约加侵权责任说。该观点认为，合同主体履行合同不仅要依据合同约定，还要遵循绿色原则。《中华人民共和国民法典》第五百零九条第三款规定了绿色义务是合同履行的附随义务，猪场出租人武某邑未按合同约定确保猪场排污系统满足生产经营要求，猪场使用人牧业公司在租赁经营过程中没有遵循绿色原则尽到谨慎注意义务，双方对造成环境污染均存在过错，应当对此项罚款共同承担责任。

以上两种观点看似简单的法律适用问题，实则反映了司法裁判理念和裁判方法的差异，也体现了司法实践中绿色原则在合同关系中如何适用的问题。

1. 关于合同关系中的绿色原则的理解

保护环境、节约资源是我国民事立法的基本价值取向，也是一切单位和个人应尽的义务。《中华人民共和国民法典》第九条规定，民事主体从事民事活动，应当有利于节约资源、保护生态环境。该条文即为《中华人民共和国民法典》绿色原则的规定。绿色原则不仅是民事主体从事民事活动的价值导向，也是其从事民事活动的基本遵循。即使在以意思自治为基本属性的合同关系中，也同样要遵循绿色原则。

《中华人民共和国民法典》第五百零九条第三款规定，当事人在履行合同过程中，应当避免浪费资源、污染环境和破坏生态。这是绿色原则在规范合同关系中的具体体现，也是合同履行的基本原则，该规定明确了合同履行的绿色附随义务。对于绿色附随义务的内涵，笔者认为可从以下几个方面理解：

(1) 从法律属性来看，绿色附随义务是法定义务。该义务并非源于合同当事人的约定，而是由法律规定合同当事人应当承担的法定行为义务。(2) 从实现方式来看，绿色义务既可法定也可约定。合同的绿色义务虽然属于法定义务，但是也不排除可由当事人以约定的方式实现。合同当事人可以在合同中约定绿色义务的具体内容，如履行标准、履行方式等。合同有约定的，可依约定来处理。但是绿色义务所具有的法定义务属性，意味着其不受合同当事人意思自治的排除。(3) 从适用范围来看，绿色义务具有强制适用的效力。即使合同没有约定，绿色义务也具有适用效力，且适用场域贯穿于合同订立、履行和善后的全过程。(4) 从行为后果来看，违反绿色义务造成资源浪费或者生态环境损害的，应当承担民事责任。合同当事人在履行合同的过程中，均应当考量自己的行为，避免浪费资源、污染环境和破坏生态。任何一方滥用权利，不论是违反合同约定的绿色义务，还是法定的绿色义务，造成资源浪费或者环境损害后果的，都应当依法承担侵权损害赔偿责任。

2. 关于合同义务与民事责任的思考

《中华人民共和国民法典》第一百七十六条规定，民事主体依照法律规定或者按照当事人约定，履行民事义务，承担民事责任。可见，民事责任的承担以违反民事义务为前提。民事义务主要源于：一是法律规定，即强行性法律规范所产生的强制性民事义务。这种法定民事义务是由于民法对社会生活的法定主义调解方式而产生的，是指不依赖于当事人意志，而必须无条件适用的法律规范；此类法律规范仅依法定事实的发生而适用，且其内容不得以当事人意志改变或排除。[①] 二是当事人约定，主要指合同约定的民事义务。一般情况下，当事人违反约定产生的责任属于违约责任的范畴，违反法定民事义务产生的责任属于侵权责任的范畴。在传统合同法中，当事人民事责任的承担以其违反合同约定为前提，合同主体未按照合同约定履行合同义务或者履行合同义务不符合约定的，应当承担违约责任。对此，《中华人民共和国民法典》第五百七十

① 参见最高人民法院民法典贯彻实施工作领导小组主编：《中华人民共和国民法典总则编理解与适用（下）》，人民法院出版社 2022 年版，第 878 页。

七条规定，当事人一方不履行合同义务或者履行合同义务不符合约定的，应当承担继续履行、采取补救措施或者赔偿损失等违约责任。随着时代的发展，环境资源问题是影响经济社会发展的重大障碍，绿色发展成为构建高质量现代化经济体系的必然要求。市场经济交易主体在追求经济效益的同时，也应当兼顾公共利益，以保护环境、节约资源为宗旨的绿色生产原则已成为其需要遵守的行为规则。正如前述，《中华人民共和国民法典》将绿色义务明确为合同履行的附随义务，以此引导和规范当事人履行合同行为，避免合同行为对环境公共利益造成损害。因此，合同义务从内容上看，应当包含两个方面的内容，即约定义务和法定义务，违反合同履行中的绿色义务亦构成对合同义务的违反，应当承担民事侵权责任。

3. 关于绿色原则在合同关系中的司法适用

绿色原则作为民事立法的一项基本原则，不仅是民事主体的行为规范，也是司法活动的根本准则，它为司法裁判活动提供标准和指引。因此，人民法院在裁判相关案件时，应当树立绿色原则理念，将节约资源、保护生态环境作为一项重要的考量因素。法官在对相关具体问题进行分析和裁判时，绿色原则是其评价当事人行为、分配权利义务关系、平衡各方利益等必不可少的价值判断依据。

绿色原则能否在司法实践中有效发挥作用关键在于法律适用是否适当。在合同关系中，虽然《中华人民共和国民法典》确立了合同履行的绿色义务，但该规定相对较为原则，司法实践中存在理解不同、适用标准不一等问题。笔者认为，合同绿色义务的法定属性意味着其具有强制适用的效力，法官在裁判相关案件时，应当结合案件具体情况综合考量绿色义务适用的合理性和必要性。在处理涉及环境保护的合同纠纷案件时，既要依据合同约定也要兼顾绿色原则的适用。即使当事人未以绿色义务作为抗辩事由，法院也可依职权主动适用，对当事人合同履行是否违反绿色义务进行审查，以保障案件的裁判结果符合生态文明建设和可持续发展的理念。具体而言，对于合同纠纷案件是否适用以及如何适用绿色原则进行裁判，可以从以下几个方面进行考量：第一，从合同履行的影响来看，是否涉及环境保护，若涉及环境保护，法院应当主动适用绿色原则进行审查。第二，从合同履行行为来看，当事人的履约行为是否违反绿色义务，该违反既可是对约定绿色义务的违反，也可是对法定绿色义务的违反。第三，从损害事实来看，合同履行行为是否造成资源浪费或环境损害的后果。第四，从主观过错来看，当事人对造成资源浪费或环境损害事实是否存在过错。在履行合同过程中，除故意为之外，合同主体在避免浪费资源、保护生态环境方面是否尽到一般注意义务，未尽到一般注意义务即构成对绿色义务的违反。第五，从因果关系来看，当事人履约行为与资源浪费、环境损害结果之间是否具有因果关系。

4. 具体案件的处理

回归到本案，《中华人民共和国环境保护法》第六条第三款规定，企业事业单位和其他生产经营者应当防止、减少环境污染和生态破坏，对所造成的损害依法承担责任。该责任不仅包括民事责任，也包括行政责任。行政处罚是行政机关依法对违反行政管理秩序的公民、法人或者其他组织，以减损权益或者增加义务的方式予以惩戒的行为。就本案而言，猪场因违法排放污水污染环境，侵害公共利益，环保部门对猪场处以行政罚款处罚。牧业公司支付了此笔罚款，对外而言，作为猪场使用人牧业公司承担了猪场因违反行政管理秩序而造成环境损害的行政责任。对内而言，因租赁合同双方当事人对猪场的排污问题作了约定，即出租人武某邑有义务确保排污系统需满足生产经营需要等内容，故牧业公司要求武某邑赔偿其支付的 5 万元罚款。一审判决正是基于租赁合同的约定，判令 5 万元罚款由武某邑赔偿给牧业公司。也就是本文的第一种观点。二审法院则从环境保护的角度，将绿色原则融入合同行为的全过程。审查合同绿色义务的履行、造成环境污染的过错责任等，对当事人合同履行行为进行综合判断。众所周知，经营猪场排污系统不容忽视，且直接影响到周边的环境保护问题。作为猪场租赁合同的主体都负有保护环境的义务。虽然本案当事人在合同中约定了猪场出租人的绿色义务，但该约定并不能免除另一方当事人即猪场使用人在合同履行过程中的法定绿色义务。一方面，武某邑未按合同约定确保猪场排污系统满足生产经营需要，对造成环境污染的损害后果存在过错。另一方面，作为猪场使用人牧业公司在租赁经营管理过程中未尽到谨慎注意义务，对于沼气池严重超负荷运行，未及时采取相应的环保措施，导致废水直接排入附近农渠造成环境污染存在过错。双方当事人的行为均违反了行政管理秩序，共同导致环境污染损害后果的发生，因此，应当共同承担环境损害的行政责任。故二审法院判令武某邑支付牧业公司已缴罚款2.5万元。

编写人：江西省抚州市中级人民法院　魏灵　余惠娇

19

特定关系人之间的交易行为效力应进行严格审查

——孙某诉信息咨询中心房屋租赁合同案

【案件基本信息】

1. 裁判书字号

北京市第三中级人民法院（2021）京03民终15233号民事判决书

2. 案由：房屋租赁合同纠纷

3. 当事人

原告（上诉人）：孙某

被告（被上诉人）：信息咨询中心（有限合伙）

【基本案情】

2016年9月14日，孙某华、张某真、方某宏、何某平、钟某五人成立信息咨询中心合伙企业，执行事务合伙人为张某真。该企业注册地址为北京市某区某街1119号房屋（以下简称1119号房屋），房屋登记在孙某名下。当时孙某与孙某华系夫妻关系。2016年12月1日，孙某、信息咨询中心签订了《房屋租赁合同》，约定孙某将1119号房屋出租给信息咨询中心，租期为2016年12月1日至2022年11月30日，月租金1200元；每两年支付一次，2018年12月1日、2020年12月1日及2022年12月1日分别支付28800元；租赁期间，房屋内所涉及物业费、取暖费、卫生费由孙某负担，水电费由信息咨询中心负担；信息咨询中心无理由拖欠房租30天以上，孙某可以单方终止合同、可责令信息咨询中心搬离、房屋亦即可另做他用，同时按约定租金的10%以天数计收取违约金。合同显示有孙某签字，有信息咨询中心加盖公章。2018年12月及2021年1月，孙某向信息咨询中心发出了《房租对账及催缴通知单》，但信息咨询中心始终未交纳房租。2021年1月30日，孙某向信息咨询中心发出了租赁合同终止通知书，要求自2021年2月1日起租赁合同终止，并在3日内搬离房屋，注册地址迁出，但信息咨询中心未履行。孙某遂起诉至法院，要求：确认双方签订的房屋租赁合同有效；信息咨询中心在判决生效后7日内搬离孙某房屋，并变更工商注册地址；信息咨询中心支付房屋租金及违约金暂计79584元。

【案件焦点】

1. 孙某与信息咨询中心签订的房屋租赁合同是否有效；2. 信息咨询中心签订房屋租赁合同的行为是否属于其真实意思表示。

【法院裁判要旨】

北京市平谷区人民法院经审理认为：意思表示真实的民事法律行为有效。本案中，双方就签订合同是否有效存有争议。首先，合同签订的双方存在特殊关系，在合同签订时孙某系信息咨询中心的合伙人孙某华之妻，而合伙企业作为人合性企业，各合伙人之间的相互信任是企业存在的基础。作为企业合伙人，不论谁负责订立具有特殊关系之合同均需要履行谨慎的注意义务，避免合理性怀疑。而从本案已查明的事实看，孙某提供的合同仅加盖公章，且合同订立的时间与当时公章保管人员的回忆存在出入，不能排除合理性怀疑。孙某在订立合同时系企业合伙人孙某华之妻，其作为特殊关系人应区别于一般合同相对人，对自己房屋的出租行为应该尽到谨慎的注意义务，而非对合伙企业情况完全不知情。

其次，合伙人中何某平录音显示其对房屋租赁合同不知情，钟某亦表示对此不知情，孙某华在微信聊天中明确记载合伙企业成立之目的，上述证据均可以证实合伙企业无须实际办公地点，仅需要虚拟注册地点。同时，从本院调取涉案房屋各项费用的支付情况看亦不能证实信息咨询中心实际使用涉案房屋。

综上，孙某提供的房屋租赁合同不能证实为信息咨询中心真实意思表示，双方签订的该合同应确定为无效。孙某据此主张要求信息咨询中心腾退房屋并支付房屋租金、违约金的诉讼请求，本院不予支持。孙某主张信息咨询中心变更工商注册地址并非人民法院管辖范围，本院不予处理。

北京市平谷区人民法院依照《中华人民共和国民法典》第一百四十三条的规定，判决如下：

一、孙某与信息咨询中心签订的房屋租赁合同无效；

二、驳回孙某的全部诉讼请求。

孙某不服一审判决，提起上诉。

北京市第三中级人民法院同意一审法院关于涉案合同并非信息咨询中心的真实意思表示的认定，认为非真实意思表示签订的合同应属无效，同时运用民事诉讼法的证据规则进行论证，认为主张租赁合同关系存在的孙某未提供充分详实的证据证明租赁关系的真实存在，未达到高度盖然性的证明标准，另外，从反证的角度，信息咨询中心提供的证人证言等证据存在合理性和可信度，对此孙某的举证未能排除合理怀疑，即从正反两方面驳斥了孙某的主张。

北京市第三中级人民法院依照《中华人民共和国民事诉讼法》第一百七十条第一款第一项之规定，判决如下：

驳回上诉，维持原判。

【法官后语】

意思表示是民事法律行为的核心要素，意思表示是否真实直接关系民事法律行为的效力。在司法实践中，判断当事人意思表示是否真实，始终是案件审理的起点和难点。各方当事人陈述存在争议时，通常需要结合当事人之间的关系、意思表示的经过、背景因素、依托场景，甚至当事人作出表示时的心态等因素进行综合判断。

本案在审理过程中，有两种不同观点。其一，认为合伙企业加盖公章并与他人订立平等的民事合同，应该认定合同有效。至于合伙人内部问题不应对抗第三人，而应通过合伙人协议解决。其二，认为合伙企业作为人合性极强的经营主体，合伙人之间应负有谨慎的注意义务。特别是针对特定关系人之间的交易行为时，为避免侵害合伙企业及其他合伙人的合法权益，更应保障其他合伙人的知情权。而孙某华作为合伙人之一起草租赁合同，积极参与租赁房屋事宜，但此时合同相对方系孙某华之妻孙某。在此情况下，孙某华是否还处于保障合伙企业及合伙人之地位存疑。因此，双方并非建立在平等关系之基础上签订合同，故该合同应认定为无效。

笔者认为本案采取第二种观点判决更为妥当。《中华人民共和国民法典》第一百六十八条规定：代理人不得以被代理人的名义与自己实施民事法律行为，但是被代理人同意或者追认的除外。代理人不得以被代理人的名义与自己同时代理的其他人实施民事法律行为，但是被代理的双方同意或者追认的除外。我们从时间节点上分析本案不难发现，孙某华在积极筹措房屋租赁事宜时，其具有双重身份，一是信息咨询中心合伙人，二是房屋登记者孙某之夫。而我们进一步分析可知，涉案房屋为孙某与孙某华夫妻共同财产，在二人夫妻关系存续期间涉案房屋属于孙某华与孙某共有状态。孙某华起草的这份房屋租赁协议客观上是将自己的房屋与合伙企业进行交易。因此，孙某的特殊身份亦不能等同于一般第三人，孙某作为孙某华之前妻，在签订房屋租赁合同时，二人并未离婚，而孙某却对信息咨询中心的基本情况完全不知情，亦与常理明显相悖。

当然，我们结合合伙人何某平录音显示对房屋租赁合同不知情，钟某亦表示对此不知情，孙某华在微信聊天中明确记载合伙企业成立之目的，上述证据均可以证实合伙企业无须实际办公地点，仅需要虚拟注册地点。从涉案房屋水电费的支付情况看不能证实信息咨询中心实际使用涉案房屋，且信息咨询中心未将上述费用纳入企业经营成本的行为，均不符合常理。

综上，在人合性强的经营主体中，发生特殊关系人之间的关联交易行为必须对洽商、交易过程、交易结果等环节进行严格审查，证明标准亦应更加严谨，通常应采取排除合理性怀疑证明标准考量意思表示是否真实，避免特殊关系人之间采取不正当关联交易行为侵害企业及投资人利益。

编写人：北京市平谷区人民法院　朱政　孙媛苹

20

违约方享有合同解除权

——文化公司诉传媒公司、南某房屋租赁合同案

【案件基本信息】

1. 裁判书字号

山东省济宁市中级人民法院（2021）鲁08民终6621号民事判决书

2. 案由：房屋租赁合同纠纷

3. 当事人

原告（反诉被告、上诉人）：文化公司

被告（反诉原告、被上诉人）：传媒公司

被告（被上诉人）：南某

【基本案情】

南某系传媒公司法定代表人。

2019年2月1日，文化公司作为出租方、传媒公司作为承租方，双方签订《企业入驻协议》协议约定：租赁面积为700平方米，租赁期自2019年3月1日起，期限为3年。租赁期内文化公司按照下列标准向传媒公司收取相关费用：总金额26万元整。第一年，合同签订付5万元，一月内付5万元，两个月内付

8万元，余8万元投放传媒公司广告；第2年和第3年均是一次性支付26万元。同时约定传媒公司支付次年房租需提前2个月完成，否则视为违约，每超过一天，传媒公司应以违约金额的10%作为违约金支付给甲方。如因不可抗力等因素，对双方或任何一方造成经济损失的，任何一方不得向对方提出索赔要求。协议签订后，传媒公司按照合同约定支付了前两年的房租，文化公司亦为传媒公司开具了52万元的增值税发票。同时传媒公司也为文化公司开具了8万元广告费的增值税发票。2020年12月31日，传媒公司向文化公司提出《申请》，要求缩减租赁面积。2021年1月19日，文化公司向传媒公司发出《房屋催缴通知》，表示不同意传媒公司提前解除协议，亦不同意传媒公司缩减办公面积的申请。2021年1月20日，传媒公司向文化公司提出《房屋不再续租通知》，并于2021年2月24日前搬离涉案场所。传媒公司认为文化公司提供的房屋租赁面积仅为557.2平方米，比合同约定面积少142.8平方米，文化公司两年共多收取租金106328.88元；诉讼中其申请对租赁房屋面积进行鉴定，鉴定机构出具鉴定报告认定租赁房屋面积为766.77平方米。文化公司认为传媒公司不支付第3年租金的行为侵害了其合法权益，要求传媒公司支付第3年租金26万元及迟延交纳租金所产生的违约金，返还广告费（租金）8万元，南某对上述请求承担连带责任。传媒公司提出反诉请求，要求依法确认双方于2021年1月20日合同已经解除；文化公司返还多收房租106328.88元及多收取房租的违约金，返还应免除租金6.5万元（因不可抗力应免除租金3个月）。

【案件焦点】

1. 涉案合同应当继续履行还是解除；2. 文化公司要求传媒公司继续履行合同支付房租、广告费并承担违约金的要求是否应当得到支持；3. 传媒公司要求文化公司退还多收取的房租、支付违约金及免除房租的诉讼请求是否具有法律依据。

【法院裁判要旨】

山东省济宁市任城区人民法院经审理认为：房屋租赁合同的标的不适于强

制履行。传媒公司因其自身经营存在困难，已向文化公司申请减少办公面积并寻求解决方案，后文化公司不同意其缩减租赁面积以减少经营成本，传媒公司已提前一个月告知文化公司解除合同。故传媒公司要求解除《企业入驻协议》不存在恶意违约的情形，同时传媒公司业已实际搬离租赁场所，如果继续要求其履行合同并交纳相应的租金，显然对其显失公平，文化公司也会因获得不当利益而违反诚实信用原则。因此，双方签订的《企业入驻协议》应当解除。因涉案协议已经解除，文化公司要求传媒公司支付第三年租金 26 万元，没有法律依据，不予支持。关于文化公司要求传媒公司返还广告费，因传媒公司已经完成制作广告的义务并多次承诺广告位置已经预留，业已为其开具增值税发票，故文化公司的该项主张没有事实和法律依据，不予支持。关于文化公司要求的违约金部分，虽然协议对违约金的计算方式进行了明确约定，但是该标准超过了法律保护的范畴应予调整，酌情认定传媒公司应当向文化公司支付违约金 6.5 万元（3 个月租金）。关于传媒公司要求被告返还多收取的租金、支付违约金及免除房租，根据鉴定公司出具的鉴定报告，涉案场所的面积已远超合同约定的租赁面积，故对传媒公司的该项诉讼请求，不予支持。因南某系传媒公司唯一股东，其未能提供证据证明其财产是独立于传媒公司的财产，因此其应当对传媒公司支付的违约金承担连带清偿责任。

据此，山东省济宁市任城区人民法院依照《最高人民法院关于适用〈中华人民共和国民法典〉时间效力的若干规定》第一条，《中华人民共和国民法典》第六条、第七条、第五百零二条、第五百零九条、第五百六十三条第一款第二项、第五百六十五条、第五百六十六条、第五百七十七条，《中华人民共和国公司法》第六十三条，《中华人民共和国民事诉讼法》第六十四条之规定，判决如下：

一、依法确认文化公司与传媒公司签订的《企业入驻协议》于 2021 年 1 月 19 日解除；

二、传媒公司于本判决生效之日起十日内支付文化公司违约金 6.5 万元；

三、南某就本判决确认的第二项债务承担连带清偿责任；

四、驳回文化公司的其他诉讼请求；

五、驳回传媒公司的其他诉讼请求。

文化公司不服一审判决，提出上诉。

山东省济宁市中级人民法院经审理认为：房屋租赁合同为继续性合同，虽然承租人在租赁合同中的主要义务是支付租金，但除此之外还负有按照约定方法使用租赁物、不当使用租赁物时的损害赔偿等义务，故租赁合同不适于强制履行。传媒公司虽不享有合同解除权，但其离开租赁楼房已不再实际经营，双方租赁合同事实上已无法履行，为防止形成合同僵局导致损失进一步扩大，判决解除双方的租赁合同并无不当。传媒公司要求按照合同约定支付违约金，数额过高，远超其实际损失，不予支持。在传媒公司要求减少租赁面积并搬离租赁场所的情况下，文化公司并未秉持诚实信用原则采取有效措施减少自身损失，没有采取积极措施同传媒公司就不可抗力的租金等进行协商，一审法院认定的6.5万元违约金数额合理，予以维持。文化公司认为传媒公司并未完成广告"投放"这一义务，因此应当返还8万元的广告费。二审法院认为"投放"并不是传媒公司单方的义务，也需要文化公司的配合。鉴于传媒公司已经完成了广告的设计制作，也承诺随时可以投放，文化公司并未举证说明未能完成"投放"是因为传媒公司单方面的原因。因此，不支持文化公司要求传媒公司返还广告费8万元的主张。据此，山东省济宁市中级人民法院依照《中华人民共和国民事诉讼法》第一百七十条第一款第一项之规定，判决如下：

驳回上诉，维持原判。

【法官后语】

本案主要涉及如何认定传媒公司作为违约方具备申请解除合同条件的问题。

长期以来不论是在理论界还是在司法实践中，对违约方是否享有合同解除权都有不同观点。《中华人民共和国民法典》第五百八十条第二款的出现弥补了立法上没有规定违约方是否可以解除合同的空白。如果一概不允许违约方通过起诉的方式解除合同，不利于破解合同僵局，实现公平正义。就本案出现的典型性问题，人民法院可以通过审查合同是否陷入僵局以及是否有必要解除合同来平衡双方当事人的利益以及维护诚实信用原则和公平原则。承办法官具体结合了《中华人民共和国民法典》第五百八十条第二款和最高人民法院发布的《全国法院民商事审判工作会议纪要》第四十八条规定，综合考量违约方是否满足以下三个解除合同的条件。

1. 客观上出现“合同僵局”

“合同僵局”是指在一些长期合同中，一方由于经济形势的变化、履约能力减弱（甚至丧失）等原因，导致不能继续履行长期合同，需要提前解约，而另一方拒绝解除合同，双方僵持不下的情形。合同僵局常出现在长期性房屋租赁合同过程中，正如本案中，传媒公司与文化公司签订租期3年的租赁合同，但是由于传媒公司经营困难，无力承担每年26万元的租赁费用，因此向文化公司提出提前解除合同，文化公司不同意其提前解除合同后，传媒公司搬离租赁场所不再实际经营，双方的租赁合同事实上已经无法履行，形成合同僵局。

2. 主观上违约方不存在恶意违约，守约方拒绝解除合同违背诚信原则

“合同僵局”情况下合同难以继续履行或继续履行对违约方显失公平，违约方必须不存在恶意违约的情形。不存在恶意是指违约方不是故意违约损害对方利益，但并不排除可能存在过错。过错包括故意和过失，如果违约方故意实施违约行为来为自己谋取利益，从而损害守约方的利益，为维护诚实信用原则和公平原则，这种行为都不能得到支持。但是在具体案件中，出现合同履行不能的原因是非常复杂的，如违约方出现经营不善等，这时，违约方当然存在过错，但是这种过错不能排除违约方申请解除合同的权利。此外，在出现情势变更或者不可抗力的情况下，违约方亦可以解除合同。本案中，传媒公司在签订《企业入驻协议》时，并不会预料到不可抗力的发生，其经营活动因该不可抗力受到较大的冲击，亦联系文化公司想要通过缩减租赁面积来降低经营成本，在协调未果的情况下，其提前搬离租赁场所，并不再缴纳第三年租金，故其虽然存在违约行为，但是在主观上却并非恶意。此外，守约方拒绝解除合同违背诚信原则。本案中，在传媒公司已经实际搬离租赁场所的情况下，文化公司要求其继续履行合同并缴纳高额租金，不仅会给违约方传媒公司带来较大的利益损

失，违背公平原则，同时文化公司也会因获得不当利益而违背诚实信用原则。

3. 在程序方面，法院需要依当事人的申请来决定是否解除合同

根据《中华人民共和国民法典》第五百八十条第二款的规定可以看出，这种情况下的解除权是一种依申请的司法解除权。本案中，传媒公司在提出反诉时明确主张要求解除其与文化公司签订的《企业入驻协议》。

综上，违约方申请解除合同在满足一定条件的前提下是可以予以支持的。合同最重要的目的就是实现双方当事人的目的，赋予违约方申请解除权也正是鼓励交易的体现。该规则也有利于解决合同僵局问题，及时解除不能履行的合同免继续履行的瑕疵，是及时止损也是为合同双方当事人提供更多的交易机会，同时也有利于实现违约方与非违约方的利益平衡。在此基础上，承办法官根据本案的具体情况，合理认定违约方已经具备解除合同的条件，同时又酌情认定其需要承担的违约责任，充分保障了双方的权益。

编写人：山东省济宁市任城区人民法院　相桐

21

委托租赁管理协议合同性质的认定

——李某诉管理公司房屋租赁合同案

【案件基本信息】

1. 裁判书字号

湖北省武汉市中级人民法院（2021）鄂01民终11199号民事判决书

2. 案由：房屋租赁合同纠纷

3. 当事人

原告（被上诉人）：李某

被告（上诉人）：管理公司

【基本案情】

2010年，李某与管理公司签订《委托租赁管理合同书》一份，合同约定：1. 李某将位于武汉市洪山区某楼盘14号酒店公寓委托管理公司进行统一租赁运营管理。委托租赁期限为7年，从2011年8月1日起至2018年10月31日止。2. 基本租金是李某委托管理公司对外经营的底限租金，基本租金全部由李某享有。3. 增值收益，是管理公司尽责并有效实施经营管理后的实际收益去除基本租金的部分，增值收益全部由管理公司享有。酒店公寓的起租日为2011年11月1日，李某从起租日开始有权获得本合同约定的基本租金。在本合同约定的委托租赁期限内，管理公司应按月向李某支付委托租赁的基本租金，第1-24个月支付标准为3625.60元/月；第25-84个月支付标准为4229.5元/月。支付时间为每月的28号或之后三个工作日内支付。每个租赁年度期满之日起二个月内，管理公司应根据合同第三条约定进行增值收益的年度结算，依据结算结果在下一委托租赁年度第二个月租金支付日之前按增值收益全额计提管理公司应得的委托租赁服务费。合同还约定：未按时向李某付委托租赁基本租金收益的，应按日向李某支付逾期付款违约金。如逾期6个月仍未支付基本租金的，李某有权单方要求解除合同，管理公司同意按其上一年度所支付的所有租金为标准向李某支付违约金。由于不可抗力的原因，导致本合同不能正常履行或造成双方损失的，双方互不承担违约责任。合同还对双方的其他权利义务进行了约定。

2018年10月31日，双方就案涉房屋签订了《补充协议书》一份，约定李某继续将案涉房屋交给管理公司进行酒店经营，租赁期限自2018年11月1日起至2021年10月31日止，租金为税前3573.83元/月。支付方式为每个日历月28日前支付当月租金，其中3月至7月、9月至11月的租金如延迟3个工作日未付，则从第4个工作日起管理公司要承担逾期支付违约金；1月、2月、8月、12月的租金如延迟7个工作日未付，则从第8个工作日起管理公司要承担违约金。违约金计算方式为：每日按应付月租金的1%计算。

上述合同及协议书签订后，管理公司向李某付清了2020年以前的租金。2020年1月1日以后，管理公司按照2000元每月的标准向李某支付了共计

13278.23 元。

李某诉至一审法院，要求管理公司：1. 按合同约定支付房屋租金 32164.47 元及违约金。2. 继续按合同履约到合同终止。3. 支付本次诉讼费。

【案件焦点】

案涉委托租赁管理合同属于租赁合同还是委托合同。

【法院裁判要旨】

湖北省武汉市洪山区人民法院经审理认为：李某、管理公司签订的《委托租赁管理合同书》和《补充协议书》系双方当事人真实意思表示，其内容不违反法律行政法规的强制性规定，应为合法有效。一审法院认为，案涉合同及协议中管理公司的主要权利为承租使用案涉房屋并从中获取收益，管理公司的主要合同义务为每月按照某一固定数字向李某支付基本租金，李某的主要权利为收取基本租金，李某的主要义务为向管理公司提供合同约定的房屋，该事实表明：双方的合同关系本质上仍为房屋租赁合同关系。案涉《补充协议书》租金的标准进一步予以了明确，双方对于继续履行合同均无异议，故对李某诉请管理公司继续履行合同予以支持。但需要说明的是，管理公司对于合同履行的具体内容存在争议，一审法院认为，《补充协议书》中租金支付的标准系双方协商一致情况下的真实意思表示，在双方无法另行达成一致的情况下，不应仅因其他原因，由人民法院全面变更租金支付的标准。故一审法院认为，双方继续履行合同，仍应按《补充协议书》约定的租金支付标准继续履行。一审法院认为，本案的争议焦点为：因不可抗力导致的经营困难，管理公司应交的租金是否应当减免，减免的金额是多少。

关于租金的支付，一审法院认为，情形属于《中华人民共和国民法典》第五百九十条规定的受不可抗力影响，可以部分或全部免除责任的情形。考虑到不可抗力的特殊影响，一审法院酌定上述期间内管理公司的租金支付义务应当予以减半；2020 年 4 月 9 日至 2020 年 5 月 31 日的租金按照 80%计算；此后，2020 年 6 月 1 日起的租金，管理公司仍应全额支付。因此，管理公司截至 2020

年 9 月 30 日止的应付租金为 26553. 56 元。因管理公司已在 2020 年向李某支付了 13278. 23 元，管理公司尚有 13275. 33 元未支付。

关于李某诉请的违约金，一审法院认为，因不可抗力产生的违约责任固然可以减免，但管理公司在该不可抗力消失后，仍未按合同约定向李某及时全额支付租金，故管理公司仍存在违约，仍应当承担相应的违约责任。但一审法院认为，补充协议中载明的每日按应付月租金的 1%计算，该计算标准过高，李某也未提交证据证明其除租金损失外尚有哪些其他损失，故一审法院从损害填补原则为主，惩罚性为辅的角度出发，酌情确定管理公司应当以该不可抗力消失后至李某诉请的租金支付期限为止的应交而未交租金的 30%向李某支付违约金，即管理公司在本案中应付的违约金为 3982. 6 元。

综上所述，湖北省武汉市洪山区人民法院依照《中华人民共和国民法典》第五百零九条、第五百七十七条、第五百七十九条、第五百九十条，《最高人民法院关于适用〈中华人民共和国民法典〉时间效力的若干规定》第一条，《中华人民共和国民事诉讼法》第六十四条，《最高人民法院关于适用〈中华人民共和国民事诉讼法〉的解释》第九十条之规定，判决如下：

一、管理公司于本判决生效之日起十日内向李某支付租金 13275. 33 元；

二、管理公司于本判决生效之日起十日内向李某支付违约金 3982. 6 元；

三、管理公司继续按其与李某于 2018 年签订的《补充协议书》约定的租金标准履行与李某之间的房屋租赁合同；

四、驳回李某的其他诉讼请求。

被告管理公司不服一审判决，提出上诉。

湖北省武汉市中级人民法院经审理认为：关于合同性质问题。管理公司认为其与李某之间是委托合同关系，但无法提供有效的证据予以证实。双方合同名称中虽然有“委托”字样，但内容为约定租赁标的、租金标准、租赁期限等，李某与管理公司签订的《补充协议书》，亦是对续租事宜进行的新约定。从合同的权利义务方面考察确认双方构成租赁合同关系。一审法院认定事实清楚，适用法律正确。依照《中华人民共和国民事诉讼法》第一百七十条第一款第一项的规定，如下判决：

驳回上诉，维持原判。

【法官后语】

本案的争议焦点是案涉《委托租赁管理合同书》的性质认定问题。随着市场经济的发展，个人购买商业性地产进行投资的情况越来越普遍。业主购买综合性商业体中的商业地产后，为形成规模经营，常常会出现由商业运营公司统一与个体业主签订合同，再统一对外招租的情况。实践中，商业运营公司与业主签订的协议名称各不相同，有委托管理、委托运营、委托租赁管理等，对于此类协议应认定为租赁合同还是委托合同，不同的认定将导致不同的法律后果。若认定为委托合同，则受托人商业运营公司应根据实际情况转交委托事务过程中取得的财产收益，并享有合同任意解除权；若认定为租赁合同，则承租人商业运营公司不论物业是否对外招租成功，均应支付租金，且不享有合同任意解除权，商业运营公司只有在出现约定解除或者法定解除事由后，当事人方可解除合同。

《中华人民共和国民法典》第九百一十九条规定："委托合同是委托人和受托人约定，由受托人处理委托人事务的合同。"第七百零三条规定："租赁合同是出租人将租赁物交付承租人使用、收益，承租人支付租金的合同。"仅从文义上看，两个合同标的、权利义务迥异，似乎极易区分，但当合同约定的事项为"委托对外出租"时，是应认定为属于委托合同还是租赁合同，极易混淆。司法实践中，应结合合同的具体条款、双方的履行情况，从以下几个维度分析：1. 双方权利义务的内容。如果合同约定业主的主要权利是收取租金，主要义务是提供适合的房屋；商业运营公司的主要权利是使用或转租他人使用房屋，义务是支付固定金额的租金，则应认定为属于租赁合同。如果合同约定业主的主要权利是根据市场情况收取租金收益，主要义务是提供适合的房屋并支付委托报酬；商业运营公司的主要权利是收取委托报酬，主要义务是对外出租、举行招商、广告宣传、物业管理、如实报告房屋现状并根据市场转交实际承租人的租金，则应认定为属于委托合同。2. 财产收益的支付。《中华人民共和国民法典》第九百二十七条规定："受托人处理委托事务取得的财产，应当转交给委托人。"因此，如果商业运营公司将房屋实际租金收入全部转交业主，自己收取固定数额、固定比例委托报酬，或者完全无偿，则应认定属于委托合同。如果商业运营公司向业主支付相对固定数额的租金或使用费，自己收取超额部分的收益，即转租的租金差价，则应认定为租赁合同。3. 责任的承担。租赁合同中承租人的责任承担主要在提前解除合同或逾期支付租金上；委托合同中，受托人的责任承担主要在于因自身过错造成委托人损失上。因此，如果合同中约定的违约责任主要内容是无法及时交付租金或房屋使用费的，应认定为属于租赁合同，约定的是因运营公司无法完成对外招租、未合理管理物业，造成业主损失予以赔偿的，应认定为属于委托合同。4. 合同的履行期限。租赁合同一般约定明确的租赁年限，委托合同则约定委托的具体时间，或只约定处理特定事项而不约定具体的时间，因此合同约定的履行期限也是区分两种合同的重要因素。

在具体的案件审判中，可综合考量以上因素确定涉案合同性质，继而判决双方应承担的责任。具体到本案，首先，李某与管理公司签订的《委托租赁管理合同书》和《补充协议书》中，管理公司的主要权利为承租使用案涉房屋并从中获取收益，主要合同义务为每月按照固定数字向李某支付基本租金；李某的主要权利为收取基本租金，主要义务为向管理公司提供房屋。《补充协议书》对双方的租金标准进一步明确。其次，双方合同中约定的违约责任主要在于逾期支付租金的责任。再次，管理公司的收益并非李某给其的具体委托报酬，而是转租后的租金差价。最后，《委托租赁管理合同书》和《补充协议书》以明确的年度为履行期间，而非完成某项委托事项的时间。因此，综合以上因素，李某与管理公司签订的合同虽名为"委托租赁管理"合同，实际仍是租赁合同。

编写人：湖北省武汉市中级人民法院　汪丽玲

22

以房屋租赁合同的形式用房屋使用权抵偿欠款能否适用“买卖不破租赁”原则的判定分析

——钱某诉赵某房屋租赁合同案

【案件基本信息】

1. 裁判书字号

山东省淄博市中级人民法院（2021）鲁03民终1081号民事判决书

2. 案由：房屋租赁合同纠纷

3. 当事人

原告（上诉人）：钱某

被告（被上诉人）：赵某

第三人：潘某、王某、吴某

【基本案情】

2012年3月30日，潘某与王某、吴某签订房屋租赁协议，内容为因王某拖欠潘某借款本金130万元，故王某自愿将其位于某小区的五套门面房（包括涉案房屋）租给潘某，租期截至2027年3月30日，潘某在王某处的应收欠款本金130万元及利息（年利率10%）作为租赁费用，每年租赁费为21.67万元；潘某享有转租权。同日王某、吴某将上述租赁情况通知了物业公司。2012年4月17日潘某向物业公司交纳涉案房屋用电保证金300元，2014年4月2日潘某交纳涉案房屋物业费，法院生效民事判决书认定案外人周某自2014年3月31日起从潘某处租赁涉案房屋并判决周某向潘某支付相应物业费。

2012年10月18日王某将上述房屋抵押给了其债权人某典当公司并办理了

抵押登记；2018年5月11日，某典当公司与钱某签订债权转让协议，将债权转让给钱某并通知了王某、吴某。

2017年5月17日潘某与赵某签订房屋租赁合同，约定潘某将涉案房屋转租给赵某，租期为2017年6月1日至2020年5月31日，年租金2.2万元，按年度预交。赵某2019年6月1日至2020年5月31日的租金未交纳。

2018年7月18日，法院因他案执行公告拍卖涉案房产，公告中特殊说明标的物有租赁情况，详情咨询执行法官。后钱某竞拍取得涉案房屋；2018年11月23日法院裁定涉案房产的所有权及相应的其他权利归钱某所有，以上权利自钱某收到裁定时转移，后涉案房产登记到钱某名下。

钱某主张赵某自2018年11月23日起拖欠房屋租赁费，其多次上门催要房屋租赁费未果，诉至法院要求判令赵某重新签订租赁合同并支付自2018年11月23日起涉案房屋租赁费用，年租金3万元整。赵某辩称2018年房租已经交付给潘某，其跟钱某说他们应该先解决他们两人之间的问题，即使房租交给钱某，也应按照年租金2.2万元交纳。潘某辩称其与赵某的租赁合同合法有效，潘某享有租赁合同的合同权利，承担合同义务，他人无权干涉，钱某在拍卖时明知房屋存在租赁情况，本案作为租赁合同纠纷，赵某作为承租人其合同相对方为潘某，钱某无权主张强制让赵某重新签订租赁合同，也无权主张租赁费，因此钱某的诉求不成立。

潘某主张根据其与涉案房屋原房主王某、吴某签订的房屋租赁协议，其支付全部租赁费和占用涉案房屋使用至今，并有权转租。2017年其与赵某签订的房屋租赁合同正常履行，在租赁期间钱某通过司法拍卖拍得涉案房屋，但在司法拍卖时法院对于房屋存在租赁情况已经作出特别说明并依法公告。据此其向法院提出独立诉讼请求：1. 确认潘某在租赁期内有权阻止向钱某移交占有涉案房屋；2. 确认钱某就涉案房屋在钱某租赁期内不享有占有、使用、收益的权利；3. 判令赵某依据与潘某的租赁合同关系约定支付租赁费2.2万元（2019年5月至2020年5月）。钱某针对潘某的诉讼请求辩称，法院拍卖公告里没有明确表明房屋的租赁期限、金额，只是注明有租赁情况，其是涉案房屋的抵押权人又参与了拍卖，取得了合法的房屋所有权，对该涉案房屋从法院裁定之日起拥有占有权和收益权，赵某应从2018年11月23日至今向其交纳房租，赵某与潘某的租赁合同于2020年5月31日到期，如不签租赁合同将限期搬出。赵某针对潘某的诉讼请求辩称，其房租是从2017年6月1日签到2020年5月31日，此期间本人正常向潘某交房租，本人不可能租一套房屋交两份房租。

【案件焦点】

以房屋租赁合同的形式用房屋使用权抵偿欠款能否适用“买卖不破租赁”原则。

【法院裁判要旨】

山东省淄博市张店区人民法院经审理认为：潘某提交的其与王某、吴某之间的房屋租赁协议、王某和吴某给物业的通知函及用电保证金收据相互印证，能够证明上述房屋租赁协议签订和开始履行时间早于涉案房产抵押时间，本案中也没有证据证明该房屋租赁协议存在恶意串通损害他人利益，违反法律、行政法规强制性规定等情形，无法认定其为无效合同。同时，该房屋租赁协议从名称、标的、租赁期限、租金、装修等内容来看具备租赁合同的要件，其中仅租金一项为以潘某对王某、吴某所享有的债权折抵，并不能以此来认定潘某之间仅有抵债的合意而无形成房屋租赁关系的合意，这不同于当事人之间的房屋使用权抵债合同。从王某和吴某给物业发出的通知函、潘某交纳用电保证金及物业费以及潘某将涉案房屋转租并实际收取租金的事实来看，潘某已具体行使承租权和转租收益权。综上，本案应根据买卖不破租赁原则确定潘某在其与王某、吴某房屋租赁协议约定的租赁期限内就涉案房屋享有转租收益权。故对钱某的诉讼请求不予支持，潘某享有获取租金的权益，对其要求赵某向其支付租金2.2万元的诉讼请求应予支持。据此，山东省淄博市张店区人民法院依照《中华人民共和国合同法》第五十二条、第二百二十六条、第二百二十九条，《中华人民共和国民事诉讼法》第六十四条之规定，判决如下：

赵某向潘某支付截至2020年5月31日的租金2.2万元。

钱某持原审起诉意见提起上诉。

山东省淄博市中级人民法院经审理认为：关于潘某与王某、吴某签订的房屋租赁协议的性质认定问题，从该协议内容来看，王某为了使自己的债务得到清偿，同意潘某以使用15年的方式抵顶所欠130万元的欠款，系债务人以其房屋使用权抵偿欠款的合同之债，不同于出租人与承租人之间签订的房屋租赁合同，故不应适用“买卖不破租赁”原则。涉案房屋已经被钱某通过拍卖方式取得且已经办理了房屋产权登记，钱某可以取得对于房屋的占有、使用、收益、处分的权利。王某与潘某签订的房屋租赁协议因涉案房屋的拍卖已经无法继续履行，潘某可要求王某承担相应的违约责任。关于钱某是否有权利要求赵某向其支付租金的问题，潘某与赵某签订的租赁合同并无违反法律法规强制性规定情形，应为合法有效。租赁物在租赁期间发生所有权变动的，不影响租赁合同的效力。潘某本是基于对房屋的合法占有将涉案房屋租赁给赵某，鉴于钱某已经取得了涉案房屋的所有权，参照“买卖不破租赁”原则，钱某可要求继续履行潘某与赵某之间签订的租赁合同未履行部分，赵某应向钱某支付剩余租赁费。据此，山东省淄博市中级人民法院依照《中华人民共和国合同法》第二百一十二条、第二百二十九条，《中华人民共和国民事诉讼法》第一百七十条第一款第三项之规定，判决如下：

赵某向钱某支付截至2020年5月31日的租金2.2万元。

【法官后语】

本案主要涉及以房屋租赁合同的形式用房屋使用权抵偿欠款能否适用“买卖不破租赁”原则的判定分析。

“买卖不破租赁”源自德国法，是传统民法上的重要制度。其建立的初衷在于保护弱势承租人阶层之生存利益，“因为居住为人生之基本需要，屋价高昂，购买不易，承租人多属经济上弱者，实有特别保护之必要”①。房屋租赁合同是房屋出租人将房屋交付承租人使用、收益，承租人支付租金的合同。房屋

① 王泽鉴：《民法学说与判例研究》（第6册），中国政法大学出版社2005年版，第177页。

租赁合同是转移财产使用权的合同，承租人订立房屋租赁合同的目的在于使用、收益房屋，即承租人所取得的仅仅是对房屋的使用权和部分收益权，而不是房屋的所有权。房屋租赁合同生效后，房屋的所有权仍然归属于出租人，出租人对房屋依法享有处分权，可以将房屋的所有权转移给他人。租赁物所有权发生变动的情况下，租赁物上会并存如下两种关系：一是出租人与承租人之间的关系；二是承租人与房屋受让人（新所有权人）之间的关系。如果所有权的受让人可不受租赁契约约束，事实上相当于赋予让与人即出租人片面享有租赁契约终止权，也使得听由让与人与受让人共同侵害承租人之债权，对财产秩序将产生破坏。[①] 故为维护租赁关系的稳定，大陆法系国家和地区民法在规范租赁关系的法律规范中普遍规定“买卖不破租赁”的原则，即在租赁合同的有效期内，出租人将租赁物的所有权转让给第三人时，承租人的权利不因租赁物所有权的转移而消灭或者受到妨碍。

我国亦是如此，《中华人民共和国民法典》第七百二十五条规定：“租赁物在承租人按照租赁合同占有期限内发生所有权变动的，不影响租赁合同的效力。”根据上述规定，“买卖不破租赁”原则的适用前提应当具备如下四个方面的构成要件：一是出租人与承租人之间存在合法有效的租赁合同关系，此为前提要件。以房屋租赁合同为例，房屋出租人将房屋交付给承租人使用、收益，承租人向房屋出租人定期支付租金，并于合同终止时将房屋归还给出租人。二是租赁物的所有权发生变动，此为基础要件。亦即租赁物的所有权人，通过将租赁物出售、抵押、赠与、继承、互换等方式，将对租赁物的所有权转移给承租人以外的第三人。此为“买卖不破租赁”中的“买卖”，其包含所有权发生变动的多种行为。三是租赁物的所有权发生变动是在租赁合同占有期限内发生的，此为时间要件。只有在租赁合同占有期限内发生所有权变动的，才适用“买卖不破租赁”原则。四是租赁物所有权的变动不影响租赁合同的效力，此为效力要件。租赁物所有权发生变动后，原出租人与承租人在租赁物上设定的

---

① 陈鸣：《“买卖不破租赁”的司法续造及其局限性——兼论〈民法典·合同编〉中租赁合同对抗规则的重构》，载《西部法学评论》2017年第1期。

租赁合同仍然具有法律约束力，承租人继续依照租赁合同的约定享有权利、履行义务，原出租人依照租赁合同约定享有的相关权利义务则由租赁物所有权变动后的新所有权人承继。新所有权人不得以租赁物的所有权发生变动为由阻碍承租人行使依照租赁合同享有的权利。

本案是涉及“买卖不破租赁”原则的租赁合同典型案件。但与一般情形下的租赁合同不同，本案出现的情况则是主张“买卖不破租赁”的第三人潘某并没有通过买卖等方式取得涉案房屋的所有权，而是采取了与王某、吴某签订房屋租赁协议的形式来抵顶王某欠潘某的借款本金130万元及利息。对此一审认为该协议就是房屋租赁协议，故而认定对于潘某可以适用“买卖不破租赁”原则；二审则认为该协议系债务人以其房屋使用权抵偿欠款的合同之债，不同于出租人与承租人之间签订的房屋租赁合同，故不应适用“买卖不破租赁”原则，并据此予以改判。实践中确实存在一定数量的像本案中这样的以房屋租赁协议的形式来抵顶欠款的情形。应当说本案二审对这一问题的认定是正确的。这是因为，房屋租赁合同是房屋出租人将房屋提供给承租人使用，承租人定期支付租金，并于合同终止时将房屋归还给出租人的协议。承租人缔约的目的是取得房屋的使用权，出租人则是为了收取租金。但在像本案这样以房屋租赁的形式来抵顶欠款的情形下，虽然协议中的承租人如本案中的潘某亦取得了涉案房屋的使用权，但协议中的出租人如本案中的王某却并不是为了收取租金，而是以此为形式来偿还其欠潘某的借款本息。这种情形名为租赁，实为抵债，即债务人以其房屋使用权来抵偿其债务，其实际系有租赁之名而无租赁之实。既然如此，那么此情形显然也就失去了“买卖不破租赁”原则适用的前提。此外，在真正的“买卖不破租赁”情形下，原出租人依照租赁合同约定享有的相关权利义务则由房屋所有权变动后的新所有权人承继，也就是说承租人需要将租金支付给新的房屋所有权人。而在本案这种以房屋使用权来抵债的情形下，若对此适用“买卖不破租赁”原则，则按理说潘某还应向新的房屋所有权人钱某支付租金。但涉案房屋的使用权实际是用来抵偿王某欠潘某的借款本息，潘某实际并不需要向王某支付租金，故显然更不存在潘某向钱某支付租金的情况。

所以说对于像本案这样的“名为租赁、实为抵债”的情况，其并不存在真实的房屋租赁，故而不应适用“买卖不破租赁”原则。

编写人：山东省淄博市中级人民法院　荣明潇

山东省淄博市张店区人民法院　刘晓辉

23

房屋出租人拒不履行附随义务时，法律责任承担及考量因素

——杨某普诉新能源汽车公司房屋租赁合同案

【案件基本信息】

1. 裁判书字号

湖南省湘西土家族苗族自治州中级人民法院（2022）湘31民终393号民事判决书

2. 案由：房屋租赁合同纠纷

3. 当事人

原告（被上诉人）：杨某普

被告（上诉人）：新能源汽车公司

【基本案情】

案涉《房屋租赁合同》约定：原告租赁被告面积约230平方米钢棚结构的房屋用于餐饮，租期为9年；租金支付方式为A时间段内被告从原告的营业额中提取6%作为租金，A时间段后提取8%作为租金；原告所用的水电费自交等。

因被告公司的经营范围包括餐饮服务，且该公司购买有厨房设备，公司员工田某某又出资与杨某普合伙经营，故杨某普在租赁被告公司门面经营饮食期

间，借用了该公司的营业执照和厨房设备。后杨某普与田某某因分红发生矛盾，杨某普拟单独办理营业执照，并向刘某某支付了厨房设备价款 2700 元。

原告向市监局申请办理营业执照，需要提供的材料“住所（经营场所）使用证明”中“原告经营场所产权证明”需要被告协助出具，被告不予协助。

自 2021 年 4 月至 9 月，被告按合同约定以原告餐馆营业额提点的方式收取了原告的租金，余款支付给原告。

【案件焦点】

1. 双方究竟属于租赁合同关系还是合伙关系；2. 若认定为租赁合同关系，被告未给原告提供必要的协助义务应当承担何种法律责任。

【法院裁判要旨】

湖南省凤凰县人民法院经审理认为：协助义务又称协作义务，指合同当事人应互为对方行使合同权利，履行合同义务提供照顾和便利，促使合同目的圆满实现。《中华人民共和国民法典》第五百零九条第一款、第二款规定：“当事人应当按照约定全面履行自己的义务。当事人应当遵循诚信原则，根据合同的性质、目的和交易习惯履行通知、协助、保密等义务。”附随义务包括协助义务。本案中，原、被告签订的《房屋租赁合同》系双方真实意思表示，该合同合法有效，双方均应当按照合同约定履行各自义务。原告租赁被告房屋的目的是经营餐馆，原告为更好实现其合同目的申请办理营业执照，被告对此应当给予必要的协助，现原告申请办理营业执照，需要提供的“住所（经营场所）使用证明”中“原告经营场所产权证明”需要被告协助出具，被告未向原告提供，致使原告无法办理营业执照，违反了合同的附随义务，不符合法律的规定。故承租人杨某普因办理营业执照诉请出租人新能源汽车公司为其出具“住所（经营场所）使用证明”，事实清楚、理由充分，符合法律的规定，本院予以支持。被告辩称原、被告双方签订的合同虽名为租赁合同，但实为合伙合同，双方不存在租赁关系，而是合伙关系，证据不足，理由不充分，本院不予采纳。

据此，依照《中华人民共和国民法典》第五百零九条，《中华人民共和国民事诉讼法》第六十四条之规定，判决如下：

被告新能源汽车公司于本判决生效后十日内为原告杨某普办理营业执照出具“住所（经营场所）使用证明”提供必要协助。

被告新能源汽车公司不服一审判决，提起上诉。

湖南省湘西土家族苗族自治州中级人民法院经审理认为：案涉《房屋租赁合同》符合租赁合同的法律特征。该合同中未有“合伙”两字，未约定出资方式和数额，也未约定利润分配和亏损分担，不符合合伙合同的法律特征。被告公司主张己方提供了营业执照与厨具，且从对方营业额中按比例收取租金承担了重大经营风险和纳税风险，双方系合伙关系的上诉理由不能成立。根据《中华人民共和国民法典》第五百零九条规定，当事人应当根据合同的性质、目的和交易习惯履行通知、协助、保密等义务。现承租方申请办理营业执照需要出租方提供“住所（经营场所）使用证明，被告公司作为出租方，有履行协助提出经营场所使用证明的义务”。被告公司职工田某某虽然与杨某普具有合伙关系，且两者对申办营业执照存在争议，但两者的合伙纠纷与本案基于租赁关系提起的附随义务不属同一法律关系，不应合并审理。综上，上诉人新能源汽车公司的上诉理由不能成立，对其上诉请求不予支持。原审认定案件事实基本清楚，适用法律正确，应予维持。依据《中华人民共和国民事诉讼法》第一百七十七条第一款第一项之规定，判决如下：

驳回上诉，维持原判。

【法官后语】

本案双方之间显然应认定为房屋租赁合同关系。在此前提下，本案要处理的是在房屋租赁合同履行过程中，房屋出租人如若不履行附随义务时是否承担及如何承担法律责任的问题。

1. 附随义务的含义及特征

对于附随义务，有广义和狭义之分。广义的附随义务包括前合同义务、合同履行中的附随义务以及后合同义务。《中华人民共和国民法典》第五百零九条规定：“当事人应当按照约定全面履行自己的义务。当事人应当遵循诚信原则，根据合同的性质、目的和交易习惯履行通知、协助、保密等义务。当事人在履行合同过程中，应当避免浪费资源、污染环境和破坏生态。”该条第二款为合同履行中的附随义务设立了专门的法律规范。据此，我国法律上的附随义务是指在合同履行过程中，基于诚实信用的原则，参酌交易习惯，依其情形，债务人负担的通知、协助、保密、忠实、保护等义务。这是狭义的附随义务，是通常所说的附随义务。本案涉及的就是这种附随义务。附随义务的功能有二：促进实现主给付义务，使债权人的给付利益获得最大的满足（辅助功能）；维护对方人身或财产等固有利益（保护功能）。

对于附随义务的特点，应该从与主给付义务相比较来认识。这两种义务具有明显不同点：(1) 性质不同。主给付义务自始确定，并决定合同类型。附随义务随债之关系发展，于个别情况要求一方有所作为或不作为，于任何合同均可发生，不受合同类型的限制。(2) 与同时履行抗辩权关系不同。主给付义务系双务合同之对待给付，一方不履行主给付义务，对方可主张履行抗辩权。附随义务原则上非对待给付，一方不履行附随义务，不成立履行抗辩权。(3) 对合同解除影响不同。一方经催告后经过合理期间仍不履行主给付义务，对方享有合同解除权。原则上，一方不履行附随义务，对方不享有解除权，仅可主张债务不履行的违约责任。

2. 拒不履行附随义务的违约责任承担

附随义务虽然系根据合同的性质、目的和交易习惯来确定，但这确定的是附随义务的具体内容。对于附随义务的来源，应该认为是基于法律规定。易言之，附随义务是一种法定义务，债务人无正当理由拒不履行的，应依法承担法律责任即违约责任。

对于债务人无正当理由拒不履行附随义务应该承担什么违约责任，《中华人民共和国民法典》第五百七十七条规定：“当事人一方不履行合同义务或者履行合同义务不符合约定的，应当承担继续履行、采取补救措施或者赔偿损失等违约责任。”第五百八十条第一款规定：“当事人一方不履行非金钱债务或者履行非金钱债务不符合约定的，对方可以请求履行，但有下列情形之一的除外：

（一）法律上或者事实上不能履行；（二）债务的标的不适于强制履行或者履行费用过高；（三）债权人在合理期限内未请求履行。”解读这些条款，显然不能认为将债务人拒不履行附随义务时所可能承担的继续履行的违约责任形式排除在外。也不能认为本案符合法律规定的几种除外情形。因此，本案原告诉请被告履行予以协助的附随义务，应该认为具有我国民法典上的法律依据。

3. 判令债务人承担附随义务的利益平衡

附随义务系基于诚信原则产生，判令债务人承担附随义务时也应该充分考虑到该原则之要求，不能因此使得双方利益严重失衡。在义务人有充分正当理由拒绝履行附随义务时，不应该判令其承担违约责任。在义务人因为履行附随义务而势必遭受损失时，应该判令权利人予以适当补偿。质言之，不能无条件地判令债务人履行附随义务，应综合考虑《中华人民共和国民法典》第五百零九条规定及《中华人民共和国民法典》中有关公平原则的相关规定。

本案中，被告履行原告诉请的附随义务的成本极低，双方当事人均未提及成本补偿问题，一、二审法院也才未提及这个问题。但在审理此类案件中对于补偿问题，人民法院还是必须予以考虑的，即使不对此作出判决。

综上所述，合同履行中的附随义务是债务人应该履行的法定义务。债务人在没有充分正当理由拒不履行附随义务时，应该向对方承担实际履行、采取补救措施、赔偿损失等违约责任。但在判令债务人承担实际履行的违约责任时，应该充分考虑到诚信原则、公平原则之要求，不能使得双方当事人利益严重失衡。

编写人：湖南省凤凰县人民法院　吴林燃

湖南省湘西土家族苗族自治州中级人民法院　彭志友

十、融资租赁合同纠纷

24

合同中交叉违约条款效力的认定

——融资租赁公司诉A新能源技术公司等融资租赁合同案

【案件基本信息】

1. 裁判书字号

福建省厦门市中级人民法院（2021）闽02民终5231号民事判决书

2. 案由：融资租赁合同纠纷

3. 当事人

原告（被上诉人）：融资租赁公司

被告（上诉人）：技术公司

被告：A新能源技术公司、科技公司、B新能源技术公司

【基本案情】

原告融资租赁公司与被告A新能源技术公司、技术公司、科技公司、B新能源技术公司融资租赁合同纠纷一案，融资租赁公司诉请：1. 判令A新能源技术公司立即向融资租赁公司支付《融资租赁合同（售后回租）》项下全部未付租金442万元及相应的违约金；2. 判令A新能源技术公司立即向融资租赁公司支付留购价款100元；3. 判令技术公司、科技公司、B新能源技术公司对A新

能源技术公司所负的全部债务向融资租赁公司承担连带清偿责任；4. 判令融资租赁公司有权就技术公司质押其持有的A新能源技术公司的100%股权及其派生权益的折价、拍卖或变卖所得价款优先受偿；5. 依法确认融资租赁公司有权就A新能源技术公司质押的全部应收账款享有优先受偿权；6. 判令本案的案件受理费、财产保全费5000元由A新能源技术公司、技术公司、科技公司、B新能源技术公司承担。

技术公司辩称：1. 由于出租方融资租赁公司提出提前解除合同，导致承租方A新能源技术公司预期利益受损，故承租方未到期的每期应付租金中的利息应予扣除，承租方仅需偿还本金即可；2. 如果人民法院判决认定案涉融资租赁合同加速到期，那么逾期违约金的起算时间应以判决生效时为准；3. 融资租赁公司同时起诉两个案件，其中出现违约情形的是另案中2019年10月16日签订的一份合同，而本案中签订于2019年3月6日的合同并未出现违约情形，融资租赁公司所谓的"交叉违约"并不成立；4. 保证人B新能源技术公司和承租方A新能源技术公司同属技术公司的平行子公司，在本案中无论承租方还是保证人，均无违约情形，融资租赁公司的起诉应予驳回。

法院经审理查明：技术公司系B新能源技术公司和A新能源技术公司的唯一股东。周某华系技术公司及科技公司的法定代表人。承租方及担保方均系关联企业，且技术公司系B新能源技术公司和A新能源技术公司的唯一股东，故该三家公司的履约行为及履约能力具有牵连性。在融资租赁合同关系中，如期支付租金系承租方的主要合同义务，故一旦停止支付租金即构成实质性、根本性的违约。另案中，B新能源技术公司已构成根本违约，而A新能源技术公司在收到融资租赁公司的催告函后亦未履行担保之责。融资租赁公司已依约购买租赁设备并交付给A新能源技术公司使用。

【案件焦点】

当债务人在诉争合同项下未有违约行为但在另案中已出现违约行为，债权人是否可以依据交叉违约条款加速合同到期主张债权。

【法院裁判要旨】

福建省厦门市思明区人民法院经审理认为：关于交叉违约之认定，法律并未禁止当事人在合同中订立交叉违约条款，根据“法无禁止即自由”的民事活动基本原则，本院对案涉合同中的交叉违约条款之效力予以确认。技术公司辩称 A 新能源技术公司在履行案涉合同过程中不存在违约行为，故融资租赁公司无权起诉。本案中，承租方及担保方均系关联企业，且技术公司系 B 新能源技术公司和 A 新能源技术公司的唯一股东，故该三家公司的履约行为及履约能力具有牵连性。在融资租赁合同关系中，如期支付租金系承租方的主要合同义务，故一旦停止支付租金即构成实质性、根本性的违约，另案中，B 新能源技术公司已构成根本违约，而 A 新能源技术公司在收到融资租赁公司的催告函后亦未履行担保之责。融资租赁公司已依约购买租赁设备并交付给 A 新能源技术公司使用，A 新能源技术公司作为后履行一方，在另案中拒不履行担保责任，融资租赁公司据此认为其财产状况恶化可能危及债权实现并主张不安抗辩权，故本院认为融资租赁公司符合启动交叉违约条款提前宣布所有未付租金到期的条件。

福建省厦门市思明区人民法院依照《中华人民共和国民法典》第四百二十五条、第四百三十条、第四百三十六条第二款、第四百三十八条、第四百三十九条、第四百四十条、第四百四十一条、第四百四十三条第一款、第四百四十五条第一款、第四百四十六条、第五百八十五条、第六百八十八条、第六百九十九条、第七百条，《中华人民共和国公司法》第十六条，《最高人民法院关于适用〈中华人民共和国民法典〉有关担保制度的解释》第八条，《最高人民法院关于审理融资租赁合同纠纷案件适用法律问题的解释》第九条，《中华人民共和国民事诉讼法》第六十四条第一款、第一百四十四条之规定，判决如下：

一、A 新能源技术公司应于本判决生效之日起十日内向融资租赁公司支付租金 442 万元、留购价款 100 元及违约金（违约金自 2021 年 3 月 26 日起以未付租金为基数，按日利率 1‰的标准计算至实际付款之日止）；

二、A 新能源技术公司应于本判决生效之日起十日内向融资租赁公司支付因实现债权产生的诉讼保全费5000元；

三、技术公司、B新能源技术公司对A新能源技术公司上述债务承担连带清偿责任，并有权在承担保证责任后向A新能源技术公司追偿；

四、若A新能源技术公司未按时履行上述债务，融资租赁公司有权以相关《股权质押合同》及相关《股权出质设立登记通知书》所载明的技术公司持有的A新能源技术公司100%的股权及其所产生的收益权利折价或拍卖、变卖所得价款在680万元质押担保债权金额范围内优先受偿；

五、若A新能源技术公司未按时履行上述债务，融资租赁公司有权以《应收账款质押合同》及《中国人民银行征信中心动产担保登记证明—初始登记》所载明的A新能源技术公司有权处分的应收账款在680万元质押担保主合同金额范围内优先受偿；

六、驳回融资租赁公司的其他诉讼请求。

技术公司不服，提起上诉。

福建省厦门市中级人民法院经审理认为：案涉各合同及协议均系各方当事人的真实意思表示，内容并不违反法律、行政法规的强制性规定，应认定为合法有效。依法成立的合同，对当事人具有法律约束力。各方当事人应当按照约定履行自己的义务，不得擅自变更或者解除合同。同时，当事人行使权利、履行义务应当遵循诚实信用原则。本案中，案涉融资租赁合同第十四条约定了交叉违约条款，因A新能源技术公司为另案承租人B新能源技术公司的债务提供了连带责任保证担保，在另案承租人B新能源技术公司未按时足额支付租金，构成违约的情况下，经融资租赁公司发函催促，作为担保人的A新能源技术公司，亦未在律师函约定的付款期间向融资租赁公司支付逾期租金，已构成违约，根据前述交叉违约条款的约定，其亦构成案涉融资租赁合同项下违约，融资租赁公司有权要求其承担违约责任。同时，因技术公司在一审法庭辩论终结前未向法院提出违约金过高的抗辩，其二审主张违约金过高也未提供违约金约定缺乏公平性的相应证据。故对技术公司上述主张，不予支持。

综上，技术公司的上诉请求，缺乏事实和法律依据。一审判决认定事实清楚，适用法律正确，予以维持。福建省厦门市中级人民法院依照《中华人民共和国民事诉讼法》第一百四十四条、第一百七十条第一款第一项之规定，判决如下：

驳回上诉，维持原判。

【法官后语】

本案的争议焦点在于当债务人在诉争合同项下未有违约行为但在另案中已出现违约行为，债权人是否可以依据交叉违约条款加速合同到期主张债权。

交叉违约条款是银行贷款、金融衍生品等金融合同中常见的条款，交叉违约条款是指当事人约定如果合同项下的债务人在其他合同或者类似交易项下出现违约，将被视为对本合同的违约，本合同的债权人可以对债务人采取相应的合同救济措施。

现行法律法规的许多条款可援引为交叉违约条款的理论依据。

1. 有观点认为交叉违约条款应视为民事法律行为的所附解除条件

《中华人民共和国民法典》第一百五十八条、第五百六十二条明确规定了民事法律行为可以附条件，以及附条件解除的民事法律行为失效的情形。交叉违约条款系当事人双方关于合同解除条件约定的意思自治，可认定为民事法律行为的所附解除条件。

2. 有观点认为交叉违约条款来源于不安抗辩权

《中华人民共和国民法典》第五百二十七条规定了不安抗辩权的适用条件，即应当先履行债务的当事人，有确切证据证明对方有经营状况严重恶化等可能丧失履行债务能力的法定情形时，可以中止履行。但同时也规定了当事人没有确切证据中止履行的，应当承担违约责任。交叉违约条款可以视为一方当事人因对方当事人的其他违约行为，导致可能影响其债务履行能力而主张中止履行，与不安抗辩权的法理同源。

3. 有观点认为预期违约制度亦可视为交叉违约条款的来源

预期违约责任，即当事人一方明确表示或者以自己的行为表明不履行合同义务的，对方可以在履行期限届满前请求其承担违约责任。交叉违约条款可以视为当事人关于预期违约责任的具体约定。

4. 2019 年 11 月 14 日《九民会议纪要》发布，对现阶段关于交叉违约条款的司法实践有着重要的指导适用意义

文件的第四十七条规定：合同约定的解除条件成就时，守约方以此为由请求解除合同的，人民法院应当审查违约方的违约程度是否显著轻微，是否影响守约方合同目的的实现，根据诚实信用原则，确定合同应否解除。

综上，在本案中，因融资租赁合同关系中，如期支付租金系承租方的主要合同义务，故一旦停止支付租金即构成实质性、根本性的违约，法院经审理发现承租方在另案融资租赁合同纠纷中已根本违约，影响到本案诉争合同目的的实现，故认为融资租赁公司符合启动交叉违约条款提前宣布所有未付租金到期的条件。本案的审理思路对于同类案件在认定交叉条款效力方面有着很好的参考价值。

笔者认为，交叉违约条款虽未单独在法律法规中予以明文规定，但可以从附条件解除的民事法律行为、不安抗辩权以及预期违约责任等制度中找到其理论支撑和法理根源。此外，交叉违约条款的效力不仅及于合同相对人，也可约束为合同履行提供担保的担保人，当债务人出现交叉违约情形，交叉违约条款符合启动条件，债权人可提前宣布合同到期要求主债务人承担责任且有权要求担保人承担担保责任。

交叉违约条款能够有效地起到“预警”作用，更好地保护债权人的权利，也对债务人履约提出了更高的要求，督促债务人严格遵守合同的约定，更大程度保障市场交易安全。需要注意的是，交叉违约条款虽本质上属于当事人意思自治范畴，保护了债权人的预期利益，但是它突破了合同相对性的限制，扩张了合同违约事件的外延，在一定程度上限制了债务人的合同权利，特别是在银行贷款、融资租赁等商事交易中，金融机构处于绝对优势地位且为设置交叉违约条款的主导方，故若不对交叉违约条款的设置加以规制，就会让债务人方面临极高的交叉违约风险甚至因债务加速到期引起巨大风险，这与交叉违约条款防范金融风险的初衷背道而驰。为此，笔者建议：一方面，合同的债权人在设

置交叉违约条款时应当严格遵循诚实信用原则，合同双方当事人应在充分协商的基础上对包括违约主体、债务数额等违约事项加以细化，避免触发条件的无限放大而损害到合同目的实现；另一方面，建议金融监管部门要完善相关的配套制度来约束交叉违约条款的设置，防止因不当设置而引发市场交易风险。在审判实践中，法官在裁量是否适用交叉违约条款时，应根据诚实信用原则并结合个案具体情况审查债务人在其他合同行为中是否出现了实质性、根本性的违约，且该违约行为是否能实质性地影响本合同的债权安全。

编写人：福建省厦门市思明区人民法院　吴夏青

25

不安抗辩权在融资租赁合同中行使的具体条件

——租赁公司诉新材料公司等融资租赁合同案

【案件基本信息】

1. 裁判书字号

福建省福州市鼓楼区人民法院（2021）闽 0102 民初 6712 号民事判决书

2. 案由：融资租赁合同纠纷

3. 当事人

原告：租赁公司

被告：新材料公司、黄某梁、黄某汝、黄某欣

【基本案情】

2017 年 3 月 14 日，租赁公司与新材料公司共同签订了编号为 RXZL-2017-G-X-0045 的《租赁物买卖合同》，约定租赁公司向新材料公司购买车床、喷涂机等 172 项设备，购买价款为 500 万元。同日，租赁公司与新材料公司共同

签订了编号为 RXZL-2017-Z-X-0045 的《售后回租合同》，约定新材料公司以原状态回租上述设备，租赁期限 3 年共 36 期，自 2017 年 3 月 30 日起至 2020 年 3 月 29 日止，年租赁利率 3.5%，每期租金 153472.22 元，租金总额 5525000 元，并就手续费、违约金等作出约定。新材料公司履行完毕本合同项下全部义务且无违约行为的情况下，可以 1000 元的留购价取得租赁物所有权。租赁公司、新材料公司与黄某梁、黄某汝、黄某欣分别签订《保证合同》，黄某梁、黄某汝、黄某欣为新材料公司在《售后回租合同》及其他相关合同项下的全部债务向租赁公司承担连带保证责任。

租赁公司持有的《售后回租合同》项下的应收账款此后依次被出质与案外人 F 公司、H 公司、J 公司，上述流转过程中各方均未变更原收款账户。自 2018 年 9 月起，新材料公司开始欠付租金，2020 年 5 月 21 日，新材料公司向租赁公司寄送《关于中止履行合同并要求提供担保的函》，载明“根据租赁公司在全国中小企业股份转让系统发布的公告，租赁公司于 2019 年 9 月 25 日、2019 年 10 月 30 日召开董事会、股东大会，通过了拟向法院申请破产清算的议案。且租赁公司已于 2020 年 1 月向福州市仓山区人民法院提交《企业破产申请书》。新材料公司付清全部租金后，租赁公司须将租赁物的所有权转回。鉴于租赁公司的经营状况现已严重恶化，特要求中止合同，租赁公司应在收到函件之日起 3 日内向其提供充分有效的担保”。

租赁公司未提供相应担保，认为新材料公司并未按《售后回租合同》的约定按时、足额支付租金，黄某梁、黄某汝、黄某欣也未按《保证合同》约定履行连带清偿责任，构成违约，诉至本院。

【案件焦点】

新材料公司是否有权以租赁公司濒临破产为由行使不安抗辩权暂停支付租金。

【法院裁判要旨】

福建省福州市鼓楼区人民法院经审理认为：新材料公司无权以不安抗辩权

为由暂停支付租金，其欠付租金的行为已构成违约，具体分析如下：1. 新材料公司系从2018年9月起开始欠付租金。此时，租赁公司既未通知变更收款账户，也未作出申请破产清算的决议。J公司也尚未寄送律师函。当时根本不存在新材料公司认为的可行使不安抗辩权的情形。2. 即便后续租赁公司申请破产清算，J公司寄送了律师函，本案也不存在新材料公司行使不安抗辩权的条件：其一，有权行使不安抗辩权的主体应当为“应当先履行债务的当事人”。然而，本案中，租赁公司才是应当先履行义务的合同当事人。在租赁公司已依约交付租赁物的情况下，新材料公司理应依约履行支付租金的义务。其二，对于交付留购租赁物这一义务来说，支付全部租金确系“应在先履行的合同义务”。但是，如若新材料公司欲行使该不安抗辩权，其也应先清偿到期应付未付租金。其三，根据现行破产法及其司法解释的规定，即便租赁公司存在破产风险，新材料公司回购租赁物的权利在破产程序中依然可以得到保障。况且，案涉租赁物一直处于被新材料公司占有使用的状态，案涉租赁物均未办理过产权变更登记手续。并不存在租赁公司丧失或者可能丧失履行债务能力（将租赁物还给新材料公司）的情形。其四，行使不安抗辩权的方式应当是中止合同，并根据情况决定是否解除合同。然而，新材料公司一直都在使用租赁物，其自始至终未曾中止合同，更未解除合同。综上，新材料公司无权以行使不安抗辩权为由暂停支付租金。

依照《中华人民共和国合同法》第六十条、第一百零七条、第一百一十三条，《中华人民共和国担保法》第十八条、第二十一条、第三十一条，《最高人民法院关于审理融资租赁合同纠纷案件适用法律问题的解释》第二条、第二十条，《中华人民共和国民事诉讼法》第一百四十四条之规定，判决如下：

一、确认租赁公司与新材料公司共同签订的编号RXZL-2017-Z-X-0045《售后回租合同》有效；

二、新材料公司应于本判决生效之日起十日内向租赁公司账号尾号为1014的监管账户支付剩余未付租金1515972.26元、逾期付款违约金（暂计至2020年12月24日的违约金为658651.62元，此后的违约金应按照年利率15%的标准计至款项还清之日止）以及留购价 1000 元；

三、新材料公司应于本判决生效之日起十日内向租赁公司赔偿保全保险费损失 4095 元；

四、黄某梁、黄某汝、黄某欣应对本判决第二项、第三项确定的债务承担连带清偿责任，其在实际清偿之后，有权向新材料公司追偿；

五、驳回租赁公司的其他诉讼请求。

判决后，双方当事人均未上诉，本判决现已生效。

【法官后语】

诚实信用原则是民法上的重要原则之一，合同双方当事人基于诚实信用原则缔结合同并期待对方按照合同约定履行各方义务。合同形态存在多样性，双务合同中各方当事人的义务并不总是同时履行，先履行方在权益保障上处于不利地位，难以规避合同相对人违约的风险。为贯彻公平原则并兼顾交易效率，《中华人民共和国民法典》第五百二十七条创设了不安抗辩权制度，使先履行债务的当事人有确切证据证明对方丧失或者可能丧失履行债务能力的，有权终止履行合同义务。

不安抗辩权的适用前提包括：1. 存在合法有效的双务合同，即双方当事人互付义务；2. 合同在履行上存在先后顺序，同时履行的合同中相对人是否履行其义务可即时确定，无须另行证明对方是否丧失履行义务能力；3. 先履行方有确切的证据证明对方无法履行，《中华人民共和国民法典》第五百二十七条以列举加兜底性条款的方式对无法履行的内涵予以界定。

本案中新材料公司与租赁公司所签《售后回租合同》合法有效，且系异时履行的双务合同，具备行使不安抗辩权的基础，但融资租赁合同系分期履行合同，相对人履行义务的顺位依据合同内容安排存在交错性，需结合具体时点予以认定。1. 售后回租阶段：案涉租赁物经占有改定变更至租赁公司名下，但仍由新材料公司实际占有并使用，此时租赁公司已履行其交付租赁物的义务，新材料公司后续所付每期租金，均是基于自身实际占有使用租赁物的事实而应给付的合同对价，故新材料公司在此阶段处于后履行方地位，不是主张不安抗辩权的适格主体。2. 回购阶段：融资租赁期满后，新材料公司有权回购租赁物，其支付留购款后即取得要求租赁公司将租赁物所有权变更至自身名下的物权请求权，在逻辑上属于先履行方，可以基于对租赁公司履行租赁物交付能力的怀疑提出行使不安抗辩权，从而暂缓履行自身先履行义务。但暂缓履行义务的范围应仅限于出租人向其交付租赁物的合同对价，即支付留购款，不及于分期租赁款项的支付义务，故新材料公司以租赁公司将来可能无法交付租赁物为由拒绝支付租金，不具有法律依据。并且，本案所涉租赁物始终未办理过产权变更登记手续，持续为新材料公司占有、使用、控制，该情形实际上变更了回购阶段双方履行顺位，使新材料公司成为事实上的后履行方，新材料公司不满足提起不安抗辩权的条件。

不安抗辩权兼具抗辩功能与救济功能，其抗辩具有一时性，当抗辩事由消失后，先履行方应及时恢复履行合同，否则将承担违约责任；其救济以督促后履行方恢复履行能力或提供适当担保为目的，使交易双方权益获公平保障。先履行方仅得就预期无法获得合同对价的先履行义务主张不安抗辩权，中止履行该部分合同义务，不得拒绝履行已获合同对价的相应义务或要求对后续履行顺位做实质性变更，否则构成对不安抗辩权制度的滥用。

编写人：福建省福州市鼓楼区人民法院　林智杰

十一、保理合同纷纷

26

有追索权保理人同时行使追索权及偿债请求权时的裁判思路

——钢结构公司诉商贸公司等保理合同案

【案件基本信息】

1. 裁判书字号

湖北省武汉市中级人民法院（2021）鄂01民终16051号民事判决书

2. 案由：保理合同纠纷

3. 当事人

原告（被上诉人）：钢结构公司

被告（上诉人）：工程公司

被告：商贸公司、房地产开发公司、张某玲、张某成、付某芳、王某、付某琳

【基本案情】

2014年5月15日，某银行青山支行（甲方）与商贸公司（乙方）签订了《国内业务保理合同》，约定：乙方以其与工程公司之间的应收账款，向甲方申请办理有追索权国内保理业务；乙方将应收账款债权及相关权利转让甲方，甲方给予乙方总额为5000万元的保理融资；融资到期日，若甲方收到的货款不足

以支付融资本息及有关费用，甲方有权自行决定是否对工程公司进行追索，甲方向工程公司行使追索权，不影响乙方的回购义务，如甲方已从工程公司处获得部分或全部货款，乙方的回购金额随之降低；乙方对有追索权保理业务项下融资承担最终偿还责任。

某银行青山支行依约向商贸公司发放了5000万元融资款，还款日为2014年10月10日。某银行青山支行与商贸公司向工程公司发出《应收账款债权转让通知书》，载明：001号、002号合同项下的债权及相关权利转让给保理银行，未付余额68317042.54元。工程公司收到该通知书。2014年4月14日，工程公司向某银行青山支行出具《确认函》，确认将于2014年9月30日之前将上述应收账款付至指定账户。

某银行青山支行与商贸公司就案涉保理合同签订《应收账款质押登记协议》和《质押合同》，办理了应收账款质押登记，并签订《最高额抵押合同》，以商贸公司所有的房屋为案涉保理融资款提供抵押担保，并办理了抵押登记。某银行青山支行就案涉保理合同与张某玲、张某成、付某芳、王某、付某琳签订了《保证合同》，约定张某玲、张某成、付某芳、王某、付某琳对保理合同项下债务承担连带责任保证。某银行青山支行另与房地产开发公司签订《最高额抵押合同》，约定房地产开发公司以其房屋为案涉保理融资款提供抵押担保，并办理了抵押登记。

2017年6月28日，资产管理公司与某银行青山支行签订《资产转让协议》和《债权转让协议》，某银行青山支行将其对商贸公司及其担保人享有的主债权及担保合同项下的全部权利转让给资产管理公司。2018年12月18日，资产管理公司与钢结构公司签订了《债权转让协议》，将受让的上述案涉债权转让给钢结构公司。截至2018年11月20日，商贸公司尚欠借款本金11656470.76元，利息、罚息6304669.25元。钢结构公司故诉至法院，主张：商贸公司偿还保理融资款本息；对债务人及担保人提供的抵押物优先受偿；保证人承担连带保证责任；工程公司在应收账款限额内对商贸公司所负债务承担连带清偿责任。

【案件焦点】

1.《国内业务保理合同》的性质及效力；2. 保理人同时主张追索权及偿债请求权时，应收账款债权人责任与债务人责任的关系。

【法院裁判要旨】

湖北省武汉市青山区人民法院审理认为：第一，案涉《国内业务保理合同》合法有效。保理合同涉及三方当事人，双层合同关系。保理银行并非基础合同的当事人，基础合同的效力如何并不当然影响保理合同的效力。工程公司出具了《说明函》《往来款询证函》《确认函》，能够证明商贸公司与工程公司签订了购销合同。工程公司在《应收账款债权转让通知书》回执联及《确认函》上均加盖其公司财务专用章，对差欠商贸公司应收账款金额予以确认。对工程公司的辩称意见，不予支持。

第二，保理人有权同时向商贸公司、工程公司主张权利。案涉保理合同系有追索权的保理合同，保理人可依法向应收账款债权人以及债务人主张权利。案涉合同约定，如融资到期日，保理人收到的货款不足以支付融资本金等费用，保理人有权自行决定是否对工程公司主张权利以及商贸公司对有追索权保理业务项下融资承担最终偿还责任。保理人基于应收账款转让取得对债务人的偿债请求权，其有权向工程公司主张应收账款债权。同时，保理人基于保理合同取得融资款返还请求权即追索权。保理人可以通过双重路径获得完全救济的权利。故保理人有权要求商贸公司偿还融资款本息，也有权要求工程公司在应收账款范围内承担付款责任。钢结构公司已取得保理人对商贸公司及工程公司的相应权利。钢结构公司主张工程公司在应收账款限额内对商贸公司所负债务承担连带清偿责任，工程公司承担的应收账款付款责任应以商贸公司应偿还的融资款本息的范围为限。

湖北省武汉市青山区人民法院依照《中华人民共和国民法典》第七百六十一条、第七百六十三条、第七百六十六条之规定，判决如下：

一、商贸公司向钢结构公司返还融资本金 11656470.76 元及相应利息；

二、钢结构公司对商贸公司所有的房屋拍卖或变卖后的价款在 247 万元范围内享有优先受偿权；

三、若商贸公司提供的上述抵押物拍卖或变卖后的价款不足以清偿上述第一项债务，钢结构公司有权就未获清偿部分对房地产开发公司所有的商铺拍卖或变卖后的价款在 500 万元范围内享有优先受偿权；

四、张某玲、张某成、付某芳、王某、付某琳对商贸公司负担的上述第一项债务承担连带清偿责任；

五、工程公司在商贸公司负担的上述第一项债务范围内向钢结构公司承担付款责任（以不超出 68317042.54 元应收账款范围为限）；

六、驳回钢结构公司的其他诉讼请求。

工程公司不服一审判决，提出上诉。

湖北省武汉市中级人民法院经审理同意一审法院裁判意见，依照《中华人民共和国民事诉讼法》第一百七十七条第一款第一项之规定，判决如下：

驳回上诉，维持原判。

【法官后语】

保理合同的基础是应收账款债权人转让基础交易合同项下的应收账款于保理人，保理合同关系包含了三方当事人之间的多重法律关系。保理人与应收账款债权人之间形成应收账款债权转让及融资服务合同关系，保理人与应收账款债务人之间形成应收账款债权债务关系。在有追索权的保理中，保理人在应收账款债权未获完全清偿时，有权向应收账款债权人行使追索权。《中华人民共和国民法典》及《最高人民法院关于适用〈中华人民共和国民法典〉有关担保制度的解释》明确了有追索权保理中，保理人主张权利的双重路径，即保理人可以向应收账款债权人主张返还保理融资款本息或者回购应收账款债权，也可以向应收账款债务人主张应收账款债权，同时明确在有追索权保理中，保理人最终实现的债权数额以保理融资款本息和相关费用为限，故从功能上看，有追索权保理与应收账款质押有类似之处，而有追索权保理的实现路径相较而言则更为灵活。因追索权的存在，债权人对债务人清偿应收账款的能力提供了担保，同时，债权人亦以其对债务人的应收账款对保理融资款本息提供了担保，保理人不因债权人或债务人任何一方的清偿能力不足而受损，保理人实际上享有数额为融资款本息的债权人与债务人互负担保责任的债权。

保理人可选择其实现债权的诉讼路径。保理人行使追索权的方式为向债权人主张回购应收账款或支付融资款本息，在保理人同时行使追索权及债务人偿债请求权时，存在应收账款债权请求权、应收账款回购请求权及保理融资款返还请求权之间行使权利顺位，以及债权人责任与债务人责任构成何种关系的问题。关于追索权的约定，从理论上说是具有担保债务履行功能的间接给付或新债清偿合同，即在新债务履行前，原债务并不消灭，当新债务履行且原债权得以实现后，原债务得以清偿的部分才消灭，保理人行使追索权不必然消灭应收账款债权或构成应收账款债权的反转让，当债权人履行部分融资款偿还义务或应收账款回购义务致使保理人的相应债权得以实现时，保理人对债务人的相应应收账款债权才消灭。如保理人选择基于应收账款债权债务关系要求债务人偿还应收账款，并同时要求债权人回购应收账款或支付融资款本息，则裁判思路为债务人承担还款责任，债权人回购应收账款或支付融资款本息，同时明确，债务人实际支付部分应收账款，应相应减少债权人的回购义务或支付融资款的金额，债权人完成回购义务或融资款给付义务的，保理人对债务人的债权通过债权人的给付行为得以全部或部分实现，对已从债权人处得以实现的应收账款债权，视为反转让给债权人，债权人与债务人给付义务之和应为融资款本息和相关费用。如保理人（如本案钢结构公司）选择基于融资服务合同关系向债权人主张权利，同时主张债务人承担连带责任，基于有追索权保理的担保功能，债权人与债务人对保理人以融资款本息为限的债权数额互负担保责任，但有追索权的保理并非典型担保，如当事人未就债务人对债权人的给付义务承担连带责任作出明确约定，则不宜认定债权人责任与债务人责任系连带责任，应基于有追索权保理的双向担保功能厘清责任关系，裁判思路为债权人承担融资款本息还款责任，债务人在应收账款范围内对保理人承担责任。

有追索权保理独特的双重实现路径，给予了保理人灵活和充分的保障。无论保理人选择何种诉讼路径，裁判时均应综合考虑合同约定，基于有追索权保理的设计目的和功能，厘清责任关系，避免重复清偿与诉累。

编写人：湖北省武汉市青山区人民法院　汤西倩

十二、承揽合同纠纷

27

承揽人按约定作产品达不到使用要求的责任由定作人自行承担

——科技公司诉设备公司承揽合同案

【案件基本信息】

1. 裁判书字号

江苏省南通市中级人民法院（2021）苏06民终3227号民事判决书

2. 案由：承揽合同纠纷

3. 当事人

原告（上诉人）：科技公司

被告（被上诉人）：设备公司

【基本案情】

2017年3月6日，T公司与科技公司签订《60万吨铬铁（配套热回收焦电及70万吨不锈钢冷轧项目20尺硝酸罐式集装箱）技术协议》，该协议第1.0条约定了装载介质；第2.0条内部处理约定：内衬聚四氟乙烯（PTFE）。2017年7月17日、7月28日，T公司与科技公司签订采购合同各一份，分别约定由科技公司为T公司分别加工生产罐式集装箱（硝酸、内衬PTFE）102台、106

台，产品质保期为一年，科技公司承诺产品自交货之日起一年内能在正常条件下使用，如出现问题由科技公司负责国内免费保修。

2017年8月24日，科技公司与设备公司签订加工合同一份，约定：科技公司委托设备公司加工产品，代加工内容及价格为科技公司委托设备公司为其加工系列产品，加工数量、规格、标准、质量要求由科技公司提供，服务内容为罐箱内衬胶板，内衬材料为PTFE-3mm，数量为168台，单价为164000元/台，总价为27552000元；原材料的提供方法为科技公司应按合同约定的时间、数量、质量、规格提供原材料，运输由科技公司负责，加工质量要求及质保条款为以科技公司提供的图纸、技术要求为依据，合同的技术性附件包括科技公司技术部确认的技术图纸和规范，按照科技公司技术部提供的介质、使用温度、压力等工况配置胶板，PTFE厚度3mm，罐箱衬完PTFE内衬后，能耐0.64bar压力的负压；验收标准和方法以合同约定的质量要求、图纸、样品等作为验收标准，双方还对合同的其他事项进行了约定。2017年10月10日，科技公司以电子邮件的方式通知包括设备公司在内的两家PTFE加工商，要求在完工文件内提交介质符合性声明，并提供附件以供参考。

2017年10月30日，设备公司出具声明，内容为："为了确保产品适用性，我们确认我们内衬产品能够符合以下工况：产品名称CRNU170050-0，产品规格PTFE3MM，聚四氟乙烯，3mm板衬，介质要求，最大允许工作压力4bar，推荐操作温度-40摄氏度至60摄氏度，设计外压：0.41bar。"

2017年12月7日至2018年6月22日，设备公司向科技公司交付所有加工罐箱168台，并提供产品质检报告。自2018年8月始，案涉罐箱在使用过程中出现问题，2018年9月14日，科技公司向投资公司出具《关于硝酸罐箱泄漏相关问题告知函》一份，告知鉴于现场发现诸多不当使用情况，科技公司认为此类问题会对罐箱造成非常大的安全隐患，会对人员、财产和环境造成不可预估的损失，科技公司认为鉴于投资公司未严格按照罐箱《操作和维护手册》执行，将会造成罐箱使用寿命大幅缩短，因不当使用造成的损失应由该公司自行承担，不在科技公司质保范围内。

2019年1月22日，科技公司出具《青山钢铁硝酸罐内衬剥落情况初步调查》，合计检查13台罐，2017年10月制造，其中5台出现内衬鼓起情况，调查结论为初步分析鼓包原因结论：某种环境下，罐内持续出现负压，导致内衬与基材分离，最终导致内衬鼓起，建议客户规范部件的维护。

2019年4月3日，设备公司向科技公司出具案涉罐箱维修方案："1. 为安全起见，建议投资公司更改硝酸浓度，由98%更换为65%至70%，如此仍可用原合同约定的PTFE材料进行设备内衬防腐的施工作业；2. 如果出于长期运输成本的考虑，客户需坚持运输98%浓度的硝酸，设备公司根据四氟供应商的推荐，建议使用新PTFE板材作为新的内衬材料，但由于行业目前缺少非常成熟的案例作为参考，以至于其实际使用性能有待考验，算是一种为日后长久运行的尝试；3. 由于PTFE玻纤板材的抗负压能力强于PTFE钠化板，设备公司也推荐可以考虑一下带玻纤的PTFE板材的选择，至于成本方面，可能会有所增加；4. 建议更改硝酸卸料方式，将原来执行的泵抽卸料系统改为气压压排卸料系统，以避免误操作而造成设备内衬层脱落。"

2019年5月8日，T公司向福建省宁德市中级人民法院提起诉讼，要求科技公司将存放在T公司处的存在严重质量隐患的208只罐式集装箱回收，退还已收取的货款6489.6万元，支付违约金648.96万元并承担罐内清洁费1450521.6元。

2019年6月28日，科技公司与T公司达成和解协议，科技公司同意且T公司确认接受按本协议约定由科技公司向该公司支付2010万元的和解款，作为和解款的支付前提条件，T公司承诺向科技公司购买201台21立方T14型号罐式集装箱或者其他等价的科技公司产品，T公司收到和解款直接用于支付科技公司价款等内容。2019年7月12日，T公司向福建省宁德市中级人民法院申请撤回起诉。

本案在审理过程中，经科技公司申请，一审法院委托检测科技公司对案涉罐式集装箱的内衬加工质量进行鉴定，鉴定结论为："1. 浓硝酸可以通过内衬板本体存在的空隙和表面纳化处理后形成的裂缝进行渗透；2. 内衬板焊接处的渗透性与非焊接处未见明显差异。”

【案件焦点】

承揽人设备公司交付的产品符合承揽合同的约定标准，但达不到实际使用需求，定作人科技公司要求设备公司按照实际使用需求对内衬进行维修、更换或者赔偿损失能否得到支持。

【法院裁判要旨】

江苏省南通市崇川区人民法院经审理认为：科技公司与设备公司之间的案涉承揽合同系双方当事人的真实意思表示，未违反我国现行法律、行政法规的强制性规定，依法成立，合法有效。科技公司主张案涉罐箱使用过程中出现的问题系设备公司加工质量不符约定所致，设备公司辩称案涉罐箱使用过程中出现的问题系因科技公司产品设计缺陷及使用方法不当所致。一审法院归纳本案的争议焦点为：设备公司应否对案涉罐箱内衬不能满足使用条件承担质量保证责任？

法院认为：第一，关于加工原材料的选用，承揽人依法应当按照定作人的设计及技术指标要求自行提供或由定作人提供，设备公司所推荐的内衬板材的各项指标均符合科技公司的合同及技术要求，故应视为合格。第二，设备公司提交的产品适用性声明系应科技公司要求在完工资料中予以出具，科技公司在邮件中明确要求包括设备公司在内的加工商向科技公司提供产品适用性声明并提供该声明的格式，该声明非设备公司对案涉罐箱内衬质量进行保证的明确意思表示，仅是明确设备公司的内衬产品能够满足大于等于 65%浓度的硝酸介质使用。该声明符合其使用的 PTFE 钠化板内衬的实际质量情况，未违反双方合同的质量约定。第三，《中华人民共和国合同法》第二百五十五条规定，承揽人提供材料的，承揽人应当按照约定选用材料，并接受定作人检验；第二百五十六条第一款规定，定作人提供材料的，定作人应当按照约定提供材料。承揽人对定作人提供的材料，应当及时进行检验，发现不符合约定的，应当及时通知定作人更换、补齐或者采取其他补救措施。根据上述法律规定，设备公司作为承揽人对内衬 PTEF 板材的检验义务内容应为原材料数量是否符合合同约定、原材料的质量是否达到合同约定的要求，就 PTEF 板材的质量指标双方已作出明确的约定，案涉所用内衬 PTEF 板材符合双方的合同约定，设备公司已尽到了合同的必要注意义务，科技公司主张设备公司在加工过程中，具有发现案涉 PTEF 钠化板原材料本身内在缺陷的义务和专业能力，显然过于加重了设备公司的法定检验义务，其主张无事实及法律依据，不予采信。《中华人民共和国合同法》第二百五十七条规定，承揽人发现定作人提供的图纸或者技术要求不合理的，应当及时通知定作人。上述规定承揽方承担的系过错责任，即承揽人在工作之前或者工作之中发现定作人提供的图纸或者技术要求不合理，在此情况下，承揽人应当及时将该情况通知定作人，承揽人未及时通知定作人给定作人造成损失的，承揽人才应承担赔偿责任。科技公司未能提供设备公司知道或者应当知道其图纸或技术要求不合理的相关证据，科技公司据此要求设备公司承担责任没有事实依据。

江苏省南通市崇川区人民法院依据《最高人民法院关于适用〈中华人民共和国民法典〉时间效力的若干规定》第一条第二款，《中华人民共和国合同法》第四十条、第四十四条、第六十条、第二百五十一条、第二百五十二条、第二百五十五条、第二百五十七条，《中华人民共和国民事诉讼法》第六十四条之规定，判决如下：

驳回原告科技公司的诉讼请求。

原告科技公司不服一审判决，提出上诉。

江苏省南通市中级人民法院经审理认为：科技公司与设备公司之间成立承揽合同关系，有双方之间签订的加工合同为凭，该合同系双方的真实意思表示且无违法悖规之处，合法有效。设备公司已按合同约定向科技公司交付案涉罐箱，现科技公司认为设备公司存在违约行为，案涉罐箱损失应由设备公司赔偿的主张不能成立。依照《中华人民共和国民事诉讼法》第一百七十条第一款第一项之规定，判决如下：

驳回上诉，维持原判。

【法官后语】

本案争议的主要问题在于承揽人设备公司交付的罐箱符合承揽合同的约定标准，但达不到实际使用需求，定作人科技公司要求设备公司按照实际使用需求对内衬进行维修、更换或者赔偿损失能否得到支持。本案中主要涉及以下三个方面的问题：

第一，设备公司作为承揽人应当按照约定选用材料并接受定作人科技公司的检验。2017年3月6日，科技公司与T公司签订的协议即已明确罐箱内衬材料为PTFE，而科技公司向设备公司发送的邮件中也注明了PTFE内衬的技术规范、图纸等要求，并明确玻化板、纳化板各一。设备公司根据科技公司的要求分别报价，玻化板的价格远高于纳化板，从双方签订的加工合同单价来看，最终科技公司选择使用PTFE纳化板。设备公司虽曾在报价邮件中有关于“玻化板内衬性价比不高，欧洲生产的钠化板的附着力足够了”的表述，但仅系设备公司作为内衬加工商基于其应有的认知水平对板材附着力方面作出的建议，不能以此免除科技公司作为案涉罐体专业生产商及本案定作方对于设计选材能否满足其与T公司签订的合同目的所应尽到的充分审慎义务，在设备公司提供的PTFE原材料符合科技公司的合同及技术要求的情况下，科技公司将选用PTFE纳化板无法满足案涉罐箱使用需要的责任归咎于设备公司，缺乏依据，一审法院认定设备公司对案涉罐箱使用内衬的适用性无须承担保证责任，并无不当。

第二，一审法院根据科技公司的申请启动了鉴定程序，鉴定报告亦有相应结论。一审中本案双方均对鉴定报告进行质证。根据鉴定报告分析，案涉内衬板材制品所用聚四氟乙烯（PTFE）原料的本身特性及纳化处理的固有缺点，导致案涉内衬板材所制作的罐箱在使用过程中必然会发生储存的浓硝酸通过内衬板本体存在的空隙和表面钠化处理后所形成的裂缝进行渗透的情况，鉴定结论也明确内衬板焊接处的渗透性与非焊接处未见明显差异。故发生渗透并不能当然证明案涉内衬板材的原材料质量、设备公司的加工质量不合格。科技公司认为案涉内衬原材料存在质量问题、设备公司加工存在质量问题，但并未能就所谓质量问题进行举证，故根据鉴定结论，结合科技公司同批次罐箱内衬加工商的内衬也出现了同样问题的事实，对科技公司仅根据其自行理解的鉴定报告内容而提出的上述主张，碍难采信。

第三，关于案涉加工合同中“设备公司对所供产品的内衬质量负全部责任”的条款，在案涉内衬系由科技公司指定使用的情况下，一审法院关于该条款因加重了设备公司责任而无效的认定，并无不当。至于设备公司根据科技公司要求及提供的格式出具的产品适用性声明，仅是明确产品名称、规格，以及明确满足大于65%浓度的硝酸介质使用，该声明符合设备公司所提供内衬 PTFE 质量品质，也未违反案涉合同的质量约定。因现有证据无法证明设备公司履行合同过程中存在违约行为，故科技公司依据上述合同条款及声明而要求设备公司承担质量保证和赔偿责任，缺乏事实与法律依据。

编写人：江苏省南通市中级人民法院　陆炜炜

南通通州湾江海联动开发示范区人民法院　朱陈李

28

区分无偿帮工和承揽合同法律关系的考量因素

——章某华诉科技公司承揽合同案

【案件基本信息】

1. 裁判书字号

江苏省无锡市中级人民法院（2021）苏 02 民终 3616 号民事判决书

2. 案由：承揽合同纠纷

3. 当事人

原告（上诉人）：章某华

被告（被上诉人）：科技公司

【基本案情】

某修理部属个体工商户，成立于2010年1月25日，经营范围是电机修理。因为注册修理部时章某华在某电机厂工作，所以修理部的登记经营者是章某华的配偶刘某琴。章某华实际经营修理部，刘某琴从事种植桃树的工作。科技公司成立于2012年3月6日，法定代表人是邵某兴，2018年4月12日法定代表人变更为邵某兴的配偶曹某平。

2017年1月4日，因科技公司设备电器发生故障，邵某兴要求章某华上门检测维修。设备放置在科技公司的二层平台上，邵某兴带章某华前往设备处时，邵某兴先走上腾空的平台，没有发生危险，章某华也走上平台，平台随即倒塌，两人同时坠落受伤。事发时，章某华未采取佩戴安全帽或系安全绳等措施。庭审中，章某华称科技公司事发时欠其之前的维修费，未洽谈本次检测维修的报酬。

事发后当日，章某华被送往医院接受住院手术治疗至2017年2月4日出院，经诊断为右侧股骨髁上、髁间粉碎性骨折，左侧股骨干粉碎性骨折，左根骨粉碎性骨折，左侧大结节骨折伴肩关节脱位。之后，章某华于2017年9月3日至29日、2019年8月19日至9月2日再次住院进行手术治疗。章某华在医院治疗期间共计产生医疗费177693.9元，其中科技公司垫付130021.34元。另外，章某华于2017年3月6日因购买轮椅支出578元，于2017年8月8日因治疗骨折支出400元。住院治疗期间，科技公司还垫付了22日的护工费1650元。

经章某华申请和本院委托，司法鉴定所于2020年8月3日出具的鉴定意见载明：章某华左肩关节功能丧失25%以上（未达50%）评定为十级伤残，右股骨髁间粉碎性骨折致右膝后遗创伤性关节炎评定为十级伤残，左足根骨粉碎性骨折畸形愈合评定为十级伤残，误工期540日，护理期180日，营养期180日为宜。章某华因此支出鉴定费3060元。

事发前，章某华在装备公司从事水电维修工作，其中2016年全年的工资、奖金收入总额为45264元，事发后装备公司未再发放工资、奖金。章某华另以其配偶刘某琴的名义注册个体工商户，从事电机维修工作多年。章某华的配偶刘某琴种植水蜜桃，章某华主张的护理费系刘某琴因对其护理而造成的收入减少。

【案件焦点】

章某华与科技公司之间是义务帮工还是承揽合同关系。

【法院裁判要旨】

江苏省无锡市惠山区人民法院经审理认为：第一，关于法律关系。章某华经营修理部多年，向不特定的人提供电机维修服务并获取报酬，科技公司将设备交由章某华维修，所以章某华与科技公司之间形成承揽合同法律关系，章某华是承揽人，科技公司是定作人。章某华主张其是无偿提供劳务的帮工人，双方系无偿帮工法律关系，但是明确事发时科技公司尚欠其之前的维修费，该主张与其陈述内容相矛盾，也不符合常情常理和生活经验，所以该院不予采信。

第二，关于赔偿责任。承揽人在完成工作过程中造成自己损害的，定作人不承担侵权责任。但是，定作人对定作、指示或者选任有过错的，应当承担相应的责任。本案中，章某华存在已经预见到行走在腾空的平台上存在危险，但是仍然过于自信可以避免危险发生的过错，和未采取佩戴安全帽或系安全绳等安全措施的过错。科技公司存在带领章某华在无足够支撑力的平台上行走的指示过错，应对章某华的损害后果承担相应的赔偿责任。所以，综合案情和过错程度，科技公司应当对章某华的损害后果承担40%的赔偿责任。

第三，关于损害后果。经核对票据和对照计算标准，章某华的医疗费、住院伙食补助费、营养费、护理费、误工费、残疾赔偿金、精神损害抚慰金、交通费各项损失合计467862.94元。

综上，科技公司应当向章某华赔偿187145.18元（467862.94元×40%）。因为科技公司已经赔付131671.34元（130021.34元+1650元），所以尚须向章某华赔偿55473.84元（187145.18元-131671.34元）。

江苏省无锡市惠山区人民法院根据《中华人民共和国合同法》第二百五十一条，《中华人民共和国侵权责任法》第六条第一款、第十六条、第二十六条，

《最高人民法院关于审理人身损害赔偿案件适用法律若干问题的解释》第十条，《最高人民法院关于适用〈中华人民共和国民法典〉时间效力的若干规定》第一条、第二条之规定，判决如下：

一、科技公司于本判决生效后十日内向章某华赔偿医疗费、住院伙食补助费、营养费、护理费、误工费、残疾赔偿金、精神损害抚慰金、交通费合计55473.84元；

二、驳回章某华的其他诉讼请求。

章某华不服一审判决，提起上诉。

江苏省无锡市中级人民法院同意一审法院裁判意见，判决如下：

驳回上诉，维持原判。

【法官后语】

《中华人民共和国合同法》第二百五十一条规定："承揽合同是承揽人按照定作人的要求完成工作，交付工作成果，定作人支付报酬的合同。承揽包括加工、定作、修理、复制、测试、检验等工作。"《中华人民共和国民法典》第七百七十条继承了该条款内容。《中华人民共和国民法典》第一千一百九十三条规定："承揽人在完成工作过程中造成第三人损害或者自己损害的，定作人不承担侵权责任。但是，定作人对定作、指示或者选任有过错的，应当承担相应的责任。"承揽合同的内容一般包括承揽的标的、数量、质量、报酬，承揽方式，材料的提供，履行期限，验收标准和方法等条款。

《最高人民法院关于审理人身损害赔偿案件适用法律若干问题的解释》第五条第一款规定："无偿提供劳务的帮工人因帮工活动遭受人身损害的，根据帮工人和被帮工人各自的过错承担相应的责任；被帮工人明确拒绝帮工的，被帮工人不承担赔偿责任，但可以在受益范围内予以适当补偿。"义务帮工关系是帮工人无偿地为他人处理事务从而与他人形成的法律关系。帮工人因帮工活动遭受人身损害的，根据帮工人和被帮工人各自的过错承担相应的责任。

区分义务帮工关系和承揽合同关系时应当考量以下因素：

1. 主体不同。承揽合同关系一般发生于企业等商事主体之间，义务帮工关系则通常发生在邻里、亲戚、朋友等个人之间。

2. 事项不同。承揽合同关系一般是专业性较强的工作事项，义务帮工关系通常是专业性不强的工作事项。

3. 劳动工具的提供不同。承揽合同的承揽人一般以提供该种劳动为主要经济来源，所以在工作时通常自带工具或者设备；义务帮工人往往并非以提供该种劳动为主要经济来源，而是基于熟人之间的情谊提供帮助，所以工作时使用的工具或者设备通常由被帮工人提供。

4. 是否有偿。承揽合同有偿，义务帮工关系无偿。司法实践中，部分当事人没有签订书面合同的习惯，仅存在口头合同，而且在完成工作任务后结算价款。对于是否存在报酬，特别是在熟人之间是否存在报酬，很难认定。此时，应当结合当事人从事的具体职业、经济来源情况、交易习惯等因素进行区分。如果当事人长期以案发时从事的工作为职业，该工作是其主要经济来源，而且双方曾经有过类似的交易，那么可以认定双方之间系承揽合同关系。反之，则应当认定为义务帮工关系。

编写人：江苏省无锡市惠山区人民法院　薛雨

29

不当行使留置权造成损失应予赔偿

——纺织科技公司诉服饰公司加工合同案

【案件基本信息】

1. 裁判书字号

江苏省无锡市中级人民法院（2021）苏02民终2754号民事判决书

2. 案由：加工合同纠纷

3. 当事人

原告（被上诉人）：纺织科技公司

被告（上诉人）：服饰公司

【基本案情】

2020年1月15日，纺织科技公司与服饰公司签订加工合同一份，约定由服饰公司为纺织科技公司加工定作女童背带裙和女童裤子，数量合计为4500件，总金额为47250元，离厂日期为2020年2月7日。纺织科技公司于2020年1月20日前后将价值79088.09元的面料、辅料交给服饰公司，于2020年5月29日向服饰公司支付实际加工费48418.7元。服饰公司委托第三方完成加工定作产品后，因不可抗力纺织科技公司暂未提货，双方随后对验货和提货再次协商，纺织科技公司在10月21日验货后要求服饰公司对货物进行翻箱整理，同年10月28日，服饰公司委托第三人将货物运输至纺织科技公司所在城市，电话要求纺织科技公司支付1万元的翻箱整理费用，否则货物会原路返回，因纺织科技公司拒绝服饰公司的要求，双方之后未能有效协商，服饰公司未交付定作物。

纺织科技公司为证明其损失，提供其与案外人签订的出口合同一份，案涉货物的出口销售金额为169302.21元，主张以此计算退税额为14668.93元。

纺织科技公司向一审法院提起诉讼请求：判令解除双方签订的加工合同，服饰公司赔偿其损失183971.14元。

【案件焦点】

服饰公司能否行使留置权，其行使留置权是否超出必要限度。

【法院裁判要旨】

江苏省无锡市锡山区人民法院经审理认为：服饰公司加工完成定作物后，因在交付定作物时向纺织科技公司额外提出要求承担1万元的费用，在纺织科技公司明确拒绝后服饰公司仍未交付定作物，导致纺织科技公司因不能向第三方交付定作物，服饰公司的行为已构成违约，故对纺织科技公司要求解除合同的诉讼请求予以支持。纺织科技公司提供其与案外人的合同，证明其如果收到服饰公司交付的定作物后再履行与案外人的合同，其会获得相应价款169302.21元，对纺织科技公司要求服饰公司赔偿该损失169302.21元予以支持。纺织科技公司要求服饰公司承担其退税额损失合计14668.93元的诉讼请求，证据不足，不予支持。

江苏省无锡市锡山区人民法院依照《中华人民共和国民法典》第五百七十七条、第五百八十四条，《中华人民共和国民事诉讼法》第六十四条、第一百四十二条之规定，判决如下：

一、解除纺织科技公司与服饰公司签订的加工合同；服饰公司于判决生效后十日内向纺织科技公司赔偿损失169302.21元；

二、驳回服饰公司的其他诉讼请求。

服饰公司不服判决，提起上诉。

江苏省无锡市中级人民法院经审理认为：纺织科技公司要求服饰公司对货物进行翻箱后整理超出合同约定范围，如服饰公司因此产生额外费用，有权要求纺织科技公司进行支付，但双方就费用金额未达成一致意见，服饰公司也未提供费用计算依据，本案中服饰公司主张的费用仅为1万元，留置的纺织科技公司货物价值12万余元，已明显超出必要限度，由此给纺织科技公司造成损失，应予赔偿。一审中纺织科技公司提供其与案外人签订的合同能够证明如合同顺利履行，其将获得169302.21元价款，一审法院对纺织科技公司要求服饰公司赔偿169302.21元损失的诉请予以支持，并无不当。

江苏省无锡市中级人民法院依照《中华人民共和国民事诉讼法》第一百七十条第一款第一项之规定，判决如下：

驳回上诉，维持原判。

【法官后语】

1. 留置权是法定担保物权，债权人满足法定条件即可单方设立并就留置物优先受偿留置权是指债权人因合法手段占有债务人财物，在由此产生的债权未得到清偿以前留置该项财物，并在超过一定期限内未能得到清偿时依法处置留置物，从价款中优先受偿的权利。留置权与一般的抵押权和质权不同，它直接依照法律规定而产生，而不是依当事人的协议设立。留置权的法定性，决定了在具备法律规定的条件时，留置权就当然设立，不受当事人意志所左右。

《中华人民共和国担保法》第八十四条第一款规定，留置权只适用于保管合同、运输合同、加工承揽合同，而不适用于其他法律关系。留置权所担保的债权发生不一定基于合同关系。又因物权法对于债权范围未作出限制，因此，应当认为留置权的适用不再局限于合同范围，还可以适用于不当得利之债、无因管理之债或侵权之债。《中华人民共和国民法典》第四百四十七条延续了《中华人民共和国物权法》的上述规定。

本案中，纺织科技公司与服饰公司签署的加工合同属于承揽合同的一种，在加工过程中产生的翻箱整理费用，属于承揽费的一部分，服饰公司有权要求纺织科技公司支付，纺织科技公司不予支付的，服饰公司可以行使承揽人的留置权。

2. 债务履行期虽已届满，但债务人依法享有先履行抗辩权、同时履行抗辩权等合同法上的抗辩权的，留置权不能成立

债权人行使留置权的条件之一是债务履行期限已经届满。双务合同中，约定以一方履行义务为另一方履行义务为前提条件的，如双方均未履行义务，另一方不能以债权已届清偿期为由成立留置权，债务人可以行使先履行抗辩权对抗债权人要求履行债务的请求。为防止债权人滥用留置权，平衡双方当事人的利益，如果双方履行债务无先后顺序的，债权人和债务人均未履行债务时，债权人不能以其债权已届清偿期为由成立留置权，债务人可以行使同时履行抗辩权以对抗债权人要求履行债务的请求。在上述情形下，留置权不成立。

本案中，纺织科技公司与服饰公司在合同履行期间虽协商新增了翻箱整理的工作内容并产生了翻箱整理费用，但未改变原合同中的货物交付条件，即双方并未约定以支付翻箱整理费用作为发货的前提条件。服饰公司主张纺织科技公司应先支付翻箱整理费用，其才能履行发货义务，依据不足。因双方对费用

的金额以及支付方式并未达成一致意见，故纺织科技公司在本案中至少享有同时履行抗辩权，在此情形下，留置权不成立，服饰公司不当行使留置权，给纺织科技公司造成损失，应予赔偿。

3. 留置财产为可分物的，留置财产的价值应不能超过债务金额

《中华人民共和国物权法》第二百三十三条规定，留置财产为可分物的，留置财产的价值应当相当于债务的金额。《中华人民共和国民法典》第四百五十条延续了这一规定。可分物指的是可以分割并且不因分割而损害其价值或者性能的物。留置权既然以担保债权实现为目的，留置权的行使范围也应以满足此目的为限度。如果留置物的价值远远大于债务金额，就会超出担保债权的目的且损害到债务人的利益而失去正当性。因此，债权人事先占有的债务人动产属于可分物，则债权人只能留置价值上与其债权相当的部分动产。这既符合公平原则，也体现了物尽其用的理念，避免过多标的物被扣押，影响其流通。

本案中，服饰公司承揽的服装为可分物，服饰公司主张其因翻箱整理产生1万元费用，故即使留置权成立，也仅能留置价值1万元的货物，服饰公司留置全部价值12万余元的货物，已明显超出必要限度，给纺织科技公司造成损失，应予赔偿。

编写人：江苏省无锡市中级人民法院　蒋馨叶　尹慧

30

商事主体间约定的违约金偏高时，法院不宜调整

——服装公司诉黄某腾定作合同案

【案件基本信息】

1. 裁判书字号

福建省泉州市中级人民法院（2021）闽05民终4794号民事判决书

2. 案由：定作合同纠纷

3. 当事人

原告（上诉人）：服装公司

被告（上诉人）：黄某腾

【基本案情】

服装公司与黄某腾签订定作校服的《购销合同书》约定：黄某腾向服装公司定作校服，黄某腾应于下单之日支付订单总额的40%作为定金，于服装公司交付货物之日支付订单总额的55%，余款5%应于服装公司交付货物之日起一个月内支付，同时约定，因拖延造成的损失全部由服装公司承担，如果延迟交货，每天就要承担此次交易总金额的百分之一罚款。2020年5月18日至2020年8月17日，黄某腾向服装公司下五批次订单，服装公司向黄某腾共交付五批次校服，黄某腾与服装公司双方确认黄某腾结欠服装公司货款共计169083.2元，双方就违约责任和损失赔偿问题未能协商一致，致服装公司于2021年2月1日诉至法院，黄某腾应诉后于2021年2月6日以服装公司已同意将退货抵扣货款为由将价值60000多元的货物寄回服装公司，双方均认为该退货货物已无实际价值。

【案件焦点】

1. 服装公司与黄某腾在履行合同中各方应如何承担违约责任；2. 退货损失应由谁承担责任。

【法院裁判要旨】

福建省安溪县人民法院经审理认为：双方确认的《购销合同书》明确约定，“如果延迟交货，每天就要承担此次交易总金额的百分之一罚款”，按交易习惯，违约条款适用于双方所有交易。因校服具有时效性，服装公司迟延交货造成黄某腾未能及时销售造成较大损失，服装公司认为违约金过高应予以调整的主张依据不足，不予采纳。根据合同约定，服装公司应承担的迟延履行违约金认定为429196元×1%×5天+153530元×1%×4天+118430元×1%×9天+260415元×1%×9天=61696.2元。双方于2020年10月11日、2020年10月13日的聊天记录载明服装公司同意给黄某腾扣减货款8万元的条件是要把小学的货物全部退还给服装公司，但直至服装公司向法院起诉后，黄某腾才将货物寄回服装公司，该退货商品有时效性，黄某腾未按约定及时退货，黄某腾存在主要过错，该损失应由黄某腾自行承担。综上，服装公司与黄某腾签订定作校服的购销合同书，双方形成本案的定作合同关系，合同合法有效，双方当事人应按合同约定履行合同义务。经双方确认，黄某腾结欠服装公司货款169083.2元未支付，服装公司存在迟延交货，应按合同约定承担违约金，违约金抵扣货款后，黄某腾应再偿付服装公司货款107387元并按起诉时一年期贷款市场报价利率（LPR）的130%计算支付逾期付款利息损失。

福建省安溪县人民法院依照《中华人民共和国民法典》第五百零九条、第五百七十七条、第七百七十条、第七百八十一条、第七百八十二条，《中华人民共和国民事诉讼法》第六十四条第一款及《最高人民法院关于适用〈中华人民共和国民事诉讼法〉的解释》第九十条之规定，判决如下：

一、黄某腾应于本判决生效之日起十日内偿付服装公司货款107387元及利息［自2021年2月1日起至付清货款之日止，按起诉时即2021年2月一年期贷款市场报价利率（LPR）的130%计算］；

二、驳回服装公司的其他诉讼请求。

黄某腾、服装公司不服一审判决，提出上诉。

二审法院同意一审法院裁判意见。福建省泉州市中级人民法院依照《中华人民共和国民事诉讼法》第一百七十条第一款第一项之规定，判决如下：

驳回上诉，维持原判。

【法官后语】

本案的主要争议焦点是违约责任如何承担，其中逾期交货的天数及违约金的约定是否偏高是案件审理的焦点。《购销合同书》明确就延迟交货所应当承担的违约金进行了约定，即“如果延迟交货，每天就要承担此次交易总金额的百分之一罚款”。一审根据在案证据认定服装公司延迟交货的天数并按照购销合同书、双方交易习惯、双方下单交货的证据予以认定服装公司应当承担的违约责任。关于违约金是否偏高问题，《中华人民共和国民法典》第五百八十五条第一款、第二款规定，当事人可以约定一方违约时应当根据违约情况向对方支付一定数额的违约金，也可以约定因违约产生的损失赔偿额的计算方法。约定的违约金低于造成的损失的，人民法院或者仲裁机构可以根据当事人的请求予以增加；约定的违约金过分高于造成的损失的，人民法院或者仲裁机构可以根据当事人的请求予以适当减少。审判实践中，守约方要求违约方给付违约金时，违约方多以双方约定的违约金过高为由，请求法院减少违约金数额。那么，如何判断违约金是否过分高于造成的损失呢？法律规定的损失赔偿额应当相当于因违约所造成的损失，包括合同履行后可以获得的利益，但不得超过违反合同一方订立合同时预见到或者应当预见到的因违反合同可能造成的损失。因此，当事人的损失包括直接损失和可得利益损失两部分。直接损失的计算一般争议不大，但是如何计算当事人的可得利益损失则认识不一，可得利益的损失应当是违约方在缔约时应当预见的因违约所造成的损失，包括合理预见的损失数额和根据对方身份所应预见的损失，至于违约行为的发生导致了哪些损失，则根据“谁主张，谁举证”的规则，应由守约方举证。关于约定违约金过高时，法院应否调整的问题，一种观点认为，合同是当事人基于各自利益协商确定的结果，约定高额违约金是为了防止一方任意违约，影响交易的安全和效率，因此应当尊重当事人的约定，法院不能随意调整。另一种观点认为，违约金的性质为损失补偿性，因此约定的违约金过分高于损失的，法院应当予以调整。其实上述两种观点就是要区分民事审判和商事审判的两种观点，民事主体侧重于损失补偿原则，法院应当依职权予以调整，如果是商事主体，当事人在合同中约定的违约金具有保护商事交易安全、高效的目的，是经过双方议价协商的结果，法院一般采取不调整为原则，调整为例外。具体到本案中，服装公司与黄某腾签订校服购销合同书就是商事合同，校服销售具有时效性，逾期交货将导致守约方可得利益和可预见利益的损失，双方约定的违约金即“如果延迟交货，每天就要承担此次交易总金额的百分之一罚款”就是双方在充分考虑自己的成本、利益基础上讨价还价的结果，违约方也未提供充分证据证明违约金过分高于损失，于是法院尊重商事主体的意思自治，不予调整。

编写人：福建省安溪县人民法院　陈进水　王美丽

十三、建设工程施工合同纠纷

31

没有证据和事实推翻合同约定时应当按照合同约定固定价结算工程款

——工程公司诉安装公司、物流公司建设工程施工合同案

【案件基本信息】

1. 裁判书字号

广西壮族自治区钦州市中级人民法院（2021）桂 07 民终 976 号民事判决书

2. 案由：建设工程施工合同纠纷

3. 当事人

原告（被上诉人）：工程公司

被告（上诉人）：安装公司、物流公司

第三人：肖某光

【基本案情】

被告物流公司因开发建设物流园区仓储设备、电缆安装需要与被告安装公司签订《工程施工合同》，由安装公司按包工包料方式进行承包建设，合同总价为 120 万元。嗣后被告安装公司作为合同甲方与第三人肖某光代表原告作为合同乙方签订《仓储安装工程施工合同》，乙方以包工包料的方式承包建设物

流园区仓储设备、电缆安装工程，合同总价暂定88万元（乙方必须提供合同总价对应的发票），工程以总价承包形式进行承包。未经甲方同意不得转包或分包。之后，肖某光将原告承包的工程项目中的劳务施工以总包价18万元分包给罗某，由罗某组织工人进行施工作业。2017年10月1日，肖某光与安装公司的法定代表人苏某强签订《项目合作协议书》，就双方合作承建安装公司转包项目分成等进行约定。

2017年7月26日，被告安装公司完成施工作业致函被告物流公司，要求物流公司对涉案工程进行验收。物流公司确认从2017年8月起接收涉案工程，但双方没有办理书面交接手续。被告物流公司至原告起诉时止已支付工程款1000860.84元给被告安装公司，因安装公司没有开具税票给物流公司，物流公司暂扣工程款199139.16元未付。原告确认收到安装公司通过转账第三人肖某光、罗某等收取的工程款为32.4万元。被告安装公司认为除支付给肖某光的款项外，还为第三人代付劳务费等510551.2元。原告要求被告支付尚欠工程款未果后遂起诉。

【案件焦点】

1. 关于涉案《仓储安装工程施工合同》的效力问题；2. 关于涉案工程的工程量如何认定。

【法院裁判要旨】

广西壮族自治区钦州市钦南区人民法院经审理认为：被告物流公司作为发包人将其开发建设的项目发包给被告安装公司承包，双方之间签订的《工程施工合同》为合法有效合同。被告安装公司将工程转包原告工程公司施工，因被告安装公司与原告双方之间的转包行为，违反法律的强制性规定，所签订的合同为无效合同。虽然合同无效，但原告完成的工程已交付被告使用，工程应视为已验收合格，原告依法可要求被告安装公司参照合同关于工程价款的约定折价补偿。由于原、被告之间合同约定工程以总价承包形式进行承包，即按固定价进行结算。被告安装公司虽然对原告完成的施工量提出异议，但其没有提供相应充足证据予以佐证，故其应承担相应举证不能的法律后果。由于被告安装公司尚欠工程款55.6万元未付，故原告要求被告安装公司支付尚欠的工程款及利息，合法有理，予以支持。

由于物流公司与安装公司之间的合同中并没有约定合同造价包括税款在内，故物流公司以安装公司未履行开具税票为由拒绝支付工程款并无合同依据，因此被告物流公司至本案辩论终结前尚欠安装公司工程款199139.16元，予以确认。由于物流公司未履行支付完毕工程款的义务，现原告主张物流公司在欠付安装公司的工程款范围内承担责任，合法有理，予以支持。

对于被告安装公司辩称原告并非实际施工人，其无权主张工程款的问题，根据合同相对性原则，与被告安装公司签订合同的相对方是原告，而原告与第三人肖某光的关系属于其内部关系，与被告安装公司不属同一法律关系。故被告安装公司的辩驳意见，不予采纳。

广西壮族自治区钦州市钦南区人民法院依照《中华人民共和国民法典》第七百九十一条、第七百九十三条第一款，《最高人民法院关于审理建设工程施工合同纠纷案件适用法律问题的解释（一）》第一条、第十九条、第二十六条、第二十七条、第二十八条、第四十三条，《中华人民共和国民事诉讼法》第六十四条的规定，判决如下：

一、被告安装公司支付原告工程公司工程款55.6万元及利息（利息计算：以欠款为基数，自2021年1月4日起至还清之日止，按全国银行间同业拆借中心公布的贷款市场报价利率计算）；

二、被告物流公司在欠付被告安装公司的工程款199139.16元范围内承担责任。

被告安装公司、物流公司不服一审判决，提起上诉。

广西壮族自治区钦州市中级人民法院经审理认为：

第一，关于涉案《仓储安装工程施工合同》效力的问题。法院认为，承包人因将涉案工程转包给没有施工资质的主体，违反法律的强制性规定，转包合同无效。物流公司与安装公司签订《工程施工合同》，约定物流公司将涉案工程按包工包料方式发包给安装公司承包建设，后安装公司与工程公司的代表一审第三人肖某光签订《仓储安装工程施工合同》，将涉案工程按包工包料方式转包给工程公司承包建设。安装公司承包涉案工程后将涉案工程以包工包料方式转包给工程公司，工程公司没有施工资质，因此，一审认定安装公司与工程公司的代表肖某光签订的《仓储安装工程施工合同》无效，并无不当，予以维持。关于安装公司以与其签订《仓储安装工程施工合同》的是肖某光而不是工程公司为由主张工程公司不具有原告主体资格的问题。首先，涉案合同虽然没有加盖工程公司的公章，但是乙方明确记载是工程公司，肖某光在乙方以及委托代理人处签字予以确认；其次，肖某光本人承认其与工程公司的关系属于内部关系，对工程公司起诉也并未提出异议；最后，涉案工程施工完成后，肖某光与工程公司的法定代表人苏某强签订《项目合作协议书》，确认了双方共同对涉案工程进行投资建设。综合签订合同的情况、合同的履行情况、肖某光与工程公司及法定代表人的关系情况，一审法院认定工程公司与本案存在利害关系，具有原告主体资格，并无不当，予以支持。

第二，关于涉案工程的工程量如何认定，工程公司是否完成了合同项下的工程的问题。法院认为，安装公司与工程公司的代表肖某光签订《仓储安装工程施工合同》，约定安装公司将涉案工程按包工包料方式转包给工程公司承包建设，后工程公司、肖某光对涉案工程进行了建设，安装公司给物流公司致函《验收申请书》，表明涉案工程已完工并完成自检工作，申请发包人物流公司对涉案工程进行核验，物流公司确认已接收涉案工程。虽然建设工程施工转包合同无效，但是发包人物流公司已经对涉案工程验收使用，视为涉案工程已经合格，转包人安装公司应当支付相应的工程价款给实际施工人，一审判决根据涉案工程已经交付使用、安装公司与工程公司签订的工程合同以总价 88 万元进行承包、安装公司已经支付 32.4 万元工程款给肖某光和罗某等的情况，认定安装公司尚欠工程款 55.6 万元未付，并无不当，予以支持。关于安装公司以其并未将涉案工程全部转包给工程公司和肖某光，部分工程由其派人组织监管施工为由主张工程公司和肖某光没有完成全部的工程量，其不应支付工程款。因仓储安装工程施工合同约定的承包方式是包工包料，并附有《工程量清单》，约定了合同总价为88万元。肖某光与罗某签订的《劳务协议》，约定涉案工程的劳务以总包价18万元分包给罗某，这部分事实也是有合同约定的。物流公司虽然主张涉案工程部分由安装公司转包给罗某，但是没有提供充分证据证明；工程公司将涉案工程建设完工后交付给安装公司，安装公司接收后致函给物流公司申请对涉案工程进行核验，物流公司确认已接收涉案工程并投入使用，至工程公司起诉之前，安装公司均未对工程公司交付的涉案工程量提出过异议。最后，安装公司提供的证据不能充分证明其在涉案工地进行管理、购买材料。因此，安装公司提出部分工程量由其完成的主张，证据不足，不予支持。

广西壮族自治区钦州市中级人民法院依照《中华人民共和国民事诉讼法》第一百七十条第一款第一项之规定，判决如下：

驳回上诉，维持原判。

【法官后语】

在建设工程合同中，支付工程价款是发包人的主要义务，即发包人应当依照合同约定支付工程价款。然而，在审判实践中，当事人对于工程价款的计算、支付等争议焦点纷繁复杂，这就需要法官根据查明的案件事实，准确把握法律、司法解释的规定，正确作出认定。

1. 有效合同的工程款的认定

在合同有效的情况下，应严格依据当事人之间的合同约定认定工程价款。一般来说，当事人对于工程价款有两种约定方式：一是约定固定价，俗称“闭口价”，是指对于合同中约定范围的工程量确定固定价格，在约定的风险范围内合同价款不做调整。当事人约定闭口价，一般是按施工图预算包干，即以经审查后的施工图总概算或者综合预算为准，有的采用固定总价格包干方式，有的采用面积包干方式。二是约定工程价款按实结算或通过审计确定，俗称“开口价”，是指对于合同中约定范围的工程量不约定固定价格，或者仅约定暂定价，最终须通过审计确定工程造价。

对于闭口价合同，应当以当事人之间约定的固定价格作为认定工程款的依据，即如果当事人约定的是固定总价，则按该价格结算；如果当事人约定的是单位面积包干、单价固定，则按此约定进行计算，无须委托专门鉴定机构进行审价鉴定。此时，若当事人请求对建设工程合同总造价进行鉴定，法院不予支持。但是工程量有增加或减少时，可以对增加或减少部分的工程量按合同约定的结算方法和结算标准进行造价鉴定。

对于开口价合同，原则上应按照当事人之间的约定进行按实结算。结算的方式既可以由当事人协商委托审价单位进行审价，也可以由法院根据当事人的申请委托审价。审价的依据是当事人之间的工程承包合同、国家定额、市场价格以及当事人在施工过程中形成的有关文件。审判实践中，在结算工程款时，经常发生当事人对合同范围内和合同范围外的工程存在争议，因而法官必须首先解决此类争议，方可进一步结算工程款。关于合同范围内、外工程量的认定问题，若当事人合同和施工图中约定了此项工程内容，且已实际竣工验收完毕，应认定为承包人施工完成，并据以计算工程价款；若发包人主张该工程系其自行完成或者委托他人施工完成，则发包人应当提供相应的证据证明。

2. 无效合同的工程款认定

根据《中华人民共和国民法典》第一百五十七条的规定，合同被认定无效后，当事人因该合同取得的财产，应当予以返还；不能返还或者没有必要返还的，应当折价补偿。建设工程有其特殊性，承包人的劳动已经物化为建筑工程，无法适用返还财产的原则，因而只能适用折价补偿方式，即发包人通过向承包人支付工程款的方式对承包人的劳动进行补偿。《最高人民法院关于审理建设工程施工合同纠纷案件适用法律问题的解释（一）》第二十四条明确规定，建设工程施工合同无效，但建设工程经竣工验收合格，承包人请求参照合同约定支付工程价款的，应予支持。此规定的目的是平衡当事人之间的利益关系，便捷、合理地解决纠纷。当然，若当事人在实际施工过程中，发生了工程量的增减，因而无法按照合同约定的价款结算时，则可以按实结算，即通过审价确定工程价款。

本案中，被告安装公司将工程转包原告公司施工，所签订的合同为无效合同，但原告完成的工程已交付被告使用，工程应视为已验收合格。被告安装公司虽然主张原告没有按合同完成工程量，但举不出充分证据证实。因涉案合同已约定承包工程固定价款，对原告的施工范围和内容也有明确约定，故原告可主张被告安装公司参照合同关于工程价款的约定折价补偿。

综上，合同约定固定承包价时，在建设工程施工合同过程中，没有发生合同修改或者设计变更的情况，就应当依照合同约定的包干总价结算工程款。在没有证据和事实推翻合同约定时，应当尊重当事人的意思自治。

编写人：广西壮族自治区钦州市钦南区人民法院　何锋　叶献华

32

合同双方在缔约过程中对合同无效的事由均有过错的，不构成缔约过失责任

——林某树诉陈某永装修装饰合同案

【案件基本信息】

1. 裁判书字号

福建省泉州市中级人民法院（2021）闽05民终3945号民事判决书

2. 案由：装修装饰合同纠纷

3. 当事人

原告（上诉人）：林某树

被告（上诉人）：陈某永

【基本案情】

自2019年6月起，林某树与陈某永就位于西坪镇的别墅装修事宜进行协商，11月5日，林某树通过微信向陈某永支付了3万元工程款。双方于2019年

10月31日签订了《别墅项目施工协议书》，协议书对承包方式、承包范围、项目要求、付款方式均进行了约定。同日陈某永带一名工人及项目所需施工工具进入工地。嗣后，林某树将协议中的承包方式由包工包料变更为包工不包料，陈某永无法接受该变更内容遂离开工地。一个半月后，林某树邀请他人对别墅进行装修施工。2020年1月，林某树请求陈某永返还工程款项3万元，陈某永未返还，林某树遂向法院提起诉讼。

【案件焦点】

1. 双方当事人签订的《别墅项目施工协议书》是否有效；2. 被告是否应返还原告工程款3万元。

【法院裁判要旨】

福建省安溪县人民法院经审理认为：第一，关于双方签订的协议书是否有效的问题。根据双方协议书中对承包范围的约定，陈某永对别墅的装修施工范围涉及外墙粉刷贴砖、房屋结构整改、屋面盖西瓦等内容，依法应受到《建设工程质量管理条例》的调整和约束，应当取得相关的资质，现陈某永未举证证明自己取得相关资质，根据《最高人民法院关于审理建设工程施工合同纠纷案件适用法律问题的解释》第一条之规定，应认定该协议书为无效合同。故对陈某永主张其施工系装修不涉及房屋主体结构建设，无须取得相关资质的主张，不予采纳。第二，陈某永是否应该返还3万元工程款。本院认为，违反法律、行政法规的强制性规定的民事法律行为无效，行为人因该行为取得的财产，应当予以返还。本案中，由于双方签订的协议书系无效合同，故陈某永应返还基于合同而取得的财产。但基于缔约过失责任，双方订立合同过程中均存在过错，林某树选任没有资质的陈某永为其别墅装修施工，应承担主要责任，且陈某永实际已经付出一定程度的劳务，本院酌定林某树自行承担80%的过错责任，陈某永应承担20%的过错责任即应返还林某树工程款6000元。

福建省安溪县人民法院依照《中华人民共和国民法典》第一百五十三条、第一百五十七条，《最高人民法院关于审理建设工程施工合同纠纷案件适用法律问题的解释》第一条，《中华人民共和国民事诉讼法》第六十四条之规定，判决如下：

一、确认林某树与陈某永于2019年10月31日签订的《别墅项目施工协议书》无效；

二、陈某永应于本判决生效之日起十日内向林某树返还工程款6000元；

三、驳回林某树的其他诉讼请求。

林某树、陈某永均不服一审判决，提出上诉。

福建省泉州市中级人民法院经审理认为：林某树和陈某永签订的《别墅项目施工协议书》内容包括别墅内外墙搭拆架、原结构整改、内外墙粉刷和贴砖、水电安装等，金额达90万元，应当受到《建设工程质量管理条例》的约束，陈某永应当具备相关的资质。本案中，陈某永没有提供证据证明其已经取得相关资质，故一审法院认定协议无效正确。陈某永上诉主张协议有效缺乏法律依据，不予采纳。对于协议无效，林某树存在选任不当的过错，而陈某永存在明知无资质的过错。但鉴于签订协议前双方已经进行较长时间的磋商，陈某永与案涉房屋距离较远，陈某永数次往返必定花费较多的费用；陈某永在协议签订前也花费了一定的时间和精力提供了别墅装修方案、材质选配方案及费用测算；协议签订后又带一名工人进行施工前的准备工作，且运送一定的施工工具进入别墅；而施工未能实际进行也因林某树欲改变协议约定的包工包料为包工不包料引起。而陈某永主张实际投入不止3万元，因未能提供充分证据证明，不予采纳。林某树和陈某永对于协议无效均有过错，但鉴于上述所述情况，本院认为一审法院判决陈某永返还6000元并无不当。

福建省泉州市中级人民法院依照《中华人民共和国民事诉讼法》第一百七十条第一款第一项之规定，判决如下：

驳回上诉，维持原判。

【法官后语】

本案的争议焦点之一为被告是否应返还原告工程款3万元。一审、二审判决结果一致，均判令被告应返还工程款6000元。但一审、二审就被告返还工程款6000元的分析认定不同，即对被告系基于何种民事责任而应返还工程款的认定不同。一审法院依据缔约过失责任对双方过错大小进行责任分配，被告承担20%的过错责任即应返还原告工程款6000元。而二审法院则认为，双方当事人对合同无效均存在过错，不应认定为缔约过失责任。被告返还工程款6000元系基于原告违约改变合同内容，原告应承担违约责任，结合被告已付出的劳务内容，故而被告部分返还工程款6000元。

笔者认为，本案双方不构成缔约过失责任。原告在合同履行过程中，违背诚实信用原则，欲改变协议约定的包工包料为包工不包料，系违约行为，应承担合同未能继续履行的违约责任。具体分析如下：

1. 本案是否构成缔约过失责任

缔约过失责任，也称为先契约责任或者缔约过失中的损害赔偿责任，是指在合同订立过程中，一方违背其依据诚实信用原则和法律规定所承担的义务致另一方的信赖利益遭受损失时，应承担的损害赔偿责任。根据《中华人民共和国民法典》第五百条的规定：当事人在订立合同过程中有下列情形之一，造成对方损失的，应当承担赔偿责任：（一）假借订立合同，恶意进行磋商；（二）故意隐瞒与订立合同有关的重要事实或者提供虚假情况；（三）有其他违背诚信原则的行为。据此可知，缔约过失责任构成要件有：

（1）缔约过失发生在合同订立过程中。此包含两重意思，一是缔约过失指向缔约行为，双方当事人具有缔约上的联系，即双方具有缔约合同的意思表示；二是过失发生于合同订立过程中。一般来说，合同成立的时间取决于缔约一方当事人对另一方当事人的要约作出承诺的时间。一方发出要约后，在另一方作出承诺前，即在双方合意形成以前的阶段就是合同订立阶段。

（2）一方违背其依诚实信用原则所应负的义务。诚实信用原则是民法典的一项基本原则，民事主体在从事民事活动时，应讲诚实、守信用，以善意的方式行使权利并履行义务。缔约过失责任就是以诚实信用原则为基础的民事责任，其作用在于保护交易安全，可以规范人们在缔约过程中恪守良性交易行为准则，禁止商业欺诈，促进公平交往。根据诚实信用原则的要求，在合同订立过程中，当事人负有依诚实信用原则而产生的忠实、协助、保密等附随义务。当事人一方如不履行这种义务，导致合同无法订立或无效的，应当承担缔约过失责任。根据民法典的规定，缔约过失责任中违背诚实信用原则的情形包括恶意进行磋商、故意隐瞒与订立合同有关的重要事实、提供虚假情况、有其他违背诚信原则的行为。

本案中，双方当事人签订的协议内容包括别墅内外墙搭拆架、原结构整改、内外墙粉刷和贴砖、水电安装等，金额达90万元，应当受到《建设工程质量管理条例》的约束，即被告应当具备相关的资质，但被告并未提供相关证据证明其具备相关资质，其与原告签订的协议违反法律、行政法规的强制性规定，故应认定为无效合同。原、被告在缔约过错中，双方已进行较长时间的磋商，原告对于协议无效存在选任不当的过错，而被告存在明知无资质的过错，即双方在缔约过错中对合同无效的事由是明知的，不存在一方恶意进行磋商、故意隐瞒与订立合同有关的重要事实、提供虚假情况等违背诚信原则的情形，故而本案不构成缔约过失责任。

2. 本案双方应承担何种民事责任

区分本案双方应承担何种责任应首先区分当事人对何"事"承担责任。本案存在两种合同情形，一是合同无效；二是合同未能履行。对于合同无效，双方当事人均存在过错，但合同依然成立，且已部分履行，即原告已支付部分工程款，被告已付出一定的劳务。而导致本案纠纷的根本事由在于原告欲变更协议内容，即将原来的包工包料变更为包工不包料。原告的违约行为导致合同未能继续履行，继而产生本案纠纷。原告应对合同未能履行承担违约的过错责任。因而，一方面，根据《中华人民共和国民法典》第一百五十三条第一款的规定，违反法律、行政法规的强制性规定的民事法律行为无效，行为人因该行为取得的财产，应当予以返还。即被告应返还原告工程款3万元。另一方面，在合同履行过程中，被告基于诚实信用原则履行协议约定的内容并付出一定的劳务，而原告违背诚实信用原则，欲变更协议内容而导致合同未能继续履行，原告对合同未能继续履行负有违约责任，应对被告已付出的劳务损失承担违约责任。综上，二审法院支持一审判决，即被告返还工程款6000元而非3万元。

编写人：福建省安溪县人民法院　王秋琼　郑艺灵

十四、运输合同纠纷

33

乘客以旅客运输合同为请求权基础有权主张精神损害赔偿

——张某珍诉公共公司城市公交运输合同案

【案件基本信息】

1. 裁判书字号

江苏省苏州市吴江区人民法院（2021）苏 0509 民初 6996 号民事判决书

2. 案由：城市公交运输合同纠纷

3. 当事人

原告：张某珍

被告：公共公司

【基本案情】

2020 年 1 月 11 日，张某珍乘坐公共公司所有的大型普通客车。行驶至站点前，张某珍起身后因抓扶手不牢，摔倒在地，致右胫骨平台骨折。张某珍伤情经司法鉴定所鉴定，认定构成十级伤残。

【案件焦点】

原告张某珍以旅客运输合同为请求权基础，是否有权主张精神损害抚慰金。

【法院裁判要旨】

江苏省苏州市吴江区人民法院经审理认为：原告张某珍在本案中选择以旅客运输合同法律关系作为请求权基础，本案事故发生在《中华人民共和国民法典》实施前，《中华人民共和国合同法》及相关司法解释未将精神损害抚慰金作为违约责任的赔偿项目。而依据《中华人民共和国民法典》第九百九十六条的规定，因当事人一方的违约行为，损害对方人格权并造成严重精神损害，受损害方选择请求其承担违约责任的，不影响受损害方请求精神损害赔偿。由于适用《中华人民共和国民法典》上述规定更有利于保护民事主体合法权益，故应依据该规定认可精神损害抚慰金的赔偿项目。原告张某珍主张精神损害抚慰金5000元，与其伤情相适应，法院予以认可。

江苏省苏州市吴江区人民法院依照《中华人民共和国合同法》第三百零二条，《中华人民共和国民法典》第九百九十六条，《最高人民法院关于适用〈中华人民共和国民法典〉时间效力的若干规定》第一条第二款、第二条之规定，判决如下：

被告公共公司于本判决生效之日起十日内赔偿原告张某珍损失86236.7元。

判决后，双方当事人均未上诉，本判决现已生效。

【法官后语】

在《中华人民共和国民法典》实施前，法律规定精神损害赔偿适用于侵权纠纷。然而，在服务合同中，因服务提供者违约给消费者造成严重精神损害的事件时常出现。当事人主张违约责任时能否一并主张精神损害赔偿？涉及消费者切身利益，争议较大，社会关注度较高。

在新时代，人们对美好生活的追求不仅包括物质方面，还包括精神方面，人格权益日益融入合同目的。特别是在服务合同中，合同目的不单纯限于取得服务本身，而保护既有人格权益或增进人格权益也是合同的应有之义。比如，旅客运输合同中，虽然客运公司的主要义务是将旅客运输至约定地点，但运输过程中的旅客安全保障同样是不可忽视的合同内容（保护既有人格权益）；再如，旅游服务合同中，旅行社的义务不仅仅是旅客运输、住宿安排等物质性内容，还包括在服务过程让旅客享受到身心愉悦的旅游体验等精神性内容（增进人格权益）。在违约行为损害人格权益的案件中，“违约”“侵权”二选一的困境，是对合同的人格权益目的认识不足造成的。在人格权益日益融入合同目的的时代背景下，违约责任制度也应当相应地进行调整。

《中华人民共和国民法典》将精神损害赔偿的适用范围扩大到了违约责任中。《中华人民共和国民法典》第九百九十六条规定：“因当事人一方的违约行为，损害对方人格权并造成严重精神损害，受损害方选择请求其承担违约责任的，不影响受损害方请求精神损害赔偿。”上述规定突破了精神损害赔偿不能在违约责任中主张的传统原则，为违约责任精神损害赔偿提供了法律依据，是与人格权益融入合同目的相适应的顺理成章的制度供给。从该条款文义及立法背景分析，违约精神损害赔偿的适用条件如下：1. 合同目的包含人格权益。该合同目的既可以在合同中明文表达，也可以根据当事人的合理信赖推定；人格权益内容既可以是保护既有人格权益，也可以是增进人格权益。2. 当事人一方存在违约行为。该违约行为既可以是对相关义务的消极不作为，也可以是积极的加害行为。3. 对方人格权受损并造成严重精神损害。该条件指损害后果达到一定的程度。4. 违约行为与对方人格权受损之间存在因果关系。

本案当事人之间成立了旅客运输合同关系，公共公司在履行合同中负有保障旅客安全的义务，公共公司未尽到安全保障义务，且因此造成乘客伤残，精神损害严重。乘客主张违约责任时一并主张精神损害赔偿。虽然事故发生在《中华人民共和国民法典》实施前，但由于适用《中华人民共和国民法典》更有利于保护民事主体的合法权益，判决适用《中华人民共和国民法典》第九百九十六条规定，支持了乘客精神损害赔偿的主张。

《中华人民共和国民法典》第九百九十六条对合同领域精神损害赔偿问题给予了立法回应，违约精神损害赔偿制度的建立，体现了当今时代背景下我国对人格权益保护的重视。该案例为当今时代背景下适用违约精神损害赔偿制度保护当事人人格权益提供了司法实践经验。

编写人：江苏省苏州市吴江区人民法院　姚松杰

十五、保管合同纠纷

34

保管合同中的民事诉讼适格主体判断

——谢某祥诉李某海保管合同案

【案件基本信息】

1. 裁判书字号

四川省达州市中级人民法院（2021）川17民终1918号民事判决书

2. 案由：保管合同纠纷

3. 当事人

原告（被上诉人）：谢某祥

被告（上诉人）：李某海

【基本案情】

原告谢某祥于2018年组织工人在开江县宝石水库灌溉渠工程中做了放线、安电、修胡家湾隧洞便道、挖水渠等工作；2018年2月13日，原告谢某祥的工人魏某建等人到工程项目部领取了工程款，用于发放工人工资。在发放工资过程中，发生了争执，魏某建当场便将工程款和银行卡交给被告李某海保管，被告出具了一份《代收保管》条据，内容为：“代收保管，水渠工程款，现金78200元。卡上：73800元，代保管人：李某海，在场人：魏某建、吴某平。”

次日，原告找到被告领取该款项时，被告没有将款项返还给原告，而是将该款项交给了工程承包方。

【案件焦点】

1. 保管合同上未注明寄存人，如何认定本案的适格主体；2. 保管人李某海将保管物转交第三人保管，应如何处理。

【法院裁判要旨】

四川省开江县人民法院经审理认为：谢某祥的工人把工程款项交给李某海保管，并有《代收保管》等证据为凭，双方形成了合法有效的保管合同关系。李某海应当依法履行返还保管物的义务。谢某祥诉请要求李某海返还现金152000元（其中现金78200元，银行卡上的73800元）及利息。谢某祥的工人魏某建在多人见证下将现金78200元交予李某海保管，与李某海出具的《代收保管》条据相互印证，对于这一部分款项，被告应予以返还；针对银行卡上的73800元，谢某祥、李某海均未提交充分的证据证实涉案银行卡的号码、开户资料、具体金额等，故该部分款项，不应予以支持；涉案款项未约定利率，故参照中国人民银行同期贷款利率从2018年2月14日起计算利息至相应的款项付清时止。李某海抗辩称，谢某祥不是涉案款项的寄存人，李某海不是本案适格的主体，经释明后，李某海仍然未提交充分的证据予以佐证，不应予以采信。

四川省开江县人民法院依照《中华人民共和国合同法》第八条、第三百六十五条、第三百七十七条，《最高人民法院关于适用〈中华人民共和国民法典〉时间效力的若干规定》第一条，《中华人民共和国民事诉讼法》第六十四条第一款，《最高人民法院关于适用〈中华人民共和国民事诉讼法〉的解释》第九十条之规定，判决如下：

一、被告李某海于本判决生效之日起三十日内向原告谢某祥返还78200元及利息，利息计算方式：以78200元为基数，按照中国人民银行同期贷款利率，从2018年2月14日起算至款项付清时止；

二、驳回原告谢某祥的其他诉讼请求。

李某海不服判决，提出上诉。

四川省达州市中级人民法院经审理认为：被上诉人谢某祥提交的《代收保管》凭证，上诉人李某海认可系其书写。结合李某海自认其“收到代收的保管工程款后，次日将该款项交给了工程承包方”，确认双方的保管合同成立并合法有效，受法律保护。依据《中华人民共和国合同法》第三百六十五条“保管合同是保管人保管寄存人交付的保管物，并返还该物的合同”和第三百七十一条“保管人不得将保管物转交第三人保管，但当事人另有约定的除外。保管人违反前款规定，将保管物转交第三人保管，对保管物造成损失的，应当承担损害赔偿责任”之规定，保管人李某海没有提供证据证明双方具有另有约定的情形，即应当向寄存人谢某祥返还保管物。至于李某海上诉称其将保管物已转交第三人，不在本案审理范围内，可另行主张权利。故其上诉理由依法不能成立，不应予以支持。

综上所述，李某海的上诉请求均不能成立，应予驳回；一审判决认定事实清楚，适用法律正确，应予维持。四川省达州市中级人民法院依照《中华人民共和国民事诉讼法》第一百六十九条第一款、第一百七十条第一款第一项的规定，判决如下：

驳回上诉，维持原判。

【法官后语】

保管合同又被称为寄托合同、寄存合同，其本质是提供劳务的合同，依保管合同交付保管物只是临时转移保管物的占有权。保管人不得将保管物转交第三人保管，但当事人另有约定的除外。保管人违反前款规定，将保管物转交第三人保管，对保管物造成损失的，应当承担损害赔偿责任。本案的争议焦点：一是保管合同上未注明寄存人，如何认定本案的适格主体；二是保管人是否可以将保管物转交与第三人。

对于第一个争议焦点：保管合同上未注明寄存人，如何认定本案的适格主体。一种观点认为，保管合同上并没有表明寄存人是谁，故原告不是本案的民事诉讼适格主体；另一种观点认为，尽管保管合同上没有表明保管合同的寄存人是谁，但法院在审理中通过查明事实，根据事实认定由谢某祥提交的《代收保管》凭证，李某海认可系其书写的，并结合被告李某海的陈述和交付保管物的工人及多位在场人的证人证言，可以认定原、被告双方形成了合法有效的保管合同关系，原告是本案的民事诉讼适格主体。笔者同意第二种观点，即寄存人向保管人交付保管物的，保管人应当出具保管凭证，寄存人可以凭借保管凭证或出具保管物时的相关证据向法院主张权利。

对于第二个争议焦点：保管人是否可以将保管物转交与第三人。根据《中华人民共和国民法典》第八百九十四条“保管人不得将保管物转交第三人保管，但是当事人另有约定的除外。保管人违反前款规定，将保管物转交第三人保管，造成保管物损失的，应当承担赔偿责任”的规定，笔者认为，保管合同是寄存人与保管人之间的协议，寄存人基于对保管人的信赖，才将保管物交与保管人保管。如果保管人未经寄存人同意而擅自将保管物转交第三人保管，不仅有违于寄存人的信任，更改变了合同的实际履行人，因此是违约行为，应承担违约责任。本案中，保管人李某海未经寄存人谢某祥的授权或同意，私自将保管物交与了第三人，其行为侵犯了寄存人谢某祥的合法利益，由此给寄存人谢某祥造成的财产损失，保管人李某海应当承担相应的责任。

编写人：四川省开江县人民法院　杨红梅　黄永超

35

银行保管箱合同法律性质及相关问题分析

——吴某杰、吴某莹诉某银行保管合同案

【案件基本信息】

1. 裁判书字号

福建省石狮市人民法院（2021）闽0581民初6409号民事判决书

2. 案由：保管合同纠纷

3. 当事人

原告：吴某杰、吴某莹

被告：某银行

【基本案情】

2020年7月20日，某银行与邱某签订一份《保管箱租用合同》，约定某银行向邱某出租该行保管箱内保管箱，租用期限自2019年9月17日起至2021年9月17日止。合同第四条中约定："保管箱的锁固及箱内物品的存取，由租用人自行负责。出租人只负责陪同租用人或其授权人入库开启保管箱。出租人不干涉租用人是否在箱内存放物品，但对于入库人数及入库时间，出租人有权加以限制。"第五条中约定："租用人死亡，其合法继承人应凭死亡证明及合法继承权证明书办理开箱，退租等手续，如需续租，应重新办理租用手续。"另查明，邱某于2021年3月18日死亡，其父母分别于1995年、2008年死亡，其配偶吴某某于2007年死亡，其子女为吴某莹、吴某杰。现吴某莹、吴某杰向银行要求退还该保管箱内的财物及保证金，银行予以拒绝。

【案件焦点】

1. 邱某与银行签订的《保管箱租用合同》应当认定为保管合同还是租赁合同；2. 两原告应当基于何种权利要求归还保险箱内物品。

【法院裁判要旨】

福建省石狮市人民法院经审理认为：邱某生前与银行签订的《保管箱租用合同》，系双方的真实意思表示，其内容不违反法律法规的强制性规定，应认定为合法有效。《中华人民共和国民法典》规定，继承从被继承人死亡时开始，继承开始后，按照法定继承办理，第一顺序继承人为配偶、子女、父母。邱某的父母、配偶均先于其死亡，故其法定继承人为其子女吴某莹和吴某杰。本案合同约定，诉争保管箱的锁固及箱内物品存取由邱某自行负责，银行并不干涉邱某是否在箱内存放物品，且本案吴某杰、吴某莹亦未能举证证明诉争保管箱中是否存有物品，故其二人要求银行直接退还保管箱内的物品，没有事实和法律依据，不予支持。但根据合同中“若租用人死亡，其合法继承人应凭死亡证明及合法继承权证明书办理开箱，退租等手续”的约定，银行应当为吴某杰、吴某莹办理诉争保管箱的开箱手续，如保管箱中存有物品，其二人有权取回。吴某杰、吴某莹未能举证证明交纳保证金，其二人要求银行退还保证金的诉讼请求，没有理据，予以驳回。

福建省石狮市人民法院依照《中华人民共和国民法典》第四百六十五条、第五百二十二条、第五百七十七条、第八百八十八条第一款、第一千一百二十一条第一款、第一千一百二十二条、第一千一百二十七条，《中华人民共和国民事诉讼法》第一百四十四条，《最高人民法院关于适用〈中华人民共和国民事诉讼法〉的解释》第九十条之规定，判决如下：

一、某银行石狮支行应于本判决生效之日起十日内为吴某杰、吴某莹办理邱某租用的保管箱的开箱手续，若保管箱中存有物品，吴某莹、吴某杰有权取回；

二、驳回吴某杰、吴某莹的其他诉讼请求。

判决后，双方当事人均未上诉，本判决现已生效。

【法官后语】

银行保管箱业务作为各大商业银行的主营业务，本案主要存在以下几个方面的焦点问题：

1. 银行保管箱租用服务所产生的争议应当认定为保管合同纠纷还是租赁合同纠纷

从合同的目的来看，银行客户签订这一合同的主要目的在于利用银行的良好安保条件及安全设备来保证保管物的安全。与此相对应的是，银行在这一合同当中所提供的服务既包含保管箱的使用权，也包含严密的安保措施、整体保险库建筑的可靠性以及对其进行的相应维护。因此，将此类合同定义为租赁合同过于片面，定义为保管合同与双方签订合同的真实目的更为接近。

从消费者权益保护的角度来看，若双方签订的是保管合同，则保管人（银行）具有妥善保管箱内物品的义务，若因为保管人保管不善而造成的损毁、灭失，保管人需要承担相应的赔偿责任。若双方签订的是租赁合同，银行仅需要保证租赁物即保管箱的性能符合约定。如前所述，银行保险箱业务中，银行正是以其完整的保管服务吸引客户与其签订合同，其也应当承担与之相对应的义务，将银行保管箱合同认定为保管合同更有利于保护客户的权利实现，也更符合公平原则。

从合同的定义来看，根据《中华人民共和国民法典》第七百零三条规定："租赁合同是出租人将租赁物交付承租人使用、收益，承租人支付租金的合同。"本案中的保管箱实际仍处于银行的控制之下，邱某并未获得对于银行保管箱完全的使用权，相反，这一状态更符合保管人对保管物占有的特征。

2. 本案原告可以向银行主张何种权利

本案中，原告为邱某的法定继承人且没有证据证明邱某生前留有遗嘱或遗赠抚养协议，根据《中华人民共和国民法典》第一千一百二十二条第一款的规定，公民可继承的是被继承人的合法财产，因此，两原告有权继承邱某履行标的为财物的债权。

本案中邱某与银行签订的合同约定"若租用人死亡，其合法继承人应凭死亡证明及合法继承权证明书办理开箱，退租等手续"，这属于双方约定由债务人向第三人履行债务的情况。《中华人民共和国民法典》第五百二十二条第一款规定："当事人约定由债务人向第三人履行债务，债务人未向第三人履行债务或者履行债务不符合约定的，应当向债权人承担违约责任。"因此，本案中银行拒绝向合同的第三人即两原告履行债务，邱某要求银行承担违约责任的这一债权可以由两原告继承，两原告可以据此要求银行协助办理开箱等手续。

对于案涉银行保管箱内是否存有物品以及物品是否属于邱某本人所有，这属于待定状态，因此，本案两原告直接要求银行返还保管箱内的"物品"是错误的，其应当根据邱某与银行的合同约定，要求银行协助办理开箱等手续，箱中若有物品则可取回。另外，还可能存在箱中物品并非寄存人邱某本人所有的情形，但该案外人与保管人邱某之间的法律关系、邱某与保管人某银行间的法律关系属于两个独立的法律关系，并不影响两原告向银行主张权利。

编写人：福建省石狮市人民法院　邱堂寅　连雨松

36

合同违约中的精神损害赔偿之认定

——杜某飞诉美容服务部保管合同案

【案件基本信息】

1. 裁判书字号

江苏省苏州市中级人民法院（2021）苏05民终11639号民事判决书

2. 案由：保管合同纠纷

3. 当事人

原告（上诉人）：杜某飞

被告（被上诉人）：美容服务部

【基本案情】

2020年1月17日，杜某飞与美容服务部签订《温暖家庭式寄养协议》年，约定春节假期期间杜某飞将宠物犬“八戒”寄养在美容服务部处，寄养时间为2020年1月17日至2月2日（计17天），寄养费为1245.6元。同日，杜某飞将“八戒”送至美容服务部处，办理会员卡并充值2000元。双方协商确认将寄养期限延长至2020年2月9日。2020年2月7日，“八戒”死亡。杜某飞认为，其与美容服务部之间形成保管合同关系，美容服务部负有保证“八戒”健康安全的义务，现因美容服务部不当保管导致“八戒”死亡，美容服务部构成违约，请求判令美容服务部赔偿其宠物死亡损失18000元、退还其寄养充值会员费 2000 元、支付其为饲养宠物支出的物质费用 8801.46 元及维权过程中产生的合理支出 500 元，并赔偿其精神损失费 3 万元。

【案件焦点】

1. 美容服务部是否存在违约行为；2. 如存在违约行为，杜某飞能否通过违约之诉主张精神损失费。

【法院裁判要旨】

江苏省太仓市人民法院经审理认为：杜某飞将其所饲养的宠物犬寄放至美容服务部处，美容服务部为其提供有偿寄养服务，双方形成保管合同关系。保管期间，因保管人保管不善造成保管物毁损、灭失的，保管人应当承担损害赔偿责任，但保管是无偿的，保管人证明自己没有重大过失的，不承担损害赔偿责任。根据《温暖家庭式寄养协议》第五条的约定，宠物进入寄养中心 5 天内因疾病导致死亡的情况，美容服务部不承担相关赔偿责任；宠物进入寄养中心后，因美容服务部工作失误导致杜某飞宠物死亡、丢失的，美容服务部给予相应赔付，赔付上限为该宠物当前的市场均价。现双方虽对于美容服务部在寄养宠物过程中是否存在失误各执一词，但考虑到宠物的死亡发生在美容服务部提供寄养服务的过程中且死亡时已在美容服务部处寄养超过 5 天，死亡的地点在美容服务部处，美容服务部也并无证据证明宠物死亡系自身原因或案外人等原因造成的，故可以认定宠物犬的死亡后果与美容服务部的寄养服务行为之间存在因果关系，美容服务部应当承担赔偿责任。根据寄养协议的约定，美容服务部的赔偿上限为宠物当前的市场均价。杜某飞虽主张宠物价值 18000 元，但明确宠物由他人赠送，并无购买记录，美容服务部仅认可宠物犬的价值在 1000 元至 3000 元之间，双方之间差距较大，故结合询价情况，酌定案涉宠物的价值为 5000 元，美容服务部应赔偿杜某飞宠物死亡损失 5000 元。关于杜某飞主张由美容服务部赔偿饲养宠物的支付的物质费用 8801.46 元以及维权过程中的合理支出 500 元的诉讼请求，并无相应的法律依据，不予支持。关于杜某飞主张由美容服务部赔偿精神损失费 3 万元的诉讼请求，因本案系合同纠纷，并非侵权纠纷，按照我国现有的法律规定和司法实践，精神损害赔偿并不属于违约赔偿范围，故该项诉讼请求亦无相应依据，不予支持。关于杜某飞主张由美容服务部退还充值会员费2000元的诉讼请求，并无相应的合同及法律依据，但考虑到庭审中杜某飞明确储值卡内余额为1154.4元，美容服务部也表示愿意退还卡内余额1154.4元，对此予以确认。

江苏省太仓市人民法院依照《中华人民共和国合同法》第三百七十四条、《最高人民法院关于适用〈中华人民共和国民法典〉时间效力的若干规定》第一条之规定，判决如下：

一、被告美容服务部于本判决生效之日起十日内赔偿原告杜某飞宠物死亡损失5000元；

二、被告美容服务部于本判决生效之日起十日内退还原告杜某飞储值卡会员费1154.4元；

三、驳回原告杜某飞的其他诉讼请求。

杜某飞不服，提起上诉。

江苏省苏州市中级人民法院经审理认为：对于杜某飞关于案涉宠物犬价值的主张、承担饲养宠物的支出及维权支出的主张以及退还充值会员费2000元的主张，与一审法院裁判意见相同。

关于精神损失费的主张，法院认为，首先，《中华人民共和国民法典》第九百九十六条规定："因当事人一方的违约行为，损害对方人格权并造成严重精神损害，受损害方选择请求其承担违约责任的，不影响受损害方请求精神损害赔偿。"虽然《中华人民共和国合同法》对违约精神损害赔偿未予规定，但《最高人民法院关于适用〈中华人民共和国民法典〉时间效力的若干规定》第二条规定："民法典施行前的法律事实引起的民事纠纷案件，当时的法律、司法解释有规定，适用当时的法律、司法解释的规定，但是适用民法典的规定更有利于保护民事主体合法权益，更有利于维护社会和经济秩序，更有利于弘扬社会主义核心价值观的除外"；第三条规定："民法典施行前的法律事实引起的民事纠纷案件，当时的法律、司法解释没有规定而民法典有规定的，可以适用民法典的规定，但是明显减损当事人合法权益、增加当事人法定义务或者背离当事人合理预期的除外。”其次，在饲养宠物的过程中，饲养者往往会投入较多的精力和财力，与宠物之间会形成较亲密的关系，也会寄托特别的感情。一方面，结合本案案情，从日常生活来看，杜某飞及其家人会为宠物犬“八戒”购置衣服等，并购买蛋糕、蜡烛为“八戒”庆祝生日，“八戒”已学会了开关抽屉。由此可见，“八戒”已成为杜某飞家庭生活的重要组成部分，也印证了杜某飞及其家人已将“八戒”视为家人来对待的陈述。由此也足以认定“八戒”对于杜某飞及其家人而言已成为一种具有特殊意义的特定物，承载了杜某飞及其家人的感情和寄托。另一方面，从杜某飞及其家人反应来看，对宠物犬“八戒”的去世，杜某飞及其家人是无法予以接受的，内心备受煎熬，精神痛苦也是客观的。因此，“八戒”的去世确已给杜某飞及其家人造成了严重的精神伤害。故本案中，对美容服务部未能妥善保管好“八戒”导致其死亡的违约行为，杜某飞主张精神损害赔偿，本院予以支持。但杜某飞主张精神损失费 3 万元，依据不足。本院根据案涉宠物犬的价值、饲养时间、杜某飞及其家人所受精神伤害的程度，酌情认定由美容服务部赔偿杜某飞精神损失 1000 元。

江苏省苏州市中级人民法院依照《中华人民共和国合同法》第三百七十四条，《中华人民共和国民法典》第九百九十六条，《中华人民共和国民事诉讼法》第六十四条第一款、第一百七十条第一款第二项，《最高人民法院关于适用〈中华人民共和国民法典〉时间效力的若干规定》第二条、第三条之规定，判决如下：

一、维持太仓市人民法院（2021）苏 0585 民初 4292 号民事判决第一项、第二项；

二、撤销太仓市人民法院（2021）苏 0585 民初 4292 号民事判决第三项；

三、美容服务部于本判决生效之日起十日内赔偿杜某飞精神损失费 1000 元；

四、驳回杜某飞的其他诉讼请求。

【法官后语】

通常情况下，因违约行为造成的财产损失，不会造成非违约方精神损害。但是，涉及人身权利或以精神利益满足为主要目的的合同，违约行为造成非违约方的损失往往为非金钱损失。有偿保管合同中，保管物为寄托精神利益的物时，保管人违反合同约定造成保管物毁损、灭失的，可能会对寄托人造成精神损害。本案即系适用《中华人民共和国民法典》第九百九十六条关于违约精神损害赔偿责任的规定，认定保管人保管不善，致使寄托寄存人特殊感情的宠物死亡，给寄存人造成严重精神损害的，应承担精神损害赔偿责任，充分保护了寄托人的人格利益。

1. 违约精神损害赔偿的构成要件

《中华人民共和国民法典》第九百九十六条规定，“因当事人一方的违约行为，损害对方人格权并造成严重精神损害，受损害方选择请求其承担违约责任的，不影响受损害方请求精神损害赔偿”。该条创设了违约精神损害赔偿，突破了以往违约责任与精神损害赔偿不能并行主张的一般原则。根据上述规定，违约精神损害赔偿的认定应满足以下三个条件：(1) 适用前提：只存在于违约责任与侵权责任产生竞合时；(2) 适用情形：只适用于违约行为导致人格权受到侵害时；(3) 后果方面：违约方的违约行为须造成非违约方严重精神损害。本案中，杜某飞将宠物犬交付美容服务部有偿寄养，双方形成有偿保管合同关系，但美容服务部因保管不善，导致宠物犬死亡。但对杜某飞而言，宠物犬的死亡不仅仅是财产损失。现实生活中，饲养者在饲养宠物的过程中大都会投入较多的精力和财力。随着时间推移，饲养者亦会与宠物之间形成较为亲密的关系，并会寄托特别的感情。本案亦是如此，杜某飞会为宠物犬“八戒”购置衣服等，并购买蛋糕、蜡烛为“八戒”庆祝生日等，宠物犬“八戒”对杜某飞而言系具有特殊感情的物，承载了杜某飞的感情和寄托。因此，宠物犬的死亡对杜某飞造成了严重的精神损害，侵害了其人格利益，美容服务部应当承担违约精神损害。

2. 非违约方严重精神损害的认定

根据上述法律规定，只有非违约方遭受严重精神损害的情形下，其才能在违约责任中主张精神损害赔偿。因此，在实务中如何准确评估违约给非违约方造成的精神损害，进而判断是否构成严重精神损害，是审判的重点和难点。一般而言，可从以下几个方面进行判断：一是损害后果是否具有严重性，也就是说，受害人因人身、精神、具有人身意义的特定物遭受的损害对其日常生活、工作、社会交往等是否产生了明显不利影响；二是精神痛苦是否具有严重性，通常以精神损害痛苦是否超出社会公众的容忍限度进行考量；三是损害是否具有持续性，也即损害不是转瞬即逝的，而是会持续一段时间。

本案中，从损害后果严重性来看，根据杜某飞的反应，宠物犬的去世，杜某飞内心无法接受并饱受煎熬。从精神痛苦的严重性来看，美容服务部不当保管行为致使宠物犬死亡，已然超出一般饲养人的容忍限度。从损害的持续性来看，杜某飞因宠物犬的死亡，一直遭受精神痛苦的折磨。因此，法院综合认定杜某飞遭受严重精神损害，并判决由美容服务部赔偿一定数额的精神损失。

编写人：江苏省太仓市人民法院　王坤　查倩倩

十六、委托合同纠纷

37

买断型委托监护合同不得损害被监护人利益

——赵某琴诉资产经营公司委托合同案

【案件基本信息】

1. 裁判书字号

江苏省淮安市中级人民法院（2021）苏08民终4496号民事判决书

2. 案由：委托合同纠纷

3. 当事人

原告（被上诉人）：赵某琴

被告（上诉人）：资产经营公司

【基本案情】

2012年10月15日，江苏省淮安市清江浦区法院民事调解书确认马某桥由其单位资产经营公司履行监护职责。

2012年12月25日，原、被告签订《协议书》，原告为协议中的乙方，被告为协议中的甲方。该协议书中记载：甲方员工马某桥于2008年11月22日突发脑出血，经治疗后现半身瘫痪，乙方开办老年公寓，乙方愿意接收马某桥养老；对于马某桥的养老问题，双方达成一致协议，甲方在协议书签订并公证后

7日内向乙方支付一次性费用13.5万元，用于马某桥生养死葬、护理及护理耗材、养老保险费用交纳等，并向乙方移交养老保险手续、涟水县民政部门五保手续（五保费用存折、医保卡）以及马某桥本人户口簿、身份证、市民卡；乙方负责照顾马某桥日常生活及死后事宜处理，马某桥的五保经费由乙方领取保管，用于马某桥日常生活所需；任何一方毁约，须向对方支付违约金5万元。协议签订后，被告已支付原告协议约定的费用13.5万元。

2012年10月至今，马某桥在原告开办的养老院生活，护理等费用均由原告负责，马某桥的五保费用亦由原告领取。自2021年7月起，马某桥收入为退休工资每月1114.02元及五保补贴每季度1841.95元。

原告赵某琴主张自2020年1月起马某桥每月生活护理费用为3000元，且仍在不断上涨，被告资产经营公司支付的13.5万元已于2021年6月用完，此后马某桥的收入已不足以负担马某桥的养老费用，故诉至法院要求被告资产经营公司继续支付马某桥养老费用25万元。

【案件焦点】

1. 如何认定双方协议的性质；2. 监护人应否承担继续给付养老费用的义务；3. 如何保护被监护人的合法权益。

【法院裁判要旨】

江苏省淮安市清江浦区人民法院经审理认为：被告作为马某桥的监护人，应当负担马某桥的养老、护理等费用。原、被告于2012年12月25日签订《协议书》，该协议书的实质是被告将部分监护职责委托给原告，由原告代被告向马某桥履行养老、护理等监护职责，该约定不违反法律、行政法规的强制性规定。原告按协议约定履行了对马某桥的养老、护理等监护职责，被告应当向原告支付相关费用。马某桥自2012年10月至今一直在原告开办的养老院生活，原、被告虽约定一次性支付相关费用13.5万元，但在这九年中，生活成本及护理成本均在上涨，且随着马某桥年龄增长，马某桥的护理难度及护理费用亦会增加，被告支付的13.5万元及马某桥的收入已不足以维持马某桥的正常生活及护理费用。如果被告不增加相应的养老、护理等费用，则可能导致原告利益受损或原告不能为马某桥提供正常标准的养老、护理服务，不利于马某桥的正常生活。根据马某桥的身体状况及收入情况，马某桥的养老、护理等费用不宜一次性支付，结合本地普通标准养老机构的收费水平酌定被告暂支付马某桥养老、护理等费用至 2022 年 12 月 31 日，即被告支付原告 2022 年 12 月 31 日前费用 22100 元。自 2023 年 1 月 1 日起，如马某桥的收入仍不足以维持其正常生活及护理等费用，原告可再向被告主张。

江苏省淮安市清江浦区人民法院依照《中华人民共和国民法典》第三十五条、第九百一十九条、第九百二十一条之规定，判决如下：

资产经营公司于判决生效后 7 日内支付赵某琴 22100 元。

资产经营公司不服一审判决，提出上诉。

江苏省淮安市中级人民法院经审理认为：一审法院基于九年来生活及护理成本费用的增长，考虑马某桥年龄增长后护理难度的增加，为确保马某桥获得正常标准的养老服务，保证马某桥基本生存的权利，从公平正义及最有利于监护人的原则出发，结合本地实际酌定由资产经营公司继续分段支付马某桥养老费用，所作处理并无不当。双方签订《协议书》所依据的现实客观情况也发生了重大变更，继续按照协议履行对赵某琴而言显失公平，有违社会主义核心价值观，对于马某桥而言则必然导致其基本生存权利受到严重影响。

江苏省淮安市中级人民法院依照《中华人民共和国民事诉讼法》第一百七十条第一款第一项之规定，判决如下：

驳回上诉，维持原判。

【法官后语】

《中华人民共和国民法典》完善了监护法律制度，法定监护、协议监护、遗嘱监护制度得以明确细化。社会养老逐渐成为更多人的选择，委托监护作为监护制度的重要补充在社会实践中广泛存在，由此带来的纠纷也时有发生。

《最高人民法院关于适用〈中华人民共和国民法典〉总则编若干问题的解释》第十三条规定："监护人因患病、外出务工等原因在一定期限内不能完全履行监护职责，将全部或者部分监护职责委托给他人，当事人主张受托人因此成为监护人的，人民法院不予支持。”由此可见，监护权作为身份权具有专属性不得让渡，受托监护人并不因委托监护而享有监护权，其只是基于合同约定协助监护人履行监护职责，帮助监护人履行照看义务，并不改变监护人的法律责任。

委托监护双方之间实际上是一种合同关系，是合同双方基于监护职责事项委托而形成的权利义务关系。这种民事合同并非单纯的委托合同，而是兼有服务合同性质的非典型合同。双方基于意识自治达成合同内容，秉持权利义务对等的原则，受委托人履行本应由监护人履行的监护职责，其在履行监护职责过程中，有权要求在被监护人的财产中支付生活、护理、医疗等相关费用。在被监护人财产不足以支付监护费用时，监护人仍负有继续给付的义务。

《中华人民共和国民法典》第三十五条第一款规定：“监护人应当按照最有利于被监护人的原则履行监护职责。监护人除为维护被监护人利益外，不得处分被监护人的财产。”委托监护合同涉及监护人、被监护人、受托监护人三方关系，且具有一定的人身属性，不能完全适用契约自由。监护人和受托监护人双方在确立监护合同权利义务关系时不得损害被监护人的利益。委托监护合同根据委托期限的长短可分为一时型和长期型，根据报酬支付方式可分为买断型和持续型，不同类型的委托监护法律关系的权责确定方面也应当有所区别，特别是根据被监护人的身体状态及委托监护时间长短的变化，受托监护人的日常监护费用也应当随之变化。就本案而言，监护人资产经营公司将其所应承担的包括照顾被监护人马某桥日常生活及死后事宜处理在内的监护职责通过一次性买断方式委托给赵某琴代为实施，受托人只是协助监护人履行监护职责，并不改变监护人的地位，也不能据此免除监护人的责任。在监护人资产经营公司支付的买断费用不能满足被监护人马某桥的日常生活需要时，受托人向监护人主张后续增加费用的，应予支持。对于后续增加费用的数额，应当按照最有利于被监护人的原则，结合被监护人的身体情况、护理期限等级、当地经济水平等因素综合确定。

编写人：江苏省淮安市中级人民法院　宋诚　张登

十七、委托理财合同

38

委托理财合同中代为炒股亏损如何承担

——刘某诉李某志委托理财合同案

【案件基本信息】

1. 裁判书字号

湖北省监利市人民法院（2021）鄂1023民初3211号民事判决书

2. 案由：委托理财合同纠纷

3. 当事人

原告：刘某

被告：李某志

【基本案情】

2019年2月22日，刘某将其名下证券公司武汉某证券营业部的普通交易账户交给李某志（资金账号为29×××7），并委托其代炒股，双方约定若盈利李某志分红20%，若亏损李某志分担20%。2019年2月22日至2019年5月5日，李某志操作普通交易账户炒股盈利83223.77元，刘某向李某志支付盈利分红16644.76元（83223.77×20%）。2019年5月6日，在李某志的劝说下，刘某开通信用交易账户（资金账号为12×××7），双方约定若盈利李某志分红30%，若亏损李某志分担30%。2019年5月6日至2020年12月31日，李某志操作信用交易账户炒股亏损149671.18元。刘某将所有亏损全部还清后向李某志主张亏损共担时，李某志拒绝。刘某为此诉至法院。

【案件焦点】

1. 刘某实际亏损金额是多少；2. 双方应按何种比例分担亏损。

【法院裁判要旨】

湖北省监利市人民法院经审理认为：刘某委托李某志代炒股，双方成立委托理财合同关系，该合同不违反法律、行政法规的强制性规定，应属有效，对双方具有法律约束力。李某志操作刘某名下的信用资金账户炒股期间，共计亏损149671.18元，其应按照合同约定分担损失44901.35元（149671.18元×30%）。现李某志拒不承担亏损的行为构成违约，应当承担违约责任，刘某的诉讼请求应予部分支持。李某志辩称应将前期已结算的盈利83223.77元从后期149671.18元的亏损中扣除后再次计算盈亏总额，以及其应承担亏损比例为20%，没有事实及法律依据，不予采纳。

湖北省监利市人民法院依照《中华人民共和国民法典》第五百零九条、第五百七十七条和《中华人民共和国民事诉讼法》第六十四条、第一百四十二条之规定，判决如下：

一、李某志于本判决生效后十日内支付原告刘某44901.35元及利息（以44901.35元为基数，自2021年8月11日起按照全国银行间同业拆借中心公布的一年期贷款市场报价利率计算至清偿之日止）；

二、驳回刘某的其他诉讼请求。

判决后，双方当事人均未上诉，本判决现已生效。

【法官后语】

随着社会经济形势的发展，市场主体日益增加，股票、基金等金融产品丰富多样，人民物质条件越来越好，理财观念日益盛行。由于股票市场的专业性，部分市场主体为了避免风险，选择将自己的资金账户名称、密码等交付他人进行投资管理，委托理财应运而生。

委托理财是指委托人将其资金、证券等资产委托给受托人，由受托人将该资产投资于期货、证券等交易市场或通过其他金融形式进行管理，所得收益按照双方约定进行分配或者受托人收取代理费的经济活动。

法院在审理民间委托理财案件过程中，首先应依法审查合同的效力，再以合同效力为基础，对双方的权利义务进行判定。主要围绕以下几个方面审查：

1. 审查委托人、受托人的主体资格

一般而言，依法具有独立民事主体资格的自然人、法人等均可作为委托人签订民间委托理财合同；受托人为自然人的情况下，一般受托理财无须经过特许审批，若为金融行业从业人员时则需审查有无违反从业禁止性规定。

2. 委托理财合同中保底条款的认定及处理

保底条款是指无论委托理财盈利或者亏损，委托人均收回部分或全部投资本金甚至或许收益的条款，其实质是对委托人本应自负的风险再分配。根据《中华人民共和国民法典》第六条、第一百五十三条规定，一般认定委托理财合同中的保底条款因违反公平原则和公序良俗而无效。保底条款无效，不一定合同无效。根据《中华人民共和国民法典》第一百五十六条规定，民事法律行为部分无效，不影响其他部分效力的，其他部分仍然有效。合同是否有效，主要看保底条款是否属于委托理财合同的目的条款和核心条款。

3. 委托理财合同中的责任承担

包括委托资产的亏损计算与处理及收益计算与处理，本案中，主要是委托资产亏损的范围和计算，委托资产的收益计算与处理不展开说明。首先委托资产的亏损范围应以实际亏损为限，不包括可得利益的损失。其次委托资产实际亏损的计算方式为：委托资产亏损=（委托人实际交付的委托资产+金融资产当日市值）-（控制权实际转回委托人的委托资产+金融性资产当日市值）。

委托资产亏损的处理有两种方法，一是合同有效时，从其约定，受托人违约的应承担违约责任；二是合同无效时，审查双方对合同无效时的过错及双方对委托资产的过错。

本案中，刘某与李某志对委托资产亏损的承担有约定，且不违反法律规定，委托理财合同有效，李某志应按照约定承担一定比例的亏损金额。

股市有风险，入市需谨慎，委托他人理财时，应当充分评估受托人理财的资质及能力，理性判断，时刻关注自己账户的资金变动情况，一旦发现受托人不专业理财行为，应及时与受托人沟通了解情况，并果断采取措施达到止损目的。

编写人：湖北省监利市人民法院　刘珊

十八、物业服务合同纠纷

39

不定期物业服务合同可随时解除但需提前60日书面通知对方

——物业服务公司诉H业主委员会物业服务合同案

【案件基本信息】

1. 裁判书字号

湖北省襄阳市中级人民法院（2021）鄂06民终5330号民事判决书

2. 案由：物业服务合同纠纷

3. 当事人

原告（反诉被告、被上诉人）：物业服务公司

被告（反诉原告、上诉人）：H业主委员会

【基本案情】

物业服务公司系某房地产公司开发的H小区的前期物业服务企业，与该房地产公司签订了《前期物业服务合同》。后该房地产公司因无力清偿到期债务，向襄阳市中级人民法院申请重整，襄阳市中级人民法院于2017年8月28日以（2017）鄂06破申6号民事裁定书受理重整申请。该房地产公司管理人于2017年10月30日通知物业服务公司继续履行上述《前期物业服务合同》。该合同期限于2018年8月30日届满后，小区业主未对物业服务公司进行续聘，也未

另聘物业公司，物业服务公司继续为该小区提供物业服务。2016年，小区成立业主大会选举了H业主委员会。2021年1月30日，小区完成了H业主委员会换届选举，选举了李某为新一届业委会主任，并报社区居委会、街道办、区住房和城乡建设局备案。2021年4月8日，H业主委员会发布召开业主大会公告，主要内容为征求广大业主意见后已于2021年4月7日召开业委会会议，定于2021年4月24日召开业主大会会议，决定选聘物业服务公司及签订物业合同等事项，并向社区进行了报告，后H业主委员会于同日将表决结果向社区进行了报告，并于26日将包含“95.24%授权业委会公开选聘其他物业公司”结果在内的表决结果形成决议。2021年4月30日，H业主委员会向物业服务公司发出告知函，告知内容为H业主委员会将公开选聘物业服务企业。2021年5月11日，H业主委员会向物业服务公司发出《解除物业服务的通知》，要求物业服务公司在接到本通知60日内做好物业交接准备。当日，H业主委员会向物业服务公司发布《暂缓交纳物业服务费的通知》并张贴于小区，通知各位业主在中标公司结果未出来之前，暂缓交纳物业服务费。2021年5月18日，H业主委员会发布招聘物业服务企业公告。2021年7月5日，H业主委员会向物业服务公司发出通知要求其做好交接及退场工作。2021年7月13日，H业主委员会与中标的L物业公司签订了《H小区物业服务合同》。双方因此发生矛盾，导致诉讼。H业主委员会提出反诉请求：判决物业服务公司将H小区的物业服务业务交接给L物业公司，并退出小区。

【案件焦点】

1. H业主委员会选聘新物业服务人的行为是否违法；2. H业主委员会2021年5月11日发布《暂缓交纳物业服务费的通知》的行为是否违法；3. H业主委员会主任李某拖欠物业费是否影响业主大会决定效力。

【法院裁判要旨】

湖北省襄阳市樊城区人民法院经审理认为：本案中的《前期物业服务合同》期限到2018年8月30日届满，物业服务期限届满后，业主没有依法作出续聘或者另行聘请物业服务人的决定，物业服务公司继续提供物业服务，原物业服务合同继续有效，但是服务期限为不定期。H 业主委员会可以随时解除不定期物业服务合同。但是应当提前 60 日书面通知物业服务公司。H 业主委员会于 2021 年 4 月 26 日形成决议公开选聘物业公司，并在该小区张贴，其实质是要解除与物业服务公司之间的物业服务合同，2021 年 5 月 11 日向物业服务公司发出《暂缓交纳物业服务费的通知》，要求物业服务公司在接到本通知 60 日内做好物业交接准备。故 H 业主委员会重新选聘物业服务人的决定明显与上述法律规定不符，程序上存在瑕疵。李某拖欠物业服务费、车位物业服务费，故其当选 H 业主委员会主任与 H 小区《业主大会议事规则》第三十条第五项规定不符，综上所述，H 业主委员会主任作出的重新选聘物业服务人的决定及《暂缓交纳物业服务费的通知》因程序违法，不具有法律效力。

湖北省襄阳市樊城区人民法院根据《中华人民共和国民法典》第二百七十八条第一款第四项、第九百四十八条，《物业管理条例》第十一条的规定，判决如下：

一、被告 H 业主委员会选聘新物业服务人的行为违法，不具有法律效力；

二、被告 H 业主委员会于 2021 年 5 月 11 日发布的《暂缓交纳物业服务费的通知》违法，不具有法律效力；

三、原告物业服务公司与某房地产公司于 2015 年 11 月 6 日签订的《前期物业服务合同》继续有效；

四、驳回反诉原告 H 业主委员会的反诉请求。

H 业主委员会不服一审判决，提起上诉。

湖北省襄阳市中级人民法院经审理认为：业主委员会系业主大会的执行机构，由业主大会依法选举而产生，履行业主大会赋予的职责，执行业主大会的决定，接受业主的监督。《中华人民共和国民法典》第二百七十八条第一款第四项、《物业管理条例》第十一条第四项、《业主大会和业主委员会指导规则》第十七条第五项均规定，选聘和解聘物业服务企业，应由业主共同决定。2021 年 4 月 24 日，H 业主大会授权 H 业主委员会选聘物业服务公司，H 业主委员会通过公开招标的方式拟选聘 L 物业公司作为新物业服务人后，在未就选聘该公司为新物业服务人及物业服务合同草稿内容等事项召开业主大会进行表决的情况下，即于 2021 年 7 月 13 日与该公司签订了物业服务合同，违反了上述规定。

物业服务公司系 H 小区前期物业服务人，其与小区建设方签订的前期物业服务合同约定的服务期在 2018 年 8 月 30 日届满后，H 小区业主没有依法作出续聘或者另行聘请物业服务人的决定，物业服务公司继续为小区业主提供物业服务，根据《中华人民共和国民法典》第九百四十八条之规定，原物业服务合同继续有效，物业服务公司与小区业主之间系不定期物业服务合同关系，小区业主可随时解除不定期物业服务合同，但应提前 60 日书面通知物业服务公司。但其在通知期限未届满，且 H 小区业主未依法作出另行聘请物业服务人的决定，并由新物业服务人接管小区物业服务的情况下，即在小区张贴《暂缓交纳物业服务费的通知》，违反了上述法律规定。

至于 H 业主委员会主任李某拖欠物业费是否影响业主大会决定效力的问题，由于业主大会的决定是根据符合法定人数的业主本人的意愿作出的，在无法律明确规定的情况下，不能因 H 业主委员会主任李某拖欠物业费而否定业主大会决定的法律效力。

湖北省襄阳市中级人民法院依照《中华人民共和国民事诉讼法》第一百七十条第一款第一项之规定，判决如下：

驳回上诉，维持原判。

【法官后语】

《中华人民共和国民法典》第九百四十八条规定："物业服务期限届满后，业主没有依法作出续聘或者另聘物业服务人的决定，物业服务人继续提供物业服务的，原物业服务合同继续有效，但是服务期限为不定期。当事人可以随时解除不定期物业服务合同，但是应当提前六十日书面通知对方。"对于物业公司的续聘，是业主和物业服务人基于合同的履行情况来决定在合同期限届满前是否要启动一个新的合同关系的行为。在业主依法共同作出续聘决定的情况下，业主应当与物业服务人在合同期限届满前续订物业服务合同。物业服务合同约定的服务期限届满后，如果当事人没有订立新的物业服务合同或者通过约定延长原物业服务合同的服务期限，该物业服务合同终止。但是，问题在于——物业服务合同终止后，在没有后续物业公司入驻的情况下，前物业公司的撤离必然导致小区基本生活秩序的失控。为了避免上述这一情况，《中华人民共和国民法典》第九百四十八条规定了不定期物业服务合同——如果业主没有依法作出续聘或者另聘物业服务人的决定，那么小区的物业将处于无人管理的状态，将影响到全体业主的正常生活，损害全体业主的共同利益，此时物业服务人基于诚信原则，从保护全体业主共同利益的角度出发，继续为业主提供物业服务的，原物业服务合同继续有效，只是服务期限变为不定期。

需要注意的是，不定期物业服务合同并不是业主和物业服务人之间订立了新的合同，而是原物业服务合同的延续。虽然这种规定在一定程度上干预了当事人的自由意思，但其中存在法律对秩序、效益等价值的考量，属于法定的特殊安排。对不定期物业服务合同当事人的随时解除权，必须按照法律规定的方式行使，即提前60日书面通知对方。当事人书面通知对方，即为行使解除权的行为，但该行为在60日期限届满后方发生效力。

本案以2021年1月1日实施的《中华人民共和国民法典》中规定的有关不定期物业服务合同、业主大会共同决定事项的相关条款为依据，将业委会在通知期限不足60日，并且小区业主大会未依法作出另行聘请物业服务人的决定，并由新物业服务人接管小区物业服务的情况下，所作出的选聘新物业服务人、暂缓交纳物业服务费的通知等行为，确认违法和不具有法律效力，正确地应用了《中华人民共和国民法典》的新规定。同时，本案中二审法院认为尽管业主委员会主任李某拖欠物业费，但通过对业主大会决议的性质和效力的分析，认为依法形成的业主大会的决定反映了业主的意愿，其法律效力不受业主委员会主任拖欠物业费这一瑕疵的影响。此裁判结果对业主利益进行保护，提供了有益的借鉴。

部分老旧小区，存在居住人口多、基础设施不完善、房屋产权不清晰等问题，但同时也是百姓赖以生存的最基本空间，直接关联着市民生活，关系到群众的切身利益。现在城市大量老旧小区在进行改造，提升硬件环境的同时，也需引导他们按照法律程序成立业主委员会，选聘和解聘物业服务企业。我们希望通过本案的审理，能够指引街道、社区在破产企业改制小区、老旧小区改造时，通过法定程序，选聘市场化服务企业、成立公益性物业服务实体、引入社会资本管理等方式，引导居民因地制宜选择物业服务模式，推动建立物业管理长效机制，将矛盾纠纷化解在居民社区。

编写人：湖北省襄阳市樊城区人民法院　周艳

40

物业公司应对业主安装自有车位充电桩给予必要配合与协助，无权对安装充电桩是否造成安全隐患进行主观认定

——邢某立诉物业服务公司物业服务合同案

【案件基本信息】

1. 裁判书字号

天津市第三中级人民法院（2021）津03民终8287号民事判决书

2. 案由：物业服务合同纠纷

3. 当事人

原告（被上诉人）：邢某立

被告（上诉人）：物业服务公司

【基本案情】

原告邢某立系案涉车位所在小区房屋产权人。2014年8月29日，置业公司与原告签订《地下停车位使用权转让协议》，将其房地产项目地下停车场4

号库171车位使用权转让给原告，期限为20年，自2014年9月1日至2034年8月31日，协议期满后自动无偿续转。原告之子邢某所有新能源电动小轿车。所在街道办事处与被告物业服务公司《小区托管协议》，将案涉小区委托被告进行物业管理服务，期限自2019年11月20日起至业主大会选举新物业入住终止。

2021年7月1日，原告向被告交付物业费3771元，同年7月13日，原告将安装充电桩申请证明交与被告，被告以安装走明线存在安全隐患，由产权单位出具书面同意安装证明及征求相邻车位业主同意等为由，不给原告出具同意安装自用充电桩证明。审理中，原告请求被告为原告出具案涉车位使用权及同意安装自用充电桩的证明，即在证明上盖章，并配合原告完成安装充电桩。

【案件焦点】

对于原告提出的在自有车位上安装充电桩的申请，被告是否应该出具同意证明，是否具有配合与协助安装的义务。

【法院裁判要旨】

天津市滨海新区人民法院经审理认为：《国务院办公厅关于加快电动汽车充电基础设施建设的指导意见》提出坚持以纯电驱动为新能源汽车发展的主要战略取向，将充电基础设施建设放在更加重要位置，促进电动汽车产业发展和电力消费，方便群众生活，更好惠及民生。对有固定停车位的用户，优先在停车位配建充电设施。《关于加快居民区电动汽车充电基础设施建设的通知》第六条要求，在居民区充电基础设施安装过程中，物业服务企业应配合业主或其委托的建设单位，及时提供相关图纸资料，积极配合并协助现场勘查、施工。该通知附件《居民区电动汽车充电基础设施建设管理示范文本》明确自用充电基础设施，指购买和使用电动汽车的个人，在其拥有所有权或使用权的专用固定停车位上建设的充电桩及接入上级电源的相关设施。第三条规定，居民区充电基础设施建设管理流程应包括：准备材料、用电申请、现场勘察、建设施工、接电确认、运营维护等阶段。第四条第三项规定，在接到用户自用桩安装申请之后，物业应在5个工作日内予以办理，若不同意需书面说明具体理由。原告与被告存在物业服务合同关系，原告向被告提出安装充电桩申请，符合上述要求，被告不予出具同意证明的抗辩理由，未有佐证及依据，本院不予采纳。原告有固定车位长期使用权，且家庭已有新能源电车，被告同意原告安装是原告安装充电桩的前提条件，被告作为物业服务企业，不仅原则上应予同意，还应在安装及使用中提供必要配合与协助。关于被告提出的走明线存在安全隐患，是在用电、施工可行性勘察、建设施工等阶段涉及和消除解决。上述指导意见的第四点（第二十一条）、通知的第九条，明确了安全管理要求和要求加强居民区充电设施安全管理，有关各方应严格执行，及时排查消除安全隐患。另示范文本第四条第四项规定，在安装前，被告可与原告、电动汽车企业及安装公司签订安装承诺书，明确各自责任义务。关于被告提出的该小区消防问题，应积极推进解决。

天津市滨海新区人民法院依照《中华人民共和国民法典》第九条、第二百七十二条、第五百零九条第二款之规定，判决如下：

一、被告物业服务公司于本判决生效之日起五日内，向原告邢某立出具同意在车位安装自用充电桩的证明；

二、在充电桩安装过程中，被告给予必要配合与协助。

物业服务公司不服一审判决，提出上诉。

天津市第三中级人民法院同意一审法院裁判意见，判决如下：

驳回上诉，维持原判。

【法官后语】

国家目前大力推动新能源汽车的发展，零排放的新能源汽车对节能减排、环境保护具有积极的推动作用。在新能源汽车的推广布局中，不仅要关注新能源汽车的开发问题，也要重点关注新能源汽车的使用问题。充电桩进小区难是当前一大热门民生问题，新能源汽车的使用需要配备充电桩进行充电，小区住户在自有车位安装充电桩的诉求日渐高涨，急需物业公司同意安装事宜并提供必要帮助，然而物业公司常以安装充电桩存在安全隐患或无协助义务等理由进行推脱，对此应判断用户是否有权申请安装自用充电桩并厘清物业公司是否具有配合、协助义务。安装充电桩能有效发挥新能源汽车的使用价值，只有妥善解决现实中的续能难题，才能实现理想中的节能减排目标。

1. 充电桩安装的相关法律法规梳理

安装充电桩是新能源汽车实现使用目的不可或缺的设备，《居民区电动汽车充电基础设施建设管理示范文本》明确了用户作为拥有车位使用权的承租人，有权在其使用车位上申请安装自用充电桩，用户的安装申请是合情合法合规的。

《关于加快居民区电动汽车充电基础设施建设的通知》第六条规定："发挥物业服务企业积极作用。在居民区充电基础设施安装过程中，物业服务企业应配合业主或其委托的建设单位，及时提供相关图纸资料，积极配合并协助现场勘查、施工……"用户向区供电分局申请安装充电桩，电力局工作人员实地勘察确认小区电容量符合安装条件后，一般只要物业管理公司签署项目施工意见书、安装同意书后便可安装，物业公司作为小区服务的提供方，应当积极配合用户，为其安装充电桩提供必要帮助。

《电动汽车充电基础设施发展指南》第八条明确了物业区域内建设管理充电基础设施的流程，并将相关内容纳入物业服务合同。将物业公司具有业主申请安装充电桩的协助义务解释为物业服务合同的内容之一，符合《中华人民共和国民法典》第九条绿色原则的合同解释规则，对于为推广新能源汽车应用，做好配套设施建设，延伸司法职能，具有一定的前瞻性和较为典型的意义。

2. 物业公司有协助义务，不得以有安全隐患为由拒绝出具证明

案涉车位安装充电桩所涉及的消防安全、用电条件等问题属于对安装充电桩的施工条件及施工方案进行的具体性、实质性审查内容，不应由物业公司进行主观认定，而应由相关职能部门依据工作规则、技术规范等进行审查和判断。物业公司不得以充电桩可能存在安全隐患为由，消极对待充电桩的合法安装需求，也不得以只能在已统一安装充电桩的地方购买车位进行充电为由拒绝用户在自有产权车位的充电桩安装申请，物业公司应当依法依规积极作为，做好充

电桩的管理及维护工作。同时在小区日常维护中加强对安全风险点的巡查检查，及时采取措施排除安全隐患，有效防止意外产生，共同营造安全有序的居住环境。

就本案而言，原告是案涉车位的产权人，对其建筑物专有部分享有占有、使用、收益、处分的权利，原告已购买并使用新能源汽车，而充电桩又是新能源汽车实现使用目的不可或缺的设备，原告向小区物业公司申请在案涉车位内安装充电桩，符合车位正常使用功能，是业主正常行驶合法权利的行为，不应受到限制或禁止，物业公司应向原告出具同意安装自用充电桩的证明，并在今后的安装过程中给予必要配合与协助。对于申请车位所涉及的用电条件、消防等问题是否符合安装条件，是否存在安全隐患问题，应当由供电公司等相关部门依据现场勘查情况进行判断，被告物业公司不得以可能存在安全隐患为由拒绝原告的申请。

新能源汽车的普及将会引发更多业主安装充电桩的需求，是《中华人民共和国民法典》中绿色原则的现实体现，应予以鼓励。各方主体要明晰在充电桩安装过程中的自身义务，积极承担社会责任。其中物业公司应对业主安装自有车位充电桩给予必要配合与协助，不得对安装充电桩是否造成安全隐患进行主观认定。推动配套设施的建设，才能让新能源汽车的发展、应用更加顺利，从而不断增强人民群众的获得感、幸福感、安全感，助力国家绿色发展目标的实现。

编写人：天津市河东区人民法院　熊琳睿

十九、中介合同纠纷

41

委托人利用中介人提供的交易机会和看房服务，绕开中介人直接订立合同的，应当向中介人支付报酬

——置业顾问公司诉胡某中介合同案

【案件基本信息】

1. 裁判书字号

江西省吉安市中级人民法院（2021）赣08民终1144号民事判决书

2. 案由：中介合同纠纷

3. 当事人

原告（被上诉人）：置业顾问公司

被告（上诉人）：胡某

【基本案情】

胡某委托置业顾问公司购房。2020年7月2日，置业顾问带胡某看房。看房前，置业顾问要求胡某在其“服务确认书（客户）”上签名，胡某对签名提出质疑，置业顾问表示签名只是履行公司的规章制度做个登记，没有其他的意思，胡某遂在该服务确认书甲方落款处签名。服务确认书载明：甲方委托乙方提供带看预售或租赁房屋居间服务，鉴于甲方在乙方已提供先期服务基础上，

已大致了解意向房屋之地理位置、户型等基本信息，甲方同意并保证本人及关联人在看房之后六个月内不与所看的出售方私下或通过其他中介机构完成房屋买卖或租赁，反之视为居间成功，甲方应向乙方支付其成交价的1.5%作为佣金。甲方承诺以下房源信息乃首次从乙方获取，如果成交，甲方按标准向乙方在三方另行订立的房屋买卖合同中约定和支付佣金。如果违反以上约定，则须向乙方按相关房屋销售总价的3%支付违约金等。看房后，置业顾问应胡某要求与业主商谈房价并约案涉房产原业主卢某面谈，面谈时原告建议双方67万元成交，但卢某最后报价68万元而胡某报价65万元致双方未能达成一致。2020年7月24日，胡某再次询问原告该套房如果出价66万元房东会不会卖，原告表示不会。之后，胡某自行联系卢某，通过微信与之商谈房价并于2020年8月3日达成一致以67万元成交。双方在微信聊天记录中表示可以不找中介自行成交，另联络别家中介机构以5000元的中介费委托代办购房手续，并与卢某在该中介处签订“房屋居间买卖合同”后完成买卖该房的所有手续。2020年9月1日，原告得知该房已售出，遂询问胡某，胡某承认系为省中介费而自行联络房东成交，双方因此产生争执。另，胡某系房产公司售楼部的置业顾问，平时亦会与房产中介打交道。因原告向胡某的中介费报价为房屋售价的1.5%，双方商谈房屋售价过程中曾就中介费是否能够打折与原告协商，但未能协商一致。

【案件焦点】

胡某应否向置业顾问公司支付中介报酬。

【法院裁判要旨】

江西省吉安市吉州区人民法院经审理认为：胡某为购房委托原告为其寻找房源，并接受其看房服务，看房后又委托其商谈房价，双方成立中介合同关系。胡某为节省中介费，在接受原告提供的房源信息、看房、商谈房价等服务后绕开中介达成交易，有违诚信，属违约行为，应当依法支付中介报酬9750元。关于中介报酬的计算方式，胡某虽辩解其在服务确认书上签字只是应中介要求所签且当时中介表示签字仅是按照公司规章制度做的一个登记，但结合胡某要求中介费半价和其委托另一家收费（5000元）系原告收费的一半的中介机构的有关陈述及胡某的职业性质可知，胡某对于本地中介行业大部分按成交价的1.5%收取中介报酬的市场价格知晓。胡某之后委托的中介机构虽只收取5000元中介费，亦是考虑了胡某已确定好房源并谈好价格等因素，胡某关于不支付中介报酬的辩解不成立。原告已经向胡某提供了有房和谈价等服务，并且通过原告提供的服务使买卖双方的价格意向逐步靠近，且胡某在绕开原告后与业主谈拢的价格67万元并未超出原告约其面谈时给出的建议，胡某认为原告未为其谈到满意的价格并促成双方交易的辩解不成立。因本案实际上并未由原告促成买卖双方签订三方居间买卖合同，且双方在签订服务确认书时均未确认要以该服务确认书上的条款作为双方中介合同的条约，故胡某无须支付违约金。

综上，江西省安吉市吉州区人民法院依照《中华人民共和国民法典》第五百零九条、第五百一十一条第二项、第九百六十一条、第九百六十五条和《最高人民法院关于适用〈中华人民共和国民法典〉时间效力的若干规定》第三条之规定，判决如下：

一、被告胡某于判决生效后七日内支付原告置业顾问公司中介报酬9750元；

二、驳回原告置业顾问公司的其他诉讼请求。

胡某不服，提起上诉。

江西省吉安市中级人民法院同意一审法院裁判意见，判决如下：

驳回上诉，维持原判。

【法官后语】

诚信是民法基本原则和社会主义核心价值观内容，被视为民法的帝王条款和最高行为准则。《中华人民共和国民法典》第三编第二十六章取代居间合同的提法，专门对中介合同进行规定。第九百六十五条更是直接对“跳单”的不诚信行为赋予负面法律评价，要求跳单者向中介人支付中介报酬，体现诚信原则在市场交易行为中的统领地位。

1. 诚信原则在中介合同中适用的法律沿革

《中华人民共和国民法典》生效后，正式将中介合同确立为典型合同之一，亦首次对委托人“跳单”行为进行规制。所谓“跳单”又称“跳中介”，即在中介人提供居间服务后，委托人为逃避支付中介费用而甩开中介人私下与相对人缔约。《中华人民共和国民法典》第九百六十五条首次将“跳单”行为上升到了法律层面，给“跳单”这种投机取巧、逃避中介费的不诚信行为一个否定性的评价，不仅保障了中介人的权益，而且对违背契约精神的行为进行了严格规制。

2. 胡某接受看房服务并在确认书上签字即告中介合同成立

《中华人民共和国民法典》并未规定中介合同的采用形式，委托人与中介人之间的书面合同、口头约定或者委托人接受中介人提供居间服务的实际行动均是订立中介合同的形式。除订立合同形式不受限外，中介合同的成立还应当满足双方当事人意思表示真实、内容符合法律规定的条件。本案中，委托人和中介人虽未签订书面中介合同，但从委托人接受中介人带看房居间服务并在服务确认书上签字的事实看，双方达成中介合同合意，实际形成了中介合同关系。依法成立的合同，受法律保护，中介合同成立并生效，委托人和中介人均需全面适当履行各自合同义务。

3. 认定委托人是否构成“跳单”的主客观方面

认定委托人是否构成“跳单”应从主、客观两个方面分析。主观方面，委托人应存在逃避支付（不付或少付）中介报酬的恶意。客观方面，委托人客观上利用了相关中介人所提供的交易机会或媒介服务且最终成功缔约。在举证责任分配上，对于委托人是否具有主观恶意并不需要直接证明，只需证明委托人利用了中介人提供的交易机会或媒介服务，且该机会或服务与主合同订立之间具有相当因果关系，即可推定委托人主观上具有逃避支付中介报酬的恶意。对于客观方面，中介人举证证明成功缔约的事实存在即完成相应举证责任。

4. 认定“跳单”时间意义上的前提条件已达成

“委托人在接受中介人的服务后”是认定委托人构成“跳单”并支付中介

报酬在时间意义上的前提条件。这个时间意义上的前提条件使中介人的中介服务与委托人利用中介人提供的交易机会或媒介服务之间产生一定的紧密联系。中介人通过提供中介服务的形式先行履行中介合同的义务，委托人在利用中介人提供的服务和交易机会后，应当给付相应对价。二者存在履行义务的时间差，即中介人先履行义务，委托人后履行义务。在先履行方已完成己方义务时，另一方应当及时履行，即支付相应中介报酬。

综上，在直接缔约情形下，委托人为了不付中介报酬而“跳单”，违背市场交易规律和诚实信用原则，应当承担由此带来的不利后果。

编写人：江西省吉安市中级人民法院　王婷

42

委托人利用中介人交易机会或媒介服务的认定

——房产经纪公司诉张某红等中介合同案

【案件基本信息】

1. 裁判书字号

江苏省苏州市吴江区人民法院（2021）苏0509民初6929号民事判决书

2. 案由：中介合同纠纷

3. 当事人

原告：房产经纪公司

被告：张某红、张某刚、刘某

【基本案情】

刘某为购买房屋，于2019年8月2日联系到房产经纪公司为其寻找合适房源，房产经纪公司先后向刘某推荐了多套房屋。2020年11月10日，房产经纪公司向刘某推荐了位于苏州市吴江区某小区的一套房屋并约定于11月14日上午看房。2020年11月14日上午，在房产经纪公司工作人员带领下，刘某前往现场看了张某刚位于该小区的房屋。2020年11月14日下午，该房屋出卖人张某红、张某刚以及买受人刘某等人在房产经纪公司的门店协商房屋买卖事宜。当日下午，房产经纪公司提供了一份《存量房买卖居间合同》，载明房屋的位置、成交价格150.8万元、购房款支付、交房等事项。合同第五条载明，任何一方违约导致合同无法履行的应支付房屋成交价1%的手续费。合同第六条载明，由刘某支付中介服务费22000元。该合同有张某红签字、房产经纪公司的盖章，刘某并未在合同上签字。2020年11月14日晚间，刘某通过另一中介机构与张某刚、张某红签订了房屋买卖合同，房屋成交价150.5万元。并完成了过户登记手续。庭审中，刘某陈述向另一中介机构支付了中介费15500元；张某刚陈述其中介费为24000元。2020年11月15日上午，房产经纪公司工作人员王某梅与刘某的聊天记录中刘某陈述“我哥后来看房子后，让他在苏州认识的中介朋友过来谈，谈了一晚上，给我省了1万元”。

房产经纪公司以张某红、张某刚、刘某私下交易损害公司合法权益为由，要求三人支付中介服务费及手续费。

【案件焦点】

刘某的行为能否认定为利用中介公司的交易机会或媒介服务。

【法院裁判要旨】

江苏省苏州市吴江区人民法院经审理认为：中介合同是中介人向委托人报告订立合同的机会或者提供订立合同的媒介服务，委托人支付报酬的合同。中介人促成合同成立的，委托人应当按照约定支付报酬。刘某自2019年8月2日起联系到房产经纪公司，由房产经纪公司向其提供房源信息，双方之间由此成立了中介合同关系。2020年11月10日，房产经纪公司向刘某提供了房源信息，并于14日上午带刘某查看房屋现状，14日下午组织买卖双方见面协商、谈判，努力促进双方签订房屋买卖合同。房产经纪公司作为中介服务人，其主要义务是报告订立合同机会、努力促成双方达成交易，对于房屋价款等关键合同内容仍应由买卖双方根据自己意愿进行协商，中介服务机构在此过程中仅起到介绍、协助作用，并不起主导、决定作用。刘某在从房产经纪公司获取房源、房屋现状、出卖人等重要信息的基础上，通过其他中介机构与出卖人签订房屋买卖合同，应认定其利用了房产经纪公司提供的交易机会或者媒介服务，刘某仍应当向房产经纪公司支付报酬。关于报酬金额，房产经纪公司向刘某提供了交易机会或者媒介服务，完成了合同主要义务，但后续网签、过户登记等手续房产经纪公司并未参与，本院根据房产经纪公司提供的中介服务完成度，确定由刘某承担80%的中介服务费17600元。因张某红、张某刚并非中介合同中的委托人，与房产经纪公司之间不存在中介合同关系，房产经纪公司要求其共同支付中介费，缺乏依据，本院不予支持。房产经纪公司主张的手续费，系基于合同约定的买卖任何一方的违约行为导致房屋买卖合同无法继续履行，本案中不存在该情形，且房产经纪公司已获得了中介服务费，不应得到重复利益，故房产经纪公司的该项诉讼请求，本院不予支持。

综上，江苏省苏州市吴江区人民法院依照《最高人民法院关于适用〈中华人民共和国民法典〉时间效力的若干规定》第三条，《中华人民共和国民法典》第九百六十五条，《中华人民共和国民事诉讼法》第一百四十四条、第一百六十二条之规定，判决如下：

一、被告刘某支付原告房产经纪公司中介服务费17600元；

二、驳回原告房产经纪公司的其他诉讼请求。

判决后，双方当事人均未上诉，本判决现已生效。

【法官后语】

《中华人民共和国民法典》第九百六十五条规定，委托人在接受中介人的服务后，利用中介人提供的交易机会或者媒介服务，绕开中介人直接订立合同的，应当向中介人支付报酬。民法典新增条文明确禁止“跳单”行为，所谓“跳单”又称“跳中介”，一般发生在二手房买卖中，具体是指房产中介已经按照协议履行了提供房源信息、带看房屋、促使买卖双方见面洽谈等促进交易的媒介义务，但买卖一方或双方为了规避或减少支付中介费的义务，绕开该房产中介签订房屋买卖合同的行为。《中华人民共和国民法典》施行前，司法实践中主要依据合同法及诚实信用原则对“跳单”行为进行裁判。也正是基于此，民法典积极回应实践需求，将违背契约精神的“跳单”行为上升到法律层面进行严格规制。

1.“跳单”行为的构成要件

（1）委托人接受了中介人的服务。中介人与委托人订立的中介合同生效后，中介人履行了向委托人报告订约机会或者提供媒介服务的义务，委托人接受了中介人提供的服务，这是中介人获取报酬的权利来源，也是认定“跳单”行为的前提基础。提供交易机会是指，中介人为委托人寻找和收集交易对方、交易标的、交易条件等信息，并将相关情况报告委托人的活动。提供媒介服务是指，中介人为促成委托人与第三方达成交易，在双方之间组织开展的周旋、磋商、谈判等活动。如果中介人在签订中介合同后，尚未向委托人提供交易机会，或者提供的交易机会不具有确定性，不能视为符合该前提要件。例如，房产中介告知委托人在某小区有待售房源，但是未告知委托人具体楼号和房号，后委托人通过其他途径获悉该小区内具体房源信息并完成交易，这种情况下不能认定委托人接受了中介人的服务。

（2）委托人利用了中介人提供的信息机会或媒介服务。中介人向委托人提供服务后，委托人是否利用了中介人提供的这一服务是判断是否构成“跳单”行为的关键。实践中，委托人为了增加交易机会，往往委托多个中介人。例如，二手房买卖中，卖方为了提高售价或尽快出售，通过多家中介公司挂牌出售同一套房屋，买方可以通过不同的中介公司获取该套房屋信息。如何认定买受人利用中介机构提供的交易机会或媒介服务，区分买受人的“跳单”行为和“货比三家”的自由选择行为是司法实践中的难点。在案件审理中可以考虑房源信息不对称的特点，审查出售方是否独家委托及委托条件，哪方中介先行提供房源信息、带看房屋，不同中介人分别提供了哪些服务，佣金支付主体及标准来判断委托人与相对人最终达成交易系接受了哪个中介人的服务。如买方并未利用中介人提供的信息、机会等条件，而是通过其他公众可以获知的正当途径获得同一房源信息，则买方有权选择报价更合适、服务更好的中介人促成房屋买卖合同，而不构成“跳单”违约。

(3) 委托人绕开中介人签订合同。绕开中介机构主要分为“放弃中介人”和“另择中介人”，具体有几种表现形式，一是委托人直接与合同相对方订立合同；二是委托人发现其他中介人的中介费更低，继而通过其他中介同人与合同相对方订立合同；三是委托人通过亲朋好友等利害关系人与合同相对方订立合同。只要委托人利用了中介人提供的交易机会或者媒介服务，就构成“跳单”，是否存在其他中介人并不是关键因素。一般而言，只要委托人实际接受了中介人的中介服务，又与第三人订立了合同，就可以推定该合同之成立与中介人提供的服务有因果关系。对此，中介人只需举证证明，委托人在接受其提供的居间服务后一定期间内，脱离其服务而获取缔约利益的基本事实，即可推定两者之间的因果关系成立。如果委托人认为其没有利用中介人的交易机会或者媒介服务，而是通过其他中介人提供的服务使合同得以成立的，应当承担举证责任。

2. “跳单”后的报酬支付

(1) 报酬的性质。根据《中华人民共和国民法典》第九百六十五条的规定，委托人构成“跳单”行为的，应当向中介人支付报酬。对于报酬的性质，一种观点认为属于委托人应承担的违约责任。另一种观点认为该报酬属于合同的对价，委托人支付报酬是附条件的，当事人为自己的利益不正当地阻止条件成就的视为条件已成就，委托人应当支付报酬。笔者认为，附条件的民事法律行为，当事人阻止的是合同效力的成就，而“跳单”行为并未阻止合同生效，故将该规定中的报酬定性为违约责任更加妥当。

(2) 报酬金额的确定。中介合同通常约定以成交金额为基数、中介人按一定比例收取报酬，中介人享有的报酬请求权是基于履行提供信息、带看房屋、协助确定价格、协助办理贷款过户等一系列合同义务而产生的。实践中，可以根据中介人提供服务的程度，参照中介合同约定的费用，基于违约责任的补偿性及惩罚性确定报酬金额。

关于中介人未提供服务的劳务成本应否扣减。委托人的“跳单”行为客观上使中介人的劳务付出减少，如房产中介不再需要为买卖双方办理房产过户手续，由此节省的劳务成本是否应当扣减。这部分劳务是中介人因委托人的过错无法付出，而不是中介人因自身的原因不愿付出。同时，这部分劳务成本很难计算且很可能在报酬中的占比并不大。所以，从发挥制度导向作用和简化司法操作两个方面考虑，还是明确这部分劳务成本不予扣减为宜。

本案中，买方在接受了中介服务机构的一系列服务后，为了逃避或节省中介费，利用中介服务机构提供的信息，绕开该中介服务机构自行交易，则有违诚实信用原则。法院依法判令过河拆桥的失信者承担责任，向社会传达了守约敬约的价值导向。本案适用了《中华人民共和国民法典》第九百六十五条，是对该新增条款的生动诠释，也有利于规范房地产交易市场的稳定和有序。

编写人：江苏省苏州市吴江区人民法院　邱清颖

二十、典当纠纷

43

以赃物典当，典当行能否对当物构成善意取得

——某典当行望京分公司诉姜某典当案

【案件基本信息】

1. 裁判书字号

北京市朝阳区人民法院（2019）京0105民初55812号民事判决书

2. 案由：典当纠纷

3. 当事人

原告：某典当行望京分公司

被告：姜某

【基本案情】

某典当行望京分公司于2019年2月分别向当户姜某开具当票3张，当物为一件爱马仕背包、一件爱马仕提包、一件梵克雅宝手表，并对综合费用、月费率、月利率进行了约定。后某典当行望京分公司分别向姜某的账户支付了当金，姜某确认收到上述款项，并填写了当物来源声明，声明当物分别原购于香港、日本、瑞士。

2019年2月25日，北京市公安局朝阳分局因案外人刘某纯被入室盗窃案

扣押了涉案当物，扣押清单载明：爱马仕牌黄色包1件、爱马仕牌米白色包1件、梵克雅宝牌手表1件。某典当行望京分公司提交了监控录像证明案外人刘某纯与姜某一同前往咨询如何办理典当业务，当时刘某纯没有说话，均是姜某询问，某典当行望京分公司将姜某身份证号录入系统时，没有核查到姜某有违法犯罪情况。

北京市朝阳区人民法院于2019年10月25日作出（2019）京0105刑初2309号刑事判决书，查明事实：姜某于2019年1月至2月多次以备用钥匙进入被害人刘某纯的住处内，共窃取刘某纯的女士皮包6个，手表1块。后姜某去典当行典当上述物品，收取某典当行望京分公司典当款7万元。上述被盗物品及钥匙1把已被公安机关扣押，现暂扣于北京市公安局朝阳分局。姜某于2019年2月25日被抓获归案，签署《认罪认罚具结书》。后判决：“一、被告人姜某犯盗窃罪，判处有期徒刑四年，并处罚金人民币四万元。二、暂扣于北京市公安局朝阳分局之包六个、手表一块，均发还被害人刘某纯；钥匙一把，予以没收。三、追缴被告人姜某人民币7万元，发还某典当行望京分公司，追缴被告人姜某人民币1.8万元，发还某典当行望京分公司，追缴被告人姜某人民币12727元，发还典当行。”该判决现已生效。

【案件焦点】

某典当行望京分公司对当物是否享有优先受偿权。

【法院裁判要旨】

北京市朝阳区人民法院经审理认为：按照《典当管理办法》第四十三条的规定，典当行应当按照下列规定处理绝当物品：（1）当物估价金额在3万元以上的，可以按照《中华人民共和国担保法》的有关规定处理，也可以双方事先约定绝当后由典当行委托拍卖行公开拍卖。拍卖收入在扣除拍卖费用及当金本息后，剩余部分应当退还当户，不足部分向当户追索。（2）绝当物估价金额不足3万元的，典当行可以自行变卖或者折价处理，损益自负。但本案中，当物已被公安机关扣押，姜某也因犯盗窃罪被羁押，因此无论当物估价多少，某典当行望京分公司均无法自行处置，也无法要求当户姜某配合处置。

关于某典当行望京分公司主张的对当物享有优先受偿权，根据《中华人民共和国物权法》第二百一十二条的规定，质权自出质人交付质押财产时设立。第二百一十九条第二款规定，债务人不履行到期债务或者发生当事人约定的实现质权的情形，质权人可以与出质人协议以质押财产折价，也可以就拍卖、变卖质押财产所得的价款优先受偿。某典当行望京分公司是否享有优先受偿权的关键在于其是否构成善意取得。根据《中华人民共和国物权法》第一百零六条第一款的规定，善意取得应当具备下列成立条件：1. 标的物须为动产或者不动产；2. 让与人对处分的动产或不动产无处分权；3. 受让人受让财产时须为善意；4. 受让人须支付合理的价格；5. 转让的动产或不动产已经交付或者登记。我国《典当管理办法》第二十七条规定，典当行不得收当赃物和来源不明的物品；第三十五条规定，办理出当与赎当，当户均应当出具本人的有效身份证件。除前款所列证件外，出当时，当户应当如实向典当行提供当物的来源及相关证明材料。本案中，姜某作为一名男性，所持当物均为女性用品，且在短短几个月时间内频繁典当女性奢侈品，某典当行望京分公司办理该业务时，更应当审慎审查当物来源，要求姜某提供当物来源合法的证明材料。但某典当行望京分公司在办理业务时并未对此提出异议，仅要求姜某填写了当物来源声明证明以证明其来源合法。正是由于某典当行望京分公司的审核不严格，导致姜某一再典当女性奢侈用品，而之后刑事判决中确认了当物为姜某盗窃所得也印证了姜某所持当物来源不合法。因此，现有证据不足以证明某典当行望京分公司办理业务时尽到了审核义务，其不能构成善意取得。某典当行望京分公司要求就当物享有优先受偿权缺乏依据无法支持。

综上，北京市朝阳区人民法院依照《中华人民共和国合同法》第六十条、第一百零七条、第二百零六条、第二百零七条，《中华人民共和国物权法》第一百零六条第一款、第二百零八条、第二百一十二条、第二百一十九条、第二百二十一条，《典当管理办法》第二十七条、第三十五条、第三十七条、第三十八条、第四十三条，《中华人民共和国民事诉讼法》第一百四十四条之规定，判决如下：

一、被告姜某于本判决生效之日起十日内向原告某典当行望京分公司支付当期内的综合费用2283元、利息196元；

二、被告姜某于本判决生效之日起十日内向原告某典当行望京分公司支付综合费用、利息、逾期费用（分别以15000元、40000元、15000元为基数，分别自2019年3月24日起、2019年3月1日起、2019年3月4日起，均至实际支付之日止，按年利率24%的标准计算）；

三、驳回原告某典当行望京分公司的其他诉讼请求。

判决后，双方当事人均未上诉，本判决现已生效。

【法官后语】

典当行是需经许可准入的金融主体，其经营应当遵循“依法合规经营、稳健有序发展”的原则。本案的核心在于典当行在其经营过程中，在收当环节是否存在问题，如当物为盗赃物，典当行能否就当物善意取得并优先受偿。

典当行对当物负有严格的核验义务及履行登记手续。涉及当物为赃物时，需要以典当行是否明知、是否存在审核不严问题来区分处理。《典当管理办法》第二十七条规定，典当行不得收当赃物和来源不明的物品。第五十三条规定，对属于赃物或者有赃物嫌疑的当物，公安机关应当依法予以扣押，并依照国家有关规定处理。另外，《中华人民共和国治安管理处罚法》和《中华人民共和国刑法》中亦对明知赃物而未查验并收取的行为规定了相应的处罚措施。从前述规定可见，如典当行明知当物为赃物的，则其典当行为应归于无效并将受到相应的处罚；如典当行对当物为赃物并非明知，则需以典当行收取当物时是否尽到了严格的核验义务，也即收当行为是否善意为标准对行为效力进行判断。仅在典当行能够被认定为善意时，才能对当物享有优先受偿权。

对典当行是否为善意的判断在本案中便有所体现。本案所涉的三件当物经刑事案件审理查明并非当户姜某所有，因此判断某典当行望京分公司能否就当物优先受偿的关键在于某典当行望京分公司就当物是否构成善意取得，而关键在于某典当行望京分公司是否为“善意”。根据《中国银保监会办公厅关于加强典当行监督管理的通知》的规定，收当时典当行应核对当户身份及当物情况。其中就当物的核对包括查验当物、查看当物来源的证明材料、要求当户对当物的来源作出说明等环节。本案中，某典当行望京分公司就当物的核对上仅要求姜某填写了当物来源声明证明，就姜某作为男性为何持有女性奢侈品、姜某能否提供当物的来源证明等均未进行核对，亦未要求姜某对当物的来源作出说明，可见某典当行望京分公司并未尽到对当物的核对义务，无法构成善意。可见对善意的判断并没有可量化的明确标准，需要综合典当行对其已尽审查义务提交的证据、当物及当户的情况进行综合判断，其中将可能涉及当物有无发票、当物与当户是否关联性较低、当户典当时的言行举止、当户对当物来源情况询问的回答等诸多细节进行判断，这一方面对典当行提出了更高的要求，不仅应当履行严格的收当核验义务，还要注重证据的留存；另一方面，也对司法机关的审查提出了更高的要求，从细节处发现问题、从宏观上综合得出结论。

本案案情清晰，但背后涉及和反映的问题是典当行经营的规范性。典当行的经营过程中，往往存在以下几方面不规范行为：一是对利息、综合费用、逾期费用、罚息及滞纳金的设置种类过多、设置标准过高；二是存在预扣利息的行为；三是就当物的审查上，对动产的来源及凭证缺乏审查、对不动产缺乏实地核查及评估；四是典当行超出经营范围展业，如向单位或个人发放借款、对外提供担保；五是乱用个人账户发放当金、收取利息及综合费等。就本案而言，在当物的审查上缺乏规范性，增加了典当行自身的展业风险，使其无法通过绝当物的处置收回资金，长期以来抵御风险的能力将有所不足。

因此，透过本案典当行经营过程中暴露出的个别问题，从各个层面对典当行业发展提出了更严格的要求：从法院对案件的审理层面，应更加注重实质审查，穿透案件表面审查典当行是否存在使用个人账户额外收取息费、是否从多方面判断当物的适当性等问题；从典当行层面，应当规范展业，合理设置各项息费率，严格当物的审查流程，规范财务账户的使用和管理，提高抵御风险和服务实体经济的能力；从行业监管层面，完善准入机制的同时加大审查力度，提高日常监管水平，对违规典当行亦应加大处罚力度。

编写人：北京市朝阳区人民法院　吴桐

二十一、合伙合同纠纷

44

出资转化为合伙财产，合伙人主张退还的不予支持，应另行主张分割

——李某进诉粟某稳合伙合同案

【案件基本信息】

1. 裁判书字号

广西壮族自治区南宁市中级人民法院（2021）桂01民终8236号民事判决书

2. 案由：合伙合同纠纷

3. 当事人

原告（上诉人）：李某进

被告（被上诉人）：粟某稳

第三人：李某杉、粟某坚

【基本案情】

2018年12月，李某进、粟某坚、粟某稳三人经营一家家具厂（至2020年3月18日，登记注册为南宁某家具厂，经营者为粟某稳）。李某进提供证据证实在合伙期间其履行出资义务款项1万元，因合伙事务支出款项11600元。粟

某坚提供证据证实其因合伙支出租金、押金30080元，购买设备支出95258元。原告主张其他出资，所提供的证据不足以认定其主张，不予认定。被告粟某稳认可与粟某坚、李某进存在临时合伙。2020年11月21日，粟某稳、粟某坚、李某进，在场人李某杉对工资、退伙等事项进行协商，但未能达成一致。后粟某稳继续经营管理案涉的家具厂，因上述合伙纠纷，李某进、粟某坚分别提起诉讼，主张粟某稳是合伙事项执行人，未将李某进、粟某坚登记为股东，未分红，隐瞒、欺骗投资的盈亏违约，要求返还全部投资款。庭审时，粟某稳、粟某坚、李某进均陈述无会计凭证，总的投资金额、盈亏无法计算清楚。法院于2021年4月2日到家具厂现场查勘，清点厂房内物品包括：封边机、台式钻床设备、成品、木板原材料、搭建铁棚厂房等，对于上述物品是否属于合伙财产存在争议。

【案件焦点】

1. 合伙法律关系是否成立生效；2. 投资款是否应当退回。

【法院裁判要旨】

广西壮族自治区南宁市兴宁区人民法院经审理认为：本案围绕两个焦点开展。关于合伙法律关系是否成立生效。《中华人民共和国民法典》第九百六十七条、第九百六十八条规定："合伙合同是两个以上合伙人为了共同的事业目的，订立的共享利益、共担风险的协议"，"合伙人应当按照约定的出资方式、数额和缴付期限，履行出资义务"。李某进、粟某坚主张与被告存在合伙法律关系，被告粟某稳认可与粟某坚、李某进存在临时合伙，各方合伙意思表示成立。粟某坚、李某进、粟某稳为共同经营家具厂实际出资购买设备，各方已实际开展经营行为，虽未签订合伙协议，但事实上合法有效的合伙法律关系成立，合伙关系因已实质开始经营而生效。

关于是否应返还投资款的问题。《中华人民共和国民法典》第九百六十九条规定："合伙人的出资、因合伙事务依法取得的收益和其他财产，属于合伙财产。合伙合同终止前，合伙人不得请求分割合伙财产。"李某进请求返还全部合伙投资款，合伙人因合伙事务购买设备作为合伙投资的出资，合伙已经进入实质的经营，合伙法律关系成立生效，个人投资款已转化为合伙财产。在合伙财产未经清算的情况下，合伙人要求合伙事务执行人退还投资款，无法律依据。李某进、粟某坚以合伙事务执行人工商登记未将其列入股东、未分红，隐瞒、欺骗投资盈亏为由要求退还出资款，法院不予支持。至于现场查勘的厂房、设备等财产，属于合伙经营过程中投资款转化的合伙财产，合伙人可另行主张解除合伙关系，按投资比例分割合伙财产。

广西壮族自治区南宁市兴宁区人民法院根据《中华人民共和国民法典》第九百六十七条、第九百六十八条，《中华人民共和国民事诉讼法》第六十四条，《最高人民法院关于适用〈中华人民共和国民事诉讼法〉的解释》第九十条之规定，判决如下：

驳回原告李某进的诉讼请求。

李某进不服判决，提起上诉。

广西壮族自治区南宁市中级人民法院经审理认为：同意一审法院裁判意见，并判决如下：

驳回上诉，维持原判。

【法官后语】

个人合伙基于人合性、资合性，往往没有详细的合伙协议，没有规范管理、财务制度，基于口头"信任"产生的合伙，易产生矛盾纠纷，诉求五花八门，如：支付合伙垫付款、退还投资款、支付退伙（股）款、给付利润、支付合伙亏损补偿款、分割财产等。应区分各类主张的属性，如本案出资已转化为合伙财产，则主张返还投资款，不予支持，应另行主张分割合伙财产。对于其他类型主张，也适用该原则，区分是否属于合伙财产性质或债务属性，由合伙人进行分割或者分担。

1. 准确认定合伙法律关系成立生效

合伙法律关系是否成立生效，是判断出资是否转为合伙财产的依据。自然人的合伙，往往没有工商登记，而是借用他人或者某个合伙人的营业执照开展合伙经营，应当以有无合伙意思表示判断合伙关系是否成立，是否存在提供资金、实物支出，是否实质开展经营认定合伙基础法律关系是否生效。本案合伙事项虽以粟某坚名义进行登记经营，但并不能以此否认三人共同合伙的事实，李某进以粟某坚未将其投资股份列入登记，本质是主张以合伙关系未成立生效，要求返还投资款，其主张并无事实依据。

2. 出资转为合伙财产，主张返还投资款，不予支持

《中华人民共和国民法典》第九百六十九条规定："合伙人的出资、因合伙事务依法取得的收益和其他财产，属于合伙财产。合伙合同终止前，合伙人不得请求分割合伙财产。"该规定明确区分了合伙出资与合伙财产。合伙关系成立生效，已实质开展经营，合伙人以现金、购买设备等方式出资，投资款转化为合伙财产，在合伙协议终止前，不能主张分割合伙财产。同理，由于出资已经转化为合伙财产，主张返还投资款，不予支持。而反之，如果合伙出资后，合伙人之间未能达成一致意思表示，合伙协议未成立，或已成立因一方违约未进入实质经营，合伙关系未发生效力，合伙出资未转为合伙财产，合伙人基于合伙协议未成立生效或者终止协议，可主张返还投资款。

3. 查明各类主张的财产或债务属性，按出资比例进行分割或分担

合伙纠纷诉讼主张五花八门，审理此类案件，应以区分各类主张的财产或债务属性为主线，就已查明部分进行分割或由合伙人分担。综合各类诉讼主张，合伙纠纷主要的争议有：(1) 出资（以财产投入、购买设备、现金等为出资形式），转化为原材料、不动产和机械设备等为合伙财产（需清点、固定合伙财产）；(2) 合伙人因合伙事务的临时支出（此类支出不属于出资，不转化为合伙财产），包括合伙人代付职工工资、日常成本、材料购买等；(3) 经营收入（合伙收益属于合伙财产、需清点固定），如合伙人已收回的货款、工程款等；(4) 债权（尚未实现的收入，属于合伙财产）、债务（尚未实际支出的开支，属于应负担债务）。如属于合伙财产性质的部分可以明确的情况，可按出资比例（按民法典固定，无法查清则均分）先行分割。如属于债务支出的主张可以明确，可按出资的比例（无法查清则均分）先行分担债务。至于其他主张的合

伙利润、亏损分担，必要时由各方自行清算或者申请委托专业会计审计清算为确定依据。

编写人：广西壮族自治区南宁市兴宁区人民法院　凌伟东

45

无书面合伙合同情形下合伙关系的认定

——王某宏诉黄某涛合伙合同案

【案件基本信息】

1. 裁判书字号

湖北省武汉市中级人民法院（2021）鄂01民终18089号民事判决书

2. 案由：合伙合同纠纷

3. 当事人

原告（上诉人）：王某宏

被告（被上诉人）：黄某涛

【基本案情】

王某宏和黄某涛系同村老乡，黄某涛在某市场水产区12区1号售卖小龙虾，王某宏于2021年3月在黄某涛处租赁一个档口售卖水产品。2021年5月5日至5月10日，王某宏口头邀约黄某涛一起合伙售卖养殖青蛙，共同投资，共负盈亏，五五分成，由王某宏负责在档口售卖，黄某涛负责在外面寻找货源。其中，2021年5月8日晚，王某宏向黄某涛微信转账23900元用于购买青蛙，2021年5月9日对账单记载：付31050元，收31785元，余735元，人均365元；其中王某宏收款3笔，分别为3752元、3216元、5320元。

另查明，2021年5月8日，黄某涛的记账单上王某宏收款分别为960元、

3840元。王某宏认为双方合伙结束后黄某涛未将核算后的盈利及成本退还给王某宏，于合伙结束后向派出所报警，2021年5月13日，黄某涛在派出所做了笔录，笔录中黄某涛陈述：双方于2021年5月5日开始合伙，共一起售卖养殖青蛙2次，第一次于5月5日左右，进货2380斤，运费4500元，成本58860元，售出44000元，亏损14860元；第二次于2021年5月10日左右，进货1180斤，运费600元，成本31000元，售出31870元，盈利870元。案外人胡某林陈述：自己从2021年3月4日在水产品档口帮王某宏打工，王某宏与黄某涛于2021年5月5日正式开始合伙售卖养殖青蛙事宜，之后自己辞职了。

王某宏向法院起诉请求：1. 判令黄某涛向王某宏支付售卖水产所得价款11979元；2. 本案诉讼费由黄某涛承担。

【案件焦点】

王某宏与黄某涛是否存在两次合伙关系及黄某涛是否应向王某宏支付售卖款。

【法院裁判要旨】

湖北省武汉市洪山区人民法院经审理认为：双方曾经达成口头合伙协议，存在共同出资、共负盈亏的事实，但是王某宏提供的证据不能证实双方的合伙协议开始时间、合伙次数、出资金额及最终的盈亏，双方虽然存在合伙关系，但是因为合伙具体事项不清楚，故无法对最终金额进行结算，因王某宏证据不充分，应自行承担举证不能的法律后果。

湖北省武汉市洪山区人民法院根据《中华人民共和国民事诉讼法》第六十四条及《最高人民法院关于适用〈中华人民共和国民事诉讼法〉的解释》第九十条之规定，判决如下：

驳回原告王某宏的诉讼请求。

王某宏不服一审判决，提出上诉。

湖北省武汉市中级人民法院经审理认为：王某宏与黄某涛虽无书面的合伙合同，但双方均认可并已经实际履行了第二次（5月8日）合伙事务，形成合伙法律关系。黄某涛对此次合伙事实无异议，但认为双方还存在第一次合伙（5月5日），并抗辩第一次合伙存在亏损，因此不应支付第一次合伙的售卖款。首先，黄某涛所称第一次合伙系其全额出资，且在其称合伙亏损之后至本案起诉之前未向王某宏主张分担亏损，不符合合伙的基本特征；其次，黄某涛主张的主要依据系黄某涛和案外人的单方陈述，且从聊天记录看，双方对第一次合伙并未达成一致意思表示。合伙合同没有约定或者约定不明确的，由合伙人协商决定；协商不成的，由合伙人按照实缴出资比例分配、分担；无法确定出资比例的，由合伙人平均分配、分担。本案中，王某宏合伙出资23900元、合伙支出31050元、收入31785元，且王某宏认可其收款12288元，则黄某涛依法应向王某宏支付11979元（23900元+367元-12288元）。

湖北省武汉市中级人民法院依照《中华人民共和国民法典》第九百六十七条、第九百七十二条、第九百七十八条，《中华人民共和国民事诉讼法》第一百七十七条第一款第二项之规定，判决如下：

一、撤销湖北省武汉市洪山区人民法院（2021）鄂0111民初9390号民事判决；

二、黄某涛于本判决生效之日起十日内向王某宏支付11979元。

【法官后语】

《中华人民共和国民法典》第九百六十七条规定，合伙合同是两个以上合伙人为了共同的事业目的，订立的共享利益、共担风险的协议。合伙合同是认定合伙关系的基础，是调整内部合伙关系的依据，是确定合伙人权利义务关系的准则。从便利处理合伙事务、避免纠纷角度出发，合伙合同原则上应采用书面形式订立。然而，在实践中，以本案为典型，较为常见的是合伙各方并无书面的合伙合同，导致出现纠纷后合伙人之间就利润分配、债务分担等问题发生争议。

与原《中华人民共和国民法通则》第三十一条订立书面合伙协议及《中华人民共和国合伙企业法》第四条合伙协议书面要式要求不同，合伙合同作为民法典合同编新增的典型合同，并未附加特殊的形式要求。因此，合伙合同的订立形式，适用《中华人民共和国民法典》合同编通则第四百六十九条及总则编

第一百三十五条之规定，即可以采用书面形式、口头形式或者其他形式。订立书面合伙合同并不是认定民事合伙关系的实质要件，而仅具有程序法上的证明作用。对于口头或其他形式订立的合伙合同，应根据实际情况判断是否存在合伙关系。一般而言，在各方没有书面合伙合同情形下，只要具备共同出资、共同经营、共负盈亏的基本条件，又存在口头或者其他形式合伙约定，即可认定成立合伙合同关系。

本案中，王某宏与黄某涛之间并无书面的合伙合同。对于黄某涛抗辩主张的第一次（5月5日）合伙，由其自己全额出资，且在其称合伙亏损之后至本案起诉之前未向王某宏主张分担亏损，不符合合伙共同出资、共同经营、共负盈亏基本特征，加之其他证据也无法证明其二人存在口头合伙约定，故不应认定双方存在第一次（5月5日）的合伙合同关系。对于第二次（5月8日）合伙，双方均认可并已经实际履行了该次合伙事务，事实上也符合合伙成立的基本条件，故双方存在第二次（5月8日）的合伙合同关系。

关于合伙的利润分配及亏损分担问题。共享利益、共担风险是合伙合同的本质特征，合伙人均享有参与利润分配的权利，也负有承担亏损的义务。《中华人民共和国民法典》第九百七十二条规定贯彻合同自由原则，对于利润分配和亏损分担事项，交由合伙人自由自行约定；没有约定或者约定不明确的，由合伙人协商决定；协商不成的，由合伙人按照实缴出资比例分配、分担；无法确定出资比例的，由合伙人平均分配、分担。本案中，双方对于合伙利润分配及亏损分担事项没有明确约定，法院按照合伙人数平均分配、分担，符合法律的规定，同时也与公平原则相契合。

尽管本案认定合伙关系成立并支持了利益分配、亏损分担事项，但在司法实践中对无书面合伙协议情形下的民事合伙关系之认定仍需慎之又慎，既要保护主张合伙关系成立的当事人的合法权益，又要综合考虑合伙经济体的正常发展。为使合伙人之间能够正确处理合伙内部事务，避免产生不必要的纠纷，合伙人之间应当加强对合伙业务的审慎态度，通过签订书面的合伙协议，对合伙人的合伙份额、利润分配等问题进行明确约定。

编写人：湖北省武汉市洪山区人民法院　李惠

二十二、服务合同纠纷

46

合同解除格式条款的效力认定

——外包公司诉田某惠服务合同案

【案件基本信息】

1. 裁判书字号

四川省成都市中级人民法院（2021）川 01 民终 25223 号民事判决书

2. 案由：服务合同纠纷

3. 当事人

原告（上诉人）：外包公司

被告（被上诉人）：田某惠

【基本案情】

2021 年 4 月 29 日，外包公司与田某惠双方签订《房屋抵押贷款融资服务协议书》，约定甲方（田某惠）以自有房产作为抵押物，由乙方（外包公司）为其提供贷款融资服务。合同第三条约定：甲方承诺甲方贷款经银行、金融公司等金融机构或投资方审核通过后，甲方不会以任何理由拒绝或放弃该次贷款。若因甲方违背上述承诺导致抵押登记无法完成或融资未能成功，则属甲方原因所致，视为甲方单方违约。合同第八条约定，本协议一经签订，甲方不得单方面终止本协议。甲方单方面终止本协议或单方面违约的，甲方已支付的诚意定金不予退还，且乙方有权要求甲方按照本协议中贷款抵押物评估金额的2%或者本协议第一条约定之计划融资金额的2%向乙方支付违约赔偿金，贷款抵押物评估金额以乙方或与乙方融资有关的银行、金融公司等金融机构或投资方指定的资产评估机构的评估报告为准。合同签订当日，田某惠向外包公司支付诚意定金500元。2021年4月29日，田某惠在某银行产业开发区支行申请融资金额为120万元的贷款产品经该银行审批通过，但该笔申请记录已作废（申请金额有误）。2021年5月14日，田某惠再次在某银行产业开发区支行申请融资金额为184万元的贷款产品，审批通过时间为2021年5月20日，审批金额为160万元，签订正式贷款合同日期为2021年5月25日。2021年5月14日，田某惠通过微信向与其办理业务的外包公司的客户经理邓某联系，告知其："小邓，我还是不贷这笔款了。等我的房子下来再说。"2021年5月27日，田某惠联系客户经理称："小邓，我的500元多久退呢？"客户经理回复："把你的收款码发给我。我只能把你的收款码发给财务，他给你退。"外包公司认为田某惠在银行审批通过其贷款申请后放弃该贷款的行为违约，故起诉至法院，请求法院判令田某惠支付违约赔偿金3万元。

【案件焦点】

田某惠单方解除《房屋抵押贷款融资服务协议书》行为是否构成违约。

【法院裁判要旨】

四川省龙泉驿区人民法院经审理认为：外包公司与田某惠签订的《房屋抵押贷款融资服务协议书》系双方的真实意思表示，其内容不违反法律、行政法规强制性规定，合法有效，当事人应按合同的约定全面履行义务。案涉《房屋抵押贷款融资服务协议书》并未约定合同解除的情形，但根据《中华人民共和国民法典》第五百六十二条第一款"当事人协商一致，可以解除合同"的规定，结合双方在庭审中均认可案涉合同已于2021年5月14日解除，对案涉合同已经双方协商解除的事实予以认定。结合查明的事实及双方约定，2021年4

月29日，外包公司协助田某惠向某银行提交申请资料的第一笔贷款已经审批通过，但田某惠后并未与金融机构签订贷款合同，放弃本次贷款，根据双方的合同约定，其行为确已构成违约。根据《中华人民共和国民法典》第五百六十六条第一款的规定，合同解除后，已经履行的，根据履行情况和合同性质，当事人可以请求恢复原状或者采取其他补救措施，并有权请求赔偿损失。本案中，双方于2021年5月14日协商解除合同，但外包公司确已完成了向银行等金融机构提交材料等环节的工作且经审批通过，外包公司有权主张田某惠赔偿损失。违约金兼顾惩罚与填补损失的功能，双方在《房屋抵押贷款融资服务协议书》中约定的违约金过高，结合本案中田某惠的过错程度及外包公司的损失，考虑市场的实际情况，外包公司的成本支出等因素，酌情认定田某惠应当向外包公司支付1000元，扣除其已支付的500元，田某惠应再行向外包公司支付500元。

四川省龙泉驿区人民法院依照《中华人民共和国民法典》第一百四十二条、第五百零二条、第五百六十六条，《中华人民共和国民事诉讼法》第六十七条、第一百四十五条之规定，判决如下：

一、田某惠于本判决生效后十日内向外包公司支付500元；

二、驳回外包公司的其余诉讼请求。

外包公司不服一审判决，提出上诉。

四川省成都市中级人民法院经审理认为：《房屋抵押贷款融资服务协议书》第八条约定了“本协议一经签订，甲方（田某惠）不得单方面终止本协议”，但并未约定可解除合同的条件，根据《中华人民共和国民法典》第四百九十六条、第四百九十七条、第四百九十八条有关格式条款之规定，该协议第八条的约定将使田某惠在即使贷款目的不能在一定期限内实现的情况下，也将长期束缚于该协议的约定，这明显不合理地排除了田某惠对于合同解除情形的协商约定的权利，属于限制签订对方主要权利的格式条款，应当无效。根据审理查明的事实及外包公司在一审中的陈述可知，从《房屋抵押贷款融资服务协议书》签订到田某惠提出解除合同的三个月期间内，田某惠曾多次催促、询问外包公司业务人员贷款进度，田某惠在外包公司联系多家银行均未贷款成功，以及虽然最后一家银行承诺贷款，在因额度不够并未放款的情况下，出于急需用款的需求，提出解除《房屋抵押贷款融资服务协议书》并不违反法律规定，故田某惠提出解除协议的行为不构成违约。外包公司的上诉理由不能成立，不应予以支持。考虑到外包公司确已履行了向银行提交资料、评估房产价值等义务，田某惠应当支付对价，考虑市场的实际情况、外包公司的成本支出等因素，故原审法院酌情认定田某惠向外包公司支付1000元的服务费，并无不当。

四川省成都市中级人民法院依照《中华人民共和国民事诉讼法》第一百七十七条第一款第一项之规定，判决如下：

驳回上诉，维持原判。

【法官后语】

在金融业、保险业等行业的合同中存在大量的格式条款。格式条款在提高交易效率等方面起到了重要作用，但提供格式条款的一方通常处于优势地位，通常会在关于合同解除的格式条款中限制合同相对方的合同解除权。在这一类被限制了合同解除权的格式合同中，解除合同一方是否需要因解除合同而承担违约责任，合同解除格式条款的效力认定是关键。

对合同解除格式条款的效力认定，首先应对格式条款进行正确识别，判断争议合同条款是否构成格式条款，其次才是对格式条款的效力判断。对争议合同条款的性质进行认定，关键在于两点：一是“不可协商性”；二是“预先拟定”。“不可协商性”是指合同相对人对于格式条款只能选择整体接受或者整体拒绝，而不能对该条款进行变更，这表明提供合同一方地位较为强势，合同版本由对方提供且采用印刷的方式呈现。“预先拟定”是指提供合同一方事先拟定合同条款，并且拟定之时并未征求对方当事人的意见。在司法实践中，不少诉讼主体认为合同争议条款权利义务稍有失衡就以格式条款抗辩，主张该条款无效，但实际上在合同订立的过程中，合同相对方如果有充分的机会与权利和提供合同方就合同中的条款进行磋商与修改，这就不符合格式条款“不可协商性”的特征，类似的合同条款不应构成格式条款。因此，法官应当严格按照格式条款的两个特征对争议合同条款的性质进行严格的认定，如果仅因一方当事人主张了关于格式条款的请求，就已然认定该合同条款为格式条款，不对格式条款进行实质上的审查，就会把另一方当事人置于不公平的地位。

根据《中华人民共和国民法典》第四百九十七条之规定，格式条款的效力判断关键在于如何界定合同主要权利。对于合同主要权利的界定，需要根据合同的性质来确定。对合同目的实现有明显阻碍的，可以认定为排除主要权利或不合理地限制主要权利。实践当中应当根据格式条款约定的内容来具体判定对双方权利义务的影响程度，进而判定该条款的效力。

就本案而言，外包公司与田某惠订立的《房屋抵押贷款融资服务协议书》第八条约定了“本协议一经签订，甲方（田某惠）不得单方面终止本协议”，该预先拟定的条款并未与甲方（田某惠）协商，应认定为格式条款。该格式条款并未约定可解除合同的条件，在关于合同解除的条款中限制了甲方（田某惠）的合同解除权，该约定将使田某惠在即使贷款目的不能在一定期限内实现的情况下，也将长期束缚于该协议的约定，这明显不合理地排除了田某惠对于合同解除情形的协商约定的权利，属于限制签订对方主要权利的格式条款，应当无效，故田某惠提出解除协议的行为不构成违约。外包公司认为田某惠在银行审批通过其贷款申请后放弃该贷款的行为违约，请求法院判令田某惠承担违约责任，不应得到支持。

编写人：四川省成都市龙泉驿区人民法院　李娜

47

医疗机构对在本机构内接受封闭治疗的精神病人负有临时监护义务及管理职责

——黄某展诉某医院、蔡某贤服务合同案

【案件基本信息】

1. 裁判书字号

福建省厦门市中级人民法院（2021）闽02民终7477号民事判决书

2. 案由：服务合同纠纷

3. 当事人

原告（被上诉人）：黄某展

被告（上诉人）：某医院

被告（被上诉人）：蔡某贤

【基本案情】

黄某展因患有“未分化精神分裂症”，系多重二级（精神、肢体）残疾，于2020年3月13日由派出所送往某医院接受“非自愿住院治疗”。蔡某贤因“重度精神发育迟滞”，系多重二级（智力二级、精神二级）残疾，由法定监护人送往某医院住院治疗。2020年6月23日，黄某展在被告某医院精神科餐厅活动时，被蔡某贤推倒致伤。黄某展受伤后在某医院骨科医院住院治疗30天，共花费医疗费50103.45元。2020年7月24日，某医院为黄某展办理出院手续。之后，黄某展及其看护人员仍滞留在某医院骨科病房，直至2020年11月8日才离院回家。经鉴定，黄某展于2020年6月23日受伤，致右股骨颈骨折，经治疗与恢复，其右髋人工关节置换术后现状构成九级伤残。事件发生后，黄某

展的家人因某医院未予赔偿黄某展受伤的损失，多次投诉。公安部门经调查核实黄某展入住某医院治疗时被同在某医院就诊同病房的蔡某贤推倒，导致黄某展股骨头严重骨折问题，通过与某医院的工作人员沟通了解，蔡某贤是重度精神发育迟滞患者，只有5岁至7岁儿童的智商，缺乏与他人沟通的能力，平时除了吃饭，其他生活方面均无法自理；民警现场也通过调取监控视频了解，该事件发生时，病房内的人员都是在某医院精神科接受救治的病人，现场未见某医院工作人员，某医院存在失职，管教不到位的情况，黄某展与蔡某贤均主张某医院对精神病人采取封闭式的集中管理，家属不能到医院陪护，仅能探视。某医院确认对精神病人采取集中管理的方式，平时允许家属探视。为此，原告黄某展提出诉讼请求：1. 判令某医院赔偿黄某展医疗费、住院伙食补助费、营养费、护理费、误工费、交通费、残疾赔偿金、精神损害赔偿金、鉴定费、矫形器费用、后续治疗费等共计472325.45元；2. 判令某医院承担本案诉讼费用。

【案件焦点】

某医院应否对黄某展受伤的损害后果承担赔偿责任。

【法院裁判要旨】

福建省厦门市翔安区人民法院经审理认为：黄某展与蔡某贤均系在某医院治疗精神疾病的患者，均与某医院存在医疗服务合同关系。黄某展患有“未分化精神分裂症”，系多重二级（精神、肢体）残疾，蔡某贤患有“重度精神发育迟滞”，系多重二级（智力二级、精神二级）残疾，二人均属限制行为能力人。某医院对于到医院接受治疗的精神病人实行封闭性的集中管理，黄某展与蔡某贤在某医院住院治疗期间脱离法定监护人的监护，某医院在该二人住院期间基于与该二人的法定监护人之间的医疗服务合同对该二人负有临时监护责任。黄某展、蔡某贤在住院期间，某医院除给予恰当的治疗外，还应当严格履行对该二人的监护职责，同时还负有法律上的安全保障义务。因某医院对住院治疗的精神病患者采取未分类集中管理方式，致黄某展在住院治疗期间被蔡某贤推倒受伤，某医院存在监管失职的过错，应对黄某展因本案事件造成的损失承担违约赔偿责任。蔡某贤在某医院住院治疗期间的管理监护责任由某医院负责，某医院以蔡某贤的法定监护人怠于履行监护职责为由抗辩黄某展因本案事件造成的损失应由蔡某贤的法定监护人承担赔偿责任，依据不足，本院不予采信。

综上，本院依法认定某医院在对精神病人的诊疗过程中存在管理失职的过错，应对黄某展因本案事件造成的医疗费、住院伙食补助费、营养费、护理费、交通费、残疾赔偿金、矫形器费用、后续治疗费、精神损害抚慰金等各项损失合计395475.5元，黄某展诉求损失超过部分，本院不予支持。

福建省厦门市翔安区人民法院依照《中华人民共和国民法典》第五百零九条、第五百七十七条、第五八十四条、第九百九十条、第九百九十六条、第一千一百七十九条、第一千一百八十九条，《中华人民共和国民事诉讼法》第六十四条第一款之规定，判决如下：

一、某医院应于本判决发生法律效力之日起七日内，赔偿黄某展经济损失395475.5元；

二、驳回黄某展的其他诉讼请求。

某医院不服一审判决，提起上诉。

福建省厦门市中级人民法院经审理认为：当事人应当按照约定全面履行自己的义务。当事人应当遵循诚实信用原则，根据合同的性质、目的和交易习惯履行通知、协助、保密等义务。本案中，某医院接收患有“未分化精神分裂症”的黄某展住院治疗，双方成立医疗服务合同关系。某医院应根据收治精神病患者人员数量、患者情况合理安排相应的人员、措施等进行管理，落实安全防范措施。各方当事人确认，某医院对精神病人采取集中管理的方式，家属不能前往探视。根据查明事实，黄某展在接受住院治疗期间，被同在某医院住院治疗的精神病患者蔡某贤推倒致伤。公安部门称，经调查核实蔡某贤是重度精神发育迟滞患者，只有5岁至7岁儿童的智商，缺乏与他人沟通的能力，平时除了吃饭，其他生活方面均无法自理。民警现场通过调取监控视频了解，该事件发生时，病房内的人员都是在某医院精神科接受救治的病人，现场未见某医院工作人员，某医院存在失职，管教不到位的情况，医院也表示愿意承担本次事情的部分责任。综合在案证据及查明事实，可以认定某医院在履行医疗服务合同过程中确有不当，且与黄某展被推倒受伤具有法律上的因果关系。黄某展主张某医院承担相应的违约责任具有事实与法律依据，一审法院支持其相应诉求并无不当。蔡某贤患有"重度精神发育迟滞"且同在某医院住院治疗，某医院主张蔡某贤承担赔偿责任理据不足，对其上诉理由不予采纳。一审法院对某医院应赔偿黄某展的损失数额已作必要说理，并无不当，本院不再赘述并予以维持。

福建省厦门市中级人民法院依照《中华人民共和国民事诉讼法》第一百七十条第一款第一项之规定，判决如下：

驳回上诉，维持原判。

【法官后语】

本案的争议焦点是某医院应否对原告受伤的损害后果承担赔偿责任？我们从以下两个方面分析：

1. 医院对精神病人是否存在监护职责

监护是指对无民事行为能力人和限制民事行为能力人的人身、财产及其他合法权益进行监督、管理、保护，弥补其民事行为能力不足的民事制度。关于监护的性质，在学术上有不同的认识，主要观点有权利说、义务说和职责说。从《中华人民共和国民法典》第三十四条和第三十五条的规定来看，监护人的职责包括保护被监护人的人身和财产权利、代理监护人实施民事法律行为、按照最有利于被监护人的原则履行监护职责、不得借监护谋取个人利益；同时，监护人依法履行监护职责产生的权利，受法律保护。因此，我国现行立法对监护的性质更倾向于职责说，监护人既享有职权又承担责任，体现了权利义务的统一，有利于监护制度补足行为能力欠缺、保护被监护人合法权益、维护社会秩序稳定功能的发挥。

《中华人民共和国民法典》第一千一百八十九条对委托监护侵权责任作了规定："无民事行为能力人、限制民事行为能力人造成他人损害，监护人将监护职责委托给他人的，监护人应当承担侵权责任；受托人有过错的，承担相应的责任。”委托监护是监护人难以履行监护职责的产物，其实质是一种以监护人和受托监护人为主体，以监护职责的代为行使为主要内容的委托合同。患者的家属与医院签订医疗服务合同，建立医疗服务合同关系，精神病人住院期间，医院的封闭式管理家人无法陪护，法定监护人无法履行职责，医院基于签订的合同负有临时监护职责。

2. 受托监护人过错的认定

委托监护产生的根本原因在于监护障碍的出现，受托监护人因代为履行监护职责而在一定程度上获得了对被监护人行为的控制能力，承担了对被监护人的监督义务。从医院的功能与职责来看，其可承担和应承担的委托监护职责仅限于治疗、看护患者等部分职责，其他监护职责仍由监护人承担。受托监护人应为其疏于履行监护责任的消极行为造成损害后果的发生承担过错请求责任，受托监护人所承担的责任，性质上属于自己责任、过错责任，是与受托人的过错及原因力相适应的按份责任。

实践中，对受托监护人的过错，应以疏于履行监督义务为标准，根据个案的情况，综合受害人的人身财产权益、被监护人的自身特点（年龄、性格、过往表现）、健康自由发展空间、受托监护人的履行成本等因素予以判断。同时，在考虑受托人的责任时，还应依据委托合同的有偿和无偿等因素，决定受托人的责任范围。

本案中，黄某展、蔡某贤在住院期间，某医院除给予恰当的治疗外，还应当严格履行对该二人的监护职责，同时还负有法律上的安全保障义务。某医院因其从事的医疗活动具有较高的专业性和技术性，理应对患者负有特殊的注意义务，并有着与其他非精神病医疗单位不尽相同的专门职责，但其对住院治疗的精神病患者采取未分类集中管理方式，致黄某展在住院治疗期间被蔡某贤推倒受伤，某医院存在监管失职的过错，由此认定医院的行为存有过错。

综上所述，精神病人在医疗服务机构接受封闭治疗期间受到伤害的，医疗服务机构基于与精神病人家属订立的医疗服务合同，对精神病人负有临时监护的义务，应对受害人的损害后果承担监护不力及管理失职的损害赔偿责任。本案中，黄某展与蔡某贤均系在某医院治疗精神疾病的患者，均与某医院存在医疗服务合同关系。二人均属限制民事行为能力人。某医院对于到医院接受治疗的精神病人实行封闭性的集中管理，黄某展与蔡某贤在某医院住院治疗期间脱离法定监护人的监护，某医院在该二人住院期间基于与该二人的法定监护人之间的医疗服务合同对该二人负有临时监护责任。因某医院对住院治疗的精神病患者采取未分类集中管理方式，致黄某展在住院治疗期间被蔡某贤推倒受伤，某医院存在监管失职的过错，应对黄某展因本案事件造成的损失承担违约赔偿责任。

编写人：福建省厦门市翔安区人民法院　蔡玉桂

48

违约之诉中的精神损害赔偿问题

——苏某汉诉宠物用品店合同案

【案件基本信息】

1. 裁判书字号

福建省厦门市海沧区人民法院（2021）闽0205民初2739号民事判决书

2. 案由：合同纠纷

3. 当事人

原告：苏某汉

被告：宠物用品店

【基本案情】

2020年11月22日11时许，苏某汉带宠物猫至宠物用品店接受宠物洗澡服务，并向宠物用品店支付了服务费用 70 元。当日下午，苏某汉至宠物用品店领取宠物猫时，发现宠物猫已经在猫笼中死亡。此后，双方对赔偿问题协商未果，苏某汉便诉至法院。

另查，第一，苏某汉提供了购物记录以及微信朋友圈信息，拟证明其为饲养案涉宠物猫支出 3095.39 元以及宠物猫死亡给其造成精神痛苦。第二，苏某汉庭审时陈述宠物用品店曾提出赔偿一只猫或者赔偿 500 元的调解方案，但其不同意该调解方案。

【案件焦点】

违约之诉中消费者请求精神损害赔偿的适用问题，即《中华人民共和国民法典》施行后本案能否适用《中华人民共和国民法典》第九百九十六条之规定的问题。

【法院裁判要旨】

福建省厦门市海沧区人民法院经审理认为：本案系消费者携带宠物到宠物店接受洗澡服务，但宠物在宠物店离奇死亡引发的合同纠纷案件，苏某汉携带宠物猫至宠物用品店接受洗澡服务并支付服务费用，可以认定双方之间存在合同关系。宠物用品店作为专门从事宠物服务的机构，在提供服务过程中导致宠物猫死亡，应当依法承担相应的法律责任。关于损失的认定，苏某汉主张其购买宠物猫花费 200 元、照顾费用 3095.39 元及精神损失 2000 元，对此，本院认为，首先，苏某汉主张的购买费用，确系因宠物猫死亡导致的直接经济损失，予以支持；其次，苏某汉饲养宠物猫期间必然支出一定费用，同样地，其也从中享受了相应的乐趣和欢乐，其将饲养的成本作为损失，没有依据；最后，宠物猫作为苏某汉饲养多年的宠物，显然不同于一般的财产，苏某汉在饲养过程中会投入一定的时间和精力，与宠物猫之间形成了较为亲密的关系，并寄托了特别的情感，因此，宠物猫死亡所导致的损失也不应简单等同于购买的费用，还应考虑到苏某汉因此所致的精神损失因素。根据《中华人民共和国民法典》第九百九十六条“因当事人一方的违约行为，损害对方人格权并造成严重精神损害，受损害方选择请求其承担违约责任的，不影响受损害方请求精神损害赔偿”之规定，本院结合苏某汉饲养宠物猫的时间及购买成本等实际情况，酌情认定宠物用品店向苏某汉赔偿损失1200元。

福建省厦门市海沧区人民法院依照《中华人民共和国民法典》第五百零九条第一款、第五百七十七条、第九百九十六条，《中华人民共和国民事诉讼法》第六十四条第一款、第一百四十四条，《最高人民法院关于适用〈中华人民共和国民法典〉时间效力的若干规定》第二条之规定，判决如下：

一、宠物用品店于本判决生效之日起十日内向苏某汉支付1200元；

二、驳回苏某汉的其他诉讼请求。

判决后，双方当事人均未上诉，本判决现已生效。

【法官后语】

随着生活水平的提高，越来越多的人饲养宠物并与之建立起深厚的感情，提供宠物寄养、宠物美容、宠物医疗等各种宠物服务的宠物店也应运而生，因宠物服务引发法律纠纷的案件也层出不穷。本案系因宠物在接受宠物服务过程中离奇死亡而引发的纠纷、消费者因此诉至法院请求精神损害赔偿的案件。

本案的主要争议焦点在于违约之诉中消费者请求精神损害赔偿的适用问题，即是否满足《中华人民共和国民法典》第九百九十六条规定的适用条件：

其一，本案系宠物离奇死亡给消费者造成严重精神损害，所损害的法益非传统意义上的人格权。

《中华人民共和国民法典》第九百九十六条规定：“因当事人一方的违约行为，损害对方人格权并造成严重精神损害，受损害方选择请求其承担违约责任的，不影响受损害方请求精神损害赔偿。”《最高人民法院关于确定民事侵权精神损害赔偿责任若干问题的解释》第一条规定：“因人身权益或者具有人身意义的特定物受到侵害，自然人或者其近亲属向人民法院提起诉讼请求精神损害赔偿的，人民法院应当依法予以受理。”

上述规定相较于《中华人民共和国民法典》实施之前，人格权的保护对象范围得到了扩大，由之前的“具有人格象征意义的特定纪念物品”调整为“人身权益”和“具有人身意义的特定物”。本案中，宠物猫作为苏某汉饲养多年的宠物，显然不同于一般的财产，苏某汉在饲养过程中会投入一定的时间和精力，与宠物猫之间形成了较为亲密的关系，并寄托了特别的情感，符合《最高人民法院关于确定民事侵权精神损害赔偿责任若干问题的解释》中“具有人身意义的特定物”，因此可认定宠物店的违约行为，损害对方人格权并造成严重精神损害。

其二，在消费者要求宠物店承担违约责任的同时对其精神损害予以赔偿问题，即在责任竞合情形下的违约精神损害赔偿责任规则的法律适用问题。

《中华人民共和国民法典》第九百九十六条突破了违约责任与精神损害赔偿不能并行的一般原则，依据该条规定，在出现责任竞合的情形下，通过违约责任补救精神损害，以达到合同如同已经被履行的状态，实际上属于违约行为承担精神损害赔偿的特殊情形，属于精神损害赔偿的例外情形。但适用违约精神损害赔偿应满足以下要件：一是主要适用于侵害人格权的情形，涉及人身权利或以精神利益满足为主要目的的合同，因违约行为侵害对方人格权的，造成对方的损失通常为难以通过市场价值准确衡量的非金钱损失，适用财产损害赔偿难以对人格权受损害方进行救济，采用精神损害赔偿方式进行救济具有合理性。二是以违约责任与侵权责任竞合为前提，在不存在责任竞合的情形下，即便非违约方遭受了严重的精神损害，其也无权在违约责任中主张精神损害赔偿责任。三是违约行为给对方造成了严重精神损害，使之在较长一段时间内精神痛苦或者心理情绪不愉悦。

本案中，苏某汉与宠物店之间存在合同关系，宠物店在提供服务过程中导致宠物猫死亡，应当依法承担相应的法律责任。宠物猫作为苏某汉饲养多年的宠物，显然不同于一般的财产，苏某汉在饲养过程中会投入一定的时间和精力，与宠物猫之间形成了较为亲密的关系，并寄托了特别的情感，因此，宠物猫死亡所导致的损失也不应简单等同于购买的费用，还应考虑到苏某汉因此所致的精神损失因素。综上，法院结合苏某汉饲养宠物猫的时间及购买成本等实际情况，酌情认定宠物用品店向苏某汉赔偿损失1200元。

编写人：福建省厦门市海沧区人民法院　叶炎乾　王欣

49

未选择是否保价情形下快递丢失是否适用保价规则

——何某诉快递公司快递服务合同案

【案件基本信息】

1. 裁判书字号

北京市昌平区人民法院（2021）京0114民初18458号民事判决书

2. 案由：快递服务合同纠纷

3. 当事人

原告：何某

被告：快递公司

【基本案情】

2021年5月8日，何某通过网购平台购买电子管耳放电子管前级设备一台并支付货款15000元。因退货问题，2021年5月17日，何某通过手机下单的方式将该设备交由快递公司运输至卖家指定的收货地址，未选择保价。后该运单在快递公司收件后无后续物流信息。何某经与快递公司工作人员联系，工作人员答复该运单件丢失。后何某向国家邮政局申诉网站申诉，快递公司答复称："经核实，快件于5月17日北京寄往贵阳，托寄物：日用品，6.5千克，共51元，未保价（自助下单，已提示，可自行选择），快件我司取件业务员包装揽收，上传信息后物流中断，经核实此件因我司业务员操作失误贴错单导致物品遗失。"

庭审过程中，快递公司提交《公证书》一份，显示在微信的公司小程序中，在寄件下单首页的"保价"一栏有"未保价物品最高赔7倍运费，建议保价”字样，但“保价”一栏并非必填项目，可以自主选择是否填写。快递公司另提交《快件运单契约条款》一份，其中第4.3条载明：“未保价快件在运输环节发生灭失、破损、短少的，公司在7倍运费的限额内向您赔偿托寄物的实际损失，双方另有约定的除外。如您认为该赔偿标准不足以弥补您的损失，应根据托寄物的实际价值进行保价。如您未保价，视为托寄物价值不超过1000元。”

【案件焦点】

快递在未选择是否保价的情形下丢失，快递公司是否应当按照保价规则承担赔偿责任。

【法院裁判要旨】

北京市昌平区人民法院经审理认为：根据《快递暂行条例》第二十七条第一款之规定，快件延误、丢失、损毁或者内件短少的，对保价的快件，应当按照经营快递业务的企业与寄件人约定的保价规则确定赔偿责任；对未保价的快件，依照民事法律的有关规定确定赔偿责任。本案中，何某在投寄涉案快件时并未保价，因此应当依照民事法律的有关规定确定赔偿责任。快递公司辩称何某在投寄快件时未选择保价，因此应当按照《快件运单契约条款》的约定在7倍运费的限额内进行赔偿。对此，本院认为，根据《中华人民共和国民法典》第四百九十六条第二款的规定，采用格式条款订立合同的，提供格式条款的一方应当遵循公平原则确定当事人之间的权利和义务，并采取合理的方式提示对方注意免除或者减轻其责任等与对方有重大利害关系的条款，按照对方的要求，对该条款予以说明；提供格式条款的一方未履行提示或者说明义务，致使对方没有注意或者理解与其有重大利害关系的条款的，对方可以主张该条款不成为合同的内容。第四百九十七条第二项规定，提供格式条款一方不合理地免除或者减轻其责任、加重对方责任、限制对方主要权利，该格式条款无效。本案中，《快件运单契约条款》系快递公司提供的格式条款，快递公司应当就其中免除或减轻自身责任的条款向投寄人进行明确的提示和说明。现快递公司虽在寄件下单首页对未保价物品最高赔7倍运费进行说明，但是否保价并非寄件人在下单时的必填项目，寄件人无论是否填写“保价”一栏均不影响下单。若寄件人未选择填写“保价”一栏，则径行认定寄件人不保价，明显排除了寄件人的主要权利，加重了寄件人责任。因此，在寄件人未明确选择“不保价”的情况下，未保价最高赔偿7倍运费的条款对寄件人不发生效力。综上，法院判决：

一、快递公司于本判决生效之日起7日内赔偿何某损失15000元；

二、快递公司于本判决生效之日起7日内退还何某运费51元；

三、驳回何某的其他诉讼请求。

判决后，双方当事人均未上诉，本判决现已生效。

【法官后语】

保价条款在快递服务行业普遍出现，是指寄件人在寄运货物时向快递服务企业声明货物的实际价值，并在运费之外另行交纳相应的保价费用，当货物出现毁损灭失时，在所保价值范围内获得足额赔偿。保价条款属于典型的格式条款。快递服务企业作为提供格式条款的一方通常处于优势地位，其拟定的格式条款通常对自己有利，而对于寄件人却不利。因此，快递服务合同的保价条款在适用时，其效力必然受到法律的限制。关于保价条款的审查，笔者认为存在两个核心要素。

1. 寄件人对是否保价作出了肯定性勾选

在每一份快递服务合同中，保价条款进入合同须依赖于当事人的特别合意——有此合意，保价条款将进入合同；无此合意，则保价条款不能作为快递服务合同的内容约束寄件人。实践中，快递服务企业会同时为寄件人提供是否进行保价的勾选项。寄件人只有在“是”与“否”之间作出了肯定性勾选，才意味着其就是否保价向快递企业发出了要约，快递服务企业确定是否保价后才能视为承诺，整个要约-承诺的过程完成后才能形成双方合意，从而作为快递服务合同的一部分对双方当事人进行约束。而若寄件人未在“是”与“否”之间作出肯定性勾选，不能当然推定寄件人选择“不保价”。此种情形下只能认定双方就保价条款并未形成合意，保价条款未进入双方之间的快递服务合同中。

参照《快递暂行条例》第二十七条第一款之规定，快件延误、丢失、损毁或者内件短少的，对保价的快件，应当按照经营快递业务的企业与寄件人约定的保价规则确定赔偿责任；对未保价的快件，依照民事法律的有关规定确定赔偿责任。因此，在寄件人未对是否保价作出肯定性勾选的情形下，货物若发生毁损灭失，不能当然适用保价条款中的未保价规则进行赔偿，而只能按照民事法律的相关规定确定赔偿责任。

2. 快递服务企业对于免除或减轻自身责任的条款是否依法履行提示义务

根据《中华人民共和国民法典》第四百九十六条第二款之规定，提供格式条款的一方未履行提示或者说明义务，致使对方没有注意或者理解与其有重大利害关系的条款的，对方可以主张该条款不成为合同的内容。因此，如果快递服务企业拟定的保价条款仅仅是印制于快递单据的背面或者不显著的位置，并且快递服务企业的工作人员没有尽到提示和说明的义务，则即使寄件人在运单上签字，也不能认定寄件人与快递服务企业就保价条款内容达成合意。

本案中，快递公司在其小程序寄件下单首页明确写明“未保价物品最高赔7倍运费”，可以认定其采用合理方式尽到了提示和说明义务。但在寄件人下单过程中，是否保价并非寄件人的必填项目，寄件人无论是否填写“保价”一栏均不影响下单。因此，若寄件人未选择填写“保价”一栏，未对是否保价作出肯定性勾选，保价条款不能当然作为双方快递服务合同的内容，从而“未保价物品最高赔7倍运费”的条款对寄件人不发生法律效力。

编写人：北京市昌平区人民法院　傅静

50

无书面合同的预付消费卡纠纷中合同主体的认定

——江某诉管理公司服务合同案

【案件基本信息】

1. 裁判书字号

上海市第一中级人民法院（2021）沪01民终5908号民事判决书

2. 案由：服务合同纠纷

3. 当事人

原告（被上诉人）：江某

被告（上诉人）：管理公司

第三人：设备公司、马某忠

【基本案情】

2017年，江某在某公园内的儿童游乐场办理了游乐场VIP储值卡，支付储值卡押金10元，后充值1000元赠送1000元，充值款项及押金均由设备公司收取。该游乐场自2020年1月关闭后至今未开放，储值卡余额价值994.5元，故江某诉至法院，要求解除与管理公司之间的合同并由管理公司退还储值卡余额及押金。

管理公司系某公园的管理者。设备公司系一人有限责任公司，股东为马某忠。管理公司与设备公司自2016年4月1日起签订多份《场地租赁合同》，约定2018年6月30日到期后为不定期租赁。2019年5月31日，管理公司向设备公司发送《告知函》，要求设备公司对预售卡的违约行为采取整改措施。2020年4月30日，管理公司向设备公司发送《〈场地租赁合同〉解除通知》。

该游乐场内未公示任何公司的营业执照等经营主体信息。游乐场的每个游乐设施前张贴的游客须知中落款均为某游乐场或该游乐场名称，开放营业时工作人员身着带有游乐场标志的工作背心。在购卡充值的售票亭外张贴的游客游乐须知中载明：本游乐场由公园经营管理。游乐场内有若干游乐设施，其中两个大型游乐设施为特种设备，张贴了特种设备使用标志，碰碰车类登记的使用单位为管理公司，架空游览车类登记的使用单位为设备公司。

【案件焦点】

消费者办理预付消费卡时未签订书面合同，经营场所也未公示披露经营者信息的情况下，合同相对方的主体如何认定。

【法院裁判要旨】

上海市浦东新区人民法院经审理认为：经营者应当标明其真实名称和标记，以便于消费者识别建立服务合同的相对方。本案中，管理公司认为其与设备公司之间系租赁关系。即使管理公司作为游乐场场地的出租者，也应当在场所的显著位置设立公示牌，公示场地内经营者的名称、租赁期限等与消费者合法权益相关的事项。然而，在游乐场内，管理公司并未将设备公司的营业执照、租赁情况等向消费者进行公示。整个游乐场仅在架空游览车的特种设备使用标志上出现过设备公司的名称，但该标志较小且张贴位置并不醒目，一般消费者根本不会注意到。

在游乐场经营者信息没有公示披露的情况下，江某作为消费者有充分理由相信合同的相对方为管理公司。游乐场的名称、游客须知的落款、工作人员的服装上均含有相关字样，都易让消费者将游乐场的经营管理者与公园的管理者产生认知上的混淆。在充值售票亭张贴的游客游乐须知中，明确本游乐场由公园经营管理，对此管理公司并未向设备公司提出过异议或在经营时向消费者进行过解释说明，使消费者更加确信管理公司系游乐场的经营者。同时，被告与第三人设备公司约定严禁开展预售卡业务，被告在发现第三人设备公司预售卡后向第三人设备公司发送了要求对该违约行为进行整改的告知函，说明被告明知第三人设备公司对外预售收款，但仍未向消费者披露公示租赁及经营者情况，也未对消费者谨慎充值进行提醒。因此，消费者在充值消费时，无从知晓设备公司的存在，更谈不上知晓设备公司作为经营者并愿与之订立服务合同。因此，江某作为消费者有充分的理由相信与其建立服务合同的相对方是被告。被告应当退还江某储值卡金额994.5元及储值卡押金10元。被告承担责任后，其与第三人设备公司、马某忠之间的关系可根据其内部约定另行处理。

上海市浦东新区人民法院依照《最高人民法院关于适用〈中华人民共和国民法典〉时间效力的若干规定》第一条第三款，《中华人民共和国民法典》第五百零九条第一款、第五百六十三条第一款第四项、第五百六十六条第一款，《中华人民共和国消费者权益保护法》第二十一条之规定，判决如下：

一、江某与管理公司之间形成的服务合同于2021年2月4日解除；

二、管理公司于本判决生效之日起十日内退还江某储值卡余额994.5及储值卡押金10元。

管理公司不服一审判决，提出上诉。

上海市第一中级人民法院经审理认为：经营者应当标明其真实名称和标记。租赁他人柜台或场地的经营者，亦应当标明其真实名称和标记。现管理公司主张游乐场系其出租给设备公司使用，但即使作为出租方管理公司亦有责任在游乐场的显著位置设立公示牌，公示场地内经营者的名称、租赁期限等与消费者合法权益相关的事项，从而保证消费者在消费时可以明确知晓真正的经营者，亦不会使消费者将游乐场的经营管理者与公园的管理者产生认知上的混淆。但本案中，位于某园中的游乐场招牌为案涉游乐场、工作人员的工作背心有游乐场的标识及每个游乐设备前张贴的游客须知中均显示该游乐场由公园经营管理。故在游乐场经营者信息未公示披露的情况下，江某作为消费者有充分理由相信合同的相对方为管理公司。

上海市第一中级人民法院依照《中华人民共和国民事诉讼法》第一百四十四条、第一百七十条第一款第一项之规定，判决如下：

驳回上诉，维持原判。

【法官后语】

随着人民生活消费水平的不断提高，服务行业的商家也纷纷以充值赠送的方式推销预付消费卡促进消费。然而，很多消费者在办理预付消费卡时，并未与商家签订书面规范的服务合同，对于服务的主体、内容无明确的约定。一旦发生纠纷，消费者维权出现相对方难以认定的困境，尤其在经营场所未公示披露经营者信息的情况下，易发生经营者推诿责任的情况，不利于消费者的权益保护。

在认定服务合同的相对方时，不宜简单地将预付消费卡的收款方认定为合同相对方，应当查明当事人的真实意思，从社会公众认知出发，根据具体情境，应当参考合同解释的规则，从行为的客观含义、交易目的、交易习惯、诚实信用原则等因素解释意思表示的含义从而确定。法官经解释得出的意思表示内容，既不是表意人的内心意思，也不是相对人主观上所了解的意思，而是法官从一般人的视野出发，根据当时的情境可以而且应当得出的意思表示的含义。但是，如果相对人应当知道表意人的内心真意的，仍应当按照“内心真意”解释意思表示，此时相对人并无信赖利益需要保护。就本案而言，从游乐场的经营情况，消费者无从知晓设备公司的存在，充值时亦难以知晓最终的收款方是谁。管理公司对于售票亭的游客须知中本游乐场由公园经营管理的内容未向消费者进行过解释说明，消费者认为管理公司系实际经营者，符合社会一般公众的认知。从意思表示的解释角度出发，消费者充值时的意思表示是要与公园管理者即管理公司订立服务合同，而非与实际经营者设备公司订立服务合同。

外观主义着眼于对交易行为的合理推定，目的在于保护不特定第三人的合理信赖和社会交易安全，但在司法裁判中并不能直接援引外观主义原则进行裁判，可以类推适用体现外观主义原则的具体法律规则进行判断。本案中，对合同相对方的认定，也可以类推适用体现外观主义原则的表见代理规则进行认定。构成合同意思表示的外观，使交易相对人对该外观有理由产生信赖，进而按照被交易相对人信赖的外观所表征的意思表示赋予法律效果。具体到本案中，售票亭工作人员向消费者收款的行为，在外观上足以让消费者信赖其拥有管理公司的授权、系为管理公司收款，则表见代理的法律责任应当由管理公司承担，合同相对方应当认定为管理公司。

编写人：上海市浦东新区人民法院　朱琳

二十三、劳务合同纠纷

51

双方约定的付款期限不明的，债权人有权随时要求履行

——白某永诉吴某劳务合同案

【案件基本信息】

1. 裁判书字号

新疆维吾尔自治区阿克苏地区中级人民法院（2022）新29民终468号民事判决书

2. 案由：劳务合同纠纷

3. 当事人

原告（被上诉人）：白某永

被告（上诉人）：吴某

【基本案情】

2018年10月1日，建设工程公司承建水泥公司石灰石预均化堆场防风抑尘网独立基础及防风抑尘网的建设安装，吴某为该项目负责人。后吴某将该项目工程基础工程建设分包给白某永，施工完成后，白某永与吴某于2019年10月28日进行结算，吴某向白某永出具欠条，载明："今欠白某永水泥公司工程款178608元，需要水泥公司在将剩余工程款支付给吴某的前提下再支付，如果

水泥公司支付工程款延期，支付白某永的欠款相应延期，如果水泥公司已支付完工程款，吴某需要无条件支付。”该欠款经白某永多次催要无果，遂起诉至一审法院。

【案件焦点】

吴某能否以欠条中约定“其收到水泥公司工程款作为履行付款义务的前提”为由，拒绝白某永的付款请求。

【法院裁判要旨】

新疆维吾尔自治区阿克苏市人民法院经审理认为：双方对欠付工程款的事实均不持异议，吴某出具欠条关于“需要水泥公司在将剩余工程款支付给吴某前提下支付”的约定系附期限，因水泥公司与吴某并不存在合同关系，水泥公司也无须向吴某支付工程款，故上述附期限的约定无效，遂未采信吴某关于支付期限未到的辩解意见。依照《中华人民共和国合同法》第一百零七条、第一百零九条，《中华人民共和国民事诉讼法》第六十七条之规定，判决如下：

一、吴某于判决生效后十日内向白某永支付工程款 178608 元；

二、驳回白某永的其他诉讼请求。

吴某不服，提起上诉。

新疆维吾尔自治区阿克苏地区中级人民法院经审理认为：依照《中华人民共和国民法典》第一百五十八条、第一百六十条的相关规定，期限是确定的必然性事实，是肯定到来的。本案中，因水泥公司是否向吴某支付工程款存在两种可能性，故，该约定不符合附期限的民事法律行为中期限必然到来的法律特征，不应认定为“附期限”。并且，在法律行为中“附条件”的目的在于影响民事法律行为的效力，使其在条件成就的时候生效或者失效。本案中，吴某欠付白某永劳务工程款的事实明确，吴某关于水泥公司给付工程款的约定不影响其与白某永之间的劳务工程合同法律关系的成立，不符合附条件的民事法律行为的特征，故，吴某关于欠条约定系“附条件”的主张亦不能成立。再结合合同的解释方法，该约定的内容并无免除吴某向白某永履行付款义务之意，应系对付款行为履行期限的一种不确定的约定。依据《中华人民共和国民法典》第五百一十一条第一款第四项关于履行期限约定不明的规定，白某永向吴某主张付款的请求具有事实及法律依据，应予支持。此外，从诚实信用原则角度出发，吴某以该约定为由拒付剩余款项，有违公平及诚实信用原则。遂依照《中华人民共和国民事诉讼法》第一百七十七条第一款第一项之规定，判决如下：

驳回上诉，维持原判。

【法官后语】

在双方债权债务关系明确的情形下，双方对约定的付款条件产生争议，应根据法律规定对本案中所约定付款条件的性质加以认定：

第一，根据《中华人民共和国民法典》第一百五十八条①、第一百六十条②的规定，附期限的“期限”与附条件中的“条件”一样，都是对合同效力或者民事法律行为效力进行的特别规定，并非关于合同义务履行方式或履行期限附条件的规定。反观本案，吴某关于“需水泥公司将剩余工程款支付给吴某前提下方可支付”的约定不是对合同效力设定条件，从法律性质上是一种关于付款期限的约定，该约定内容不涉及合同效力问题，仅是对债务履行期限作了约定。

第二，履行期限只是对实际履行合同义务的规定，并不是对合同效力的规定。在履行期限到来之前合同已经发生效力，当事人的权利义务已经发生，双方都应当受到合同的约束。白某永依据双方劳务合同的约定提供了劳务，经双方结算确认劳务价款后，吴某即负有履行支付劳务款的义务，非得债权人白某永放弃，否则吴某的付款义务不可能免除，并非水泥公司付款就可以不用承担劳务款给付义务。白某永的债权是合法的确定的，吴某的债务也是确定的，无

---

① 《中华人民共和国民法典》第一百五十八条规定：民事法律行为可以附条件，但是根据其性质不得附条件的除外。附生效条件的民事法律行为，自条件成就时生效。附解除条件的民事法律行为，自条件成就时失效。

② 《中华人民共和国民法典》第一百六十条规定：民事法律行为可以附期限，但是根据其性质不得附期限的除外。附生效期限的民事法律行为，自期限届至时生效。附终止期限的民事法律行为，自期限届满时失效。

非是何时偿还的问题。且水泥公司是否支付剩余工程款，系吴某与水泥公司之间的法律关系，与吴某与白某永之间的劳务合同无关。按吴某设想，双方的欠条是“附条件”，条件不成就，吴某不需履行款项支付义务。那么，这实际上就排除了白某永的债权，并危及到合同根本目的实现，吴某可以以水泥公司未支付剩余工程款为由永远不向白某永支付该债务，这显然违背了诚实信用原则。

第三，合同中约定的履行期限应当明确。债务偿还所附条件并不是债务人承担合同义务的约定条件，而是债权人、债务人对欠款偿还期限的约定，是债权人给债务人履行还款义务的宽限期，因债务人何时还款并无明确的期限，属双方对履行期限约定不明。吴某虽然在欠条中约定“水泥公司付款后付款”，但水泥公司付款这一法律结果何时产生是不确定的。故应按照《中华人民共和国民法典》第五百一十一条①第一款第四项的规定处理，即履行期限不明确的，债务人可以随时履行，债权人也可以随时要求履行，但应当给对方必要的准备时间。吴某与白某永关于履行期限的约定不明确，白某永有权随时要求吴某履行。

综上，尽管合同法赋予了当事人根据自己意愿自由设立民事权利义务关系的权利，尽管有些约定看似具备一定的合理性，但在实质上却危害合同目的的实现。在当事人在还款所附条件成就的时间无法确定，属于约定不明的情况下，债权人有权随时要求履行。

编写人：新疆维吾尔自治区阿克苏地区中级人民法院　高静

---

① 《中华人民共和国民法典》第五百一十一条规定：当事人就有关合同内容约定不明确，依据前条规定仍不能确定的，适用下列规定：

（一）质量要求不明确的，按照强制性国家标准履行；没有强制性国家标准的，按照推荐性国家标准履行；没有推荐性国家标准的，按照行业标准履行；没有国家标准、行业标准的，按照通常标准或者符合合同目的的特定标准履行。

（二）价款或者报酬不明确的，按照订立合同时履行地的市场价格履行；依法应当执行政府定价或者政府指导价的，依照规定履行。

（三）履行地点不明确，给付货币的，在接受货币一方所在地履行；交付不动产的，在不动产所在地履行；其他标的，在履行义务一方所在地履行。

（四）履行期限不明确的，债务人可以随时履行，债权人也可以随时请求履行，但是应当给对方必要的准备时间。

（五）履行方式不明确的，按照有利于实现合同目的的方式履行。

（六）履行费用的负担不明确的，由履行义务一方负担；因债权人原因增加的履行费用，由债权人负担。

二十四、其　他

52

网络主播未按照合同约定时长直播或擅自停播的违约责任认定

——传媒公司诉谢某某合同案

【案件基本信息】

1. 裁判书字号

北京市第三中级人民法院（2021）京 03 民终 5939 号民事判决书

2. 案由：合同纠纷

3. 当事人

原告（被上诉人）：传媒公司

被告（上诉人）：谢某某

【基本案情】

2019 年 6 月 30 日，传媒公司（甲方）与谢某某（乙方）签订了为期 3 年的《演艺经纪合同》（以下简称演艺合同），约定谢某某委托传媒公司进行在线演艺经纪管理及其他演艺经纪管理。谢某某自愿将全球的独家排他性的互联网演艺经纪管理签予传媒公司，传媒公司根据本协议担任谢某某的独家经纪人，传媒公司提供的在线演艺平台是谢某某从事在线演艺活动的独家及唯一平台。

演艺合同第 5.1 款约定，合作期间，除不可抗力或身体因素限制，乙方全面服从甲方对其演艺活动的安排，乙方应当全力配合实施，尽最大能力以专业、守时、敬业的工作态度，积极投入甲方安排的各项演艺活动中。演艺合同第 5.8 款约定，乙方保证乙方在甲方提供的平台上进行直播，每月最低有效播出天数不低于 26 天（每天累计有效直播超过 5 小时为“有效播出天数”，一天只计算一个“有效播出天数”），每个自然月内，乙方未经请假不得停播超过 3 日。演艺合同第 7.1.2 项约定，乙方未完成甲方就演艺事项所做的合理安排，或者乙方连续 3 天未播或无故月缺播天数达到 7 天的，视为已构成根本违约，甲方有权单方解除合同。演艺合同第 7.3 款约定，本合同期限内，因乙方违约导致甲方提前终止合同的，或者乙方单方解除合同的，乙方应当向甲方支付违约金 200 万元，若该违约金不足以弥补甲方损失的，还应赔偿甲方因此遭受的一切损失，包括但不限于直接损失（包含对第三方的赔偿责任）、律师费和差旅费等。演艺合同签订后，传媒公司于 2019 年 6 月 29 日向谢某某支付了第一期签约费用 15000 元。后，2019 年 10 月 5 日谢某某已经开始停止直播并于 2019 年 10 月 15 日明确表示拒绝直播并向公司提出解约。2019 年 12 月 9 日，传媒公司委托律师事务所向谢某某发送律师函，要求谢某某继续履行演艺合同或依照演艺合同约定追究谢某某的违约责任。后传媒公司向一审法院提出诉讼请求：1. 判令涉案《演艺经纪合同》；2. 判令谢某某向传媒公司返还签约费用人民币 15000 元；3. 判令谢某某向传媒公司支付违约金 30 万元；4. 判令谢某某承担传媒公司因本次维权而支付的律师费用 4500 元；5. 判令谢某某承担本案的诉讼费。

【案件焦点】

谢某某应否向传媒公司支付违约金以及违约金的数额。

【法院裁判要旨】

北京市通州区人民法院经审理认为：该案中，传媒公司、谢某某签订的演艺合同系双方自愿签订，不违反法律及行政法规的强制性规定，属于合法有效，双方均应按约定履行各自义务。谢某某庭后提交的关于双方系劳动派遣关系及合同无效的答辩意见，无事实与法律根据，一审法院不予采纳。根据传媒公司提交的证据，谢某某在合同履行期间明确提出解约，以自己的行为表明不履行合同义务，现传媒公司提出解除合同，一审法院予以支持。关于传媒公司主张谢某某支付违约金的诉讼请求，传媒公司未提交充分证据证明其实际损失，一审法院基于合同履行的实际情况、当事人的过错程度以及预期利益等综合因素，根据公平原则和诚实信用原则予以衡量，对违约金进行调整。关于传媒公司主张的签约费、律师费，因演艺合同中违约金计算已经将签约费考量在内，传媒公司所提交律师费票据无法确定与该案的关联，故对签约费、律师费的诉讼请求，一审法院不予支持。

据此，北京市通州区人民法院判决如下：

一、传媒公司与谢某某于 2019 年 6 月 30 日签订的《演艺经纪合同》于 2020 年 11 月 30 日解除；

二、谢某某赔偿传媒公司违约金 6 万元，于判决生效之日起七日内执行清；

三、驳回传媒公司其他诉讼请求。

谢某某不服，提起上诉。

北京市第三中级人民法院经审理认为：本案中，谢某某主张演艺合同属于无效合同，缺乏事实与法律依据，二审法院不予支持。传媒公司起诉主张谢某某在合同履行期间明确提出解约，以自己的行为表明不履行合同义务，故要求解除合同，谢某某承担违约赔偿责任。谢某某辩称系传媒公司不支付第二笔签约费违约在先，谢某某系在履行不安抗辩权，且演艺合同系格式合同，谢某某不应承担违约责任。对此二审法院认为，根据双方签订的合同可知，谢某某作为签约主播，有义务按照演艺合同约定的天数、时长进行直播。第二期签约费的给付条件为：谢某某开始直播满第 3 个自然月起的五个工作日内，而根据传媒公司提供的证据显示，谢某某未能完成相应的直播时长，故未达到支取第二笔签约费的条件。现谢某某以传媒公司未支付第二笔签约费为由作为其不履行演艺合同的抗辩意见，无事实与法律依据，二审法院不予采纳。演艺合同是双方在自愿、平等协商的基础之上签订的，并非格式合同，谢某某提供的证据亦不足以证明演艺合同系格式合同，故其不应承担违约责任的抗辩，二审法院不予支持。一审法院综合合同履行的实际情况、当事人的过错程度以及预期利益等因素，判令谢某某承担相应的违约责任符合公平原则和诚实信用原则，二审法院予以维持。

北京市第三中级人民法院依照《最高人民法院关于适用〈中华人民共和国民法典〉时间效力的若干规定》第一条第二款，《中华人民共和国民事诉讼法》第一百七十条第一款第一项之规定，判决如下：

驳回上诉，维持原判。

【法官后语】

1. 关于《演艺经纪合同》的性质

《演艺经纪合同》合同中虽然约定谢某某在传媒公司提供的直播平台上提供直播服务，传媒公司向其支付报酬，并约定了试用期，但从合同内容来看，双方互负权利义务，约定了利润分配条款、商业运作方式、演出安排、包装、违约责任等多方面内容，其中包含了委托、行纪、居间、劳动、服务等多种法律关系，双方签约的主体身份是平等的，不符合劳务合同中雇主处于支配地位的特征。故《演艺经纪合同》属于具有综合属性的合同。

2. 关于违约责任的认定

传媒公司、谢某某签订的《演艺经纪合同》系双方自愿签订，且内容不违反法律、行政法规的强制性规定，应属合法有效，双方均应按约定履行各自的义务。根据《演艺经济合同》的约定，谢某某保证在传媒公司提供的直播平台进行直播，每月最低有效播出天数不低于26天（每天累计有效直播超过5小时为“有效播出天数”，一天只计算一个“有效播出天数”），每个自然月内，谢某某未经请假不得停播超过3日。谢某某作为签约主播，有义务按照《演艺经纪合同》约定的天数、时长进行直播。传媒公司前期为谢某某租赁工作、生活场所，装修直播间，并向谢某某支付首期签约费1.5万元。但谢某某在无正当事由的情况下，未按照合同约定的天数、时长进行直播，且擅自停播，严重背离了诚信原则，构成单方违约，应当承担违约责任。

3. 关于违约金的确定

传媒公司依据合同约定诉请谢某某支付违约金。因传媒公司未提交充分证据证明其实际损失，法院基于合同履行的实际情况、当事人的过错程度以及预期利益等综合因素，根据公平原则和诚实信用原则予以衡量，结合谢某某的收益能力、直播收益情况、谢某某的经济价值、传媒公司的预期收益等因素，法院依法对违约金数额进行调整。关于传媒公司主张的签约费、律师费，因《演艺经纪合同》中违约金计算已经将签约费考量在内，传媒公司所提交律师费票据无法确定与本案的关联，对签约费、律师费的诉讼请求，法院不予支持。

编写人：北京市第三中级人民法院　姜君　王慧君

53

民法基本原则在合同效力认定中的理解与适用

——某律师事务所诉李某健诉讼代理合同案

【案件基本信息】

1. 裁判书字号

安徽省芜湖市镜湖区人民法院（2021）皖0202民初10120号民事判决书

2. 案由：诉讼代理合同纠纷

3. 当事人

原告：某律师事务所

被告：李某健

【基本案情】

2021年1月8日，李某健（甲方）与某律师事务所（乙方）签订《风险委托代理合同》，约定乙方接受甲方的委托，指派贾某俊律师担任甲方与孔某武、某钟表眼镜公司民间借贷纠纷一案的诉讼代理人；合同第三条约定，甲方按照执行到款的20%向乙方支付律师代理费用，因开具律师费发票产生的增值税、所得税由甲方承担，诉讼过程中产生的费用由乙方垫付，甲方在收到执行款后优先支付给乙方；合同第六条约定，甲方单方提出解除委托代理合同请求的，乙方应当予以同意，但乙方仍有权要求甲方依据合同约定的标准继续支付律师代理费用。合同签订以后，某律师事务所指派的代理律师贾某俊即依约开展代理诉讼活动，向安徽省芜湖市镜湖区人民法院诉讼立案并申请财产保全，为该案垫付各项费用。镜湖区人民法院经审理于2021年5月11日判决：某钟表眼镜公司归还李某健借款本金140万元、利息147.4万元，并自2020年8月20日起按LPR四倍支付利息至实际清偿之日止；孔某武归还李某健借款本金20万元、利息21.44万元，并自2020年8月20日起按LPR四倍支付利息至实际清偿之日止；某钟表眼镜公司对孔某武的上述付款义务承担连带责任。该判决生效后，李某健于2021年6月15日向某律师事务所发送“解除合同的通知”称“因贵所指派的律师怠于处理后续法律事务，现通知贵所解除双方间委托代理关系，本通知送达贵所之日上述《风险委托代理合同》即解除。”某律师事务所向李某健发出“回复函”表示：同意解除《风险委托代理合同》，但根据合同第六条之约定，李某健仍应依据合同约定标准支付律师代理费用，且因合同提前解除，合同第三条约定的付款期限将不再适应，李某健应在收到本回复函后三日内一次性付清上述律师代理费用。遂成讼。某律师事务所诉请：1. 确认《风险委托代理合同》合法有效；2. 要求李某健支付某律师事务所律师费698184元及相应利息；3. 返还某律师事务所垫付的费用。

【案件焦点】

1. 本案《风险委托代理合同》是否合法有效；2. 原告诉请支付律师费的条件是否成就。

【法院裁判要旨】

安徽省芜湖市镜湖区人民法院经审理认为：关于“本案《风险委托代理合同》是否合法有效”问题。原、被告双方通过自愿协商确定风险代理收费标准，不仅不违反律师收费的相关规定，且体现了市场经济中尊重当事人意思自治原则，不存在所谓“违背公序良俗”问题；商事合同中约定一方应缴税款由另一方负担亦属当事人意思自治范畴，税款负担条款只是改变了承担税负的主体，不会导致国家税款流失，并不违反法律关于依法纳税的强制性规定。原、被告双方既然在平等自愿的基础上签订了《风险委托代理合同》，只要合同不存在法定的无效或部分无效情形，就不应随意以所谓“不公平不合理”为由而否认合同效力，否则就有违《中华人民共和国民法典》倡导的诚信原则。

关于“原告诉请支付律师费的条件是否成就”问题。根据《中华人民共和国民法典》有关规定，合同的权利义务关系终止，不影响合同中结算和清理条款的效力。虽然合同约定的付款条件（执行到款）尚未成就，但由于本案庭审后出现了新情况，李某健已在强制执行过程中收到 210 万元执行款，并与被执行人孔某武就后续款项的执行达成执行和解协议，故付款条件已部分成就。从某律师事务所提供的证据来看，某律师事务所指派的律师贾某俊在李某健起诉的民间借贷案审判阶段依约提供了诉讼代理服务，通过开展一系列调查取证工作和参与庭审，最终使李某健的诉请大部分得到支持，达到了李某健预期的诉讼目的。且贾某俊律师通过申请法院采取财产保全措施，为该案得以顺利执行打下了良好基础。某律师事务所未能参与执行阶段诉讼代理活动是李某健以不实托辞单方解约所致，责任不在某律师事务所，如果因此而减少某律师事务所依合同应得的律师费，将对民事活动中的不诚信行为起到不良示范作用。

综上，安徽省芜湖市镜湖区人民法院依照《中华人民共和国民法典》第七条、第五百零二条第一款、第五百六十七条之规定，判决如下：

一、原、被告签订的《风险委托代理合同》合法有效；

二、李某健于判决生效之日起十日内支付某律师事务所律师费 42 万元，并支付相应利息；

三、李某健应按《风险委托代理合同》约定，在其与孔某武、某钟表眼镜公司执行案件中收到后续执行款后三日内按执行到款金额的20%向某律师事务所支付律师代理费；

四、李某健返还某律师事务所垫付的诉讼费、保函费。

判决后，双方当事人均未上诉，本判决现已生效。

【法官后语】

本案事实并不复杂，但承办法官通过对本案争议焦点的分析论证，对《中华人民共和国民法典》所确立的自愿、公平、诚信、公序良俗等基本原则进行了深入思考和解读，较好地发挥了司法裁判的价值引领作用。

《中华人民共和国民法典》第五条规定："民事主体从事民事活动，应当遵循自愿原则，按照自己的意思设立、变更、终止民事法律关系。"自愿原则的核心内涵就是源自《中华人民共和国合同法》的意思自治，充分体现了民事主体的意志自由、义务自愿、责任自担的价值理念。在民事活动中，民事主体的意志是独立的、自由的、排他的，只要不违反法律，不违背公序良俗，不侵害他人及公共利益，就不受其他任何机关、团体、个人的非法干预。案涉《风险委托代理合同》系原、被告双方在平等自愿的基础上经协商一致签订，系合同双方真实意思表示，约定的风险代理收费比例没有违反国家有关部门规定的律师服务收费标准，约定一方应缴税款由另一方负担也不违反法律关于依法纳税的强制性规定，更不存在所谓违背公序良俗问题，故案涉《风险委托代理合同》合法有效。

本案中被告李某健提出原告为其代理的民间借贷纠纷标的额大，而诉讼难度不大，收费比例过高，不公平合理。这涉及《中华人民共和国民法典》第六条规定的公平原则问题。公平原则在一定程度上是对意思自治的限制。一般而言，当意思自治与公平原则发生冲突时，有时需要优先适用公平原则。那么本案中是否存在被告所称的有违公平原则的问题呢？承办法官认为，案件标的额及诉讼难度的大小都是相对的，不是绝对的，况且有关律师服务收费的规范性文件规定的风险代理收费比例上限为标的额的30%，而案涉合同约定的风险代理收费比例为执行到款的20%，故不存在被告所称“超出了当地经济发展水平、社会接受范围和律师行业正常收费标准”问题，因而也就不存在所谓有违公平原则问题。

《中华人民共和国民法典》第七条规定：“民事主体从事民事活动，应当遵循诚信原则，秉持诚实，恪守承诺。”学者认为，诚信原则是私法领域的最高准则，高于民法中的平等原则、自愿原则及其他原则，是民法中的“帝王条款”。在司法审判中，通过诚信原则的适用，不让违反诚信原则的民事主体从中获益，可以有效遏制乃至杜绝民事活动中的不诚信行为，降低交易成本，提高交易效率，保障交易安全，实现社会公平正义。本案中，被告李某健在原告指派的律师已完成审判阶段全部诉讼代理任务且基本实现李某健诉讼目的的情况下，以所谓“贵所指派的律师怠于处理后续法律事务”的不实托词为由，单方解除与原告的风险代理合同，显然有故意逃避依约承担律师费责任之嫌，违背诚信原则。尽管原告未参与执行阶段的代理活动，但是承办法官认为责任不在原告，如果因此而减少原告依合同应得的律师费，将对民事活动中的不诚信行为起到不良示范作用，故对被告要求减少律师费的答辩意见不予采纳。

本案中被告李某健提出原告将其应当履行的税费义务转让给被告，违反了法律强制性规定，也违背了公序良俗，系无效民事行为。这涉及《中华人民共和国民法典》第八条关于民事主体从事民事活动不得违反法律，不得违背公序良俗的规定。诚信原则与公序良俗原则均为民法的基本原则，均是道德法律化的体现，为赋予法官自由裁量权和克服成文法局限性的工具。二者的区别在于保护对象不同，诚信原则主要保护当事人的个体利益，而公序良俗原则常用于保护第三人及公共利益。那么本案中是否存在被告所称的违背公序良俗的问题呢？承办法官认为，如前所述，税款负担条款只是改变了承担税负的具体主体，并不会导致国家税款流失，故税款负担条款并不违反法律的强制性规定，自然不会侵害第三人及公共利益，因而也就不存在所谓违背公序良俗问题。

通过对民法基本原则的深入思考与理解，将有助于法官在认定合同效力时厘清思路，正确裁判。

编写人：安徽省芜湖市镜湖区人民法院　凌峰

二十五、准合同纠纷*

（一）不当得利纠纷

54

给付不当得利诉讼不属于举证责任倒置范畴

——杨某诉杨某民不当得利案

【案件基本信息】

1. 裁判书字号

河南省许昌市中级人民法院（2021）豫10民终2037号民事判决书

2. 案由：不当得利纠纷

3. 当事人

原告（上诉人）：杨某

被告（被上诉人）：杨某民

【基本案情】

被告杨某民与原告杨某系叔侄关系，案外人王某兰系原告杨某的祖母，系

* 2020年《民事案件案由规定》将原"第四部分合同、无因管理、不当得利纠纷"中的"无因管理、不当得利纠纷"明确为准合同纠纷，基于内容上的关联性，收录此类案例。

被告杨某民的母亲。2020 年 1 月 12 日，原告向案外人王某兰在某银行的账户转账 10 万元，用于王某兰看病治疗。2020 年 1 月 20 日、2020 年 1 月 21 日、2020 年 4 月 21 日，被告杨某民持王某兰的银行卡分别通过银行转账、支取现金的方式从王某兰银行账户中转账、支取现金共计 12 万元。2021 年 5 月 6 日王某某去世。2021 年 5 月 8 日原告以被告不当得利为由，向本院提起诉讼。

【案件焦点】

1. 被告杨某民是否系无法律依据而获取利益并致使原告杨某受到损失；2. 举证责任分配。

【法院裁判要旨】

河南省许昌市魏都区人民法院经审理认为：当事人对自己提出的诉讼请求所依据的事实或者反驳对方诉讼请求所依据的事实有责任提供证据加以证明，没有证据或证据不足以证明当事人的事实主张的，由负有举证责任的当事人承担不利后果。本案中杨某仅举证其转账给王某兰 10 万元，杨某民从王某兰账户支取或转账 2 万元，不足以证明杨某民系无法律依据而获取利益并致使杨某受到损失的事实。杨某虽提供有署名为王某兰的情况说明，但该情况说明没有签署出具日期，杨某民亦不予认可，无法核实该情况说明的真实性，本院不予采纳。故杨某举证不力，应承担不利的法律后果。河南省许昌市魏都区人民法院依照《中华人民共和国民法典》第一百二十二条，《中华人民共和国民事诉讼法》第六十四条第一款之规定，判决如下：

驳回原告杨某的诉讼请求。

杨某不服一审判决，提出上诉。

河南省许昌市中级人民法院经审理认为：当事人对自己提出的诉讼请求所依据的事实应当提供证据加以证明，当事人未提供证据或者证据不足以证明其事实主张的，负有举证证明责任的当事人承担不利的后果。不当得利请求权成立的条件是，因他人没有法律根据，取得不当利益，受损失的人有权请求其返还不当利益。本案中，原告杨某转账给王某兰 10 万元，后被告杨某民将王某兰账户中的12万元转账或支取，原告无法证明其是利益受损失的人，故原告杨某主张被告返还10万元的诉讼请求，本院不予支持。

河南省许昌市中级人民法院依照《中华人民共和国民法典》第一百二十二条，《中华人民共和国民事诉讼法》第六十四条第一款之规定，判决如下：

驳回原告杨某的诉讼请求。

【法官后语】

本案涉及给付型不当得利诉讼证明责任如何分配以及当“没有合法根据”之要件事实陷于真伪不明时，须依证明责任的分配规则作出证明责任判决，即不能证明待证事实的当事人一方承担败诉风险的问题。《中华人民共和国民法典》第一百二十二条规定：因他人没有法律根据，取得不当利益，受损失的人有权请求其返还不当利益。该条文确立了我国法定之债——不当得利的制度内容，但其远不能涵括司法实践中不当得利诉讼的复杂性。通说认为，受利益、致他方受损害、受利益与受损害之间有因果关系以及无法律上之原因共同构成了不当得利成立的四项要件，其中，“没有合法根据”是核心要件，也是不当得利的成立基础。

在诉讼实务中，不当得利前三项要件之证明责任引发争议的情形比较少见，而对第四项要件“没有合法根据”的证明责任的分配主要存在三种观点。第一种观点：由不当得利返还请求权人即利益受损人承担被请求人即受益人获利“没有合法根据”的证明责任；第二种观点：由被请求人即受益人证明其受益存在法律根据；第三种观点：应区分不当得利的具体类型，在给付型不当得利中由请求权人证明被请求人受益“没有合法根据”，而在非给付型不当得利中，由被请求人证明其受益存在合法根据。不同观点的形成主要源于具体个案中证明责任的分配是否公平。本案中，原告杨某作为完全民事行为能力人，有意识主动将10万元款项转账至案外人王某某银行账户，其给付行为是有目的意识的转移财产行为。任何人给付财产定会基于一定的原因，此种原因常为清偿一定的债务，该债务所对应的债权即为给付受领方保有给付的合法根据。

给付不当得利诉讼不属于举证责任倒置范畴，根据《中华人民共和国民事诉讼法》第六十四条第一款以及相关规定，民事诉讼领域内一般举证规则是主张权利者举证，但特殊情况下则采用由否认主张者举证，其理由主要在于部分案件中只有通过举证责任倒置才能更好地实现实体真实，体现公平原则的要求。对于不当得利案件，由于其不在举证责任倒置的范畴内，且其他实体法规范也未就此作出相关的规定。若由受益人承担没有“合法根据”的证明责任，实际上将不当得利归入举证责任倒置范畴。这与举证责任倒置须有法律明确规定相悖。

司法实践中，不当得利证明责任分配中，就基础丧失之给付不当得利而言，双方在纠纷发生前已存在某种特定基础法律关系，只因后来基础关系丧失而致受益人的“利”无合法根据，该事实系积极事实，理应由受损人负证明责任；就无基础之给付不当得利而言，受损人作为财产利益的控制人，由其负证明责任并无不妥。只要属于权利发生规范的事实，即使是消极事实，原告的证明责任也不能解除。

在给付型不当得利纠纷中，受损人作为财产起始的控制方、给付的行为主体，因其行为而致财产发生转移，其证明能力不一定弱于受益人，即如请求权人乃使财产发生变动的主体，控制财产资源变动者承担举证责任困难，实属合理。给付系不当得利受损人所为，其最清楚为何给付，因而具有“没有合法根据”的证明义务和能力。就受益人而言，除非给付双方存有基础关系，否则，其很难证明受损人给付的真正目的和原因。若非要受益人证明给付的合法性，势必增加受益人的证明难度。

给付型不当得利应先由受益人就其接受保有款项的依据、理由等进行举证、抗辩，后再由受损人证明对方的抗辩不能成立。若最终待证事实仍真伪不明的，由于受损人通常对给付的对象、金额有清楚的认知，且系积极主动的作为，其在给付后要求返还，挑战了既成的稳定社会关系，相应的证明风险宜由其承担。本案中原告杨某仅举证其转账给王某某10万元，杨某民从王某兰账户支取或转账走12万元，不足以证明杨某民系无法律依据而获取利益并致使杨某受到损失的事实，故原告杨某应承担与之不利的法律后果。

编写人：河南省许昌市魏都区人民法院　李慧杰

55

夫妻内部财产争议不能简单嵌套财产法规则

——王某诉李某不当得利案

【案件基本信息】

1. 裁判书字号

河南省许昌市中级人民法院（2021）豫 10 民申 411 号民事裁定书

2. 案由：不当得利纠纷

3. 当事人

原告（上诉人、再审申请人）：王某

被告（被上诉人、再审被申请人）：李某

【基本案情】

王某、李某经人介绍于 1993 年相识，并于 1996 年 4 月 23 日登记结婚。1998 年 10 月 25 日，双方生育一女。2017 年 12 月 18 日，王某、李某夫妻二人签署婚内财产协议书一份。2020 年 5 月，王某、李某商量离婚事宜。王某于 2021 年 6 月 3 日诉至法院请求离婚，2021 年 6 月 28 日，许昌市魏都区人民法院作出（2021）豫 1002 民初 2550 号民事判决书，判决驳回王某的离婚诉讼请求。王某认为其按照 2020 年 5 月双方协商的内容在李某同意离婚的前提下向其支付 30 万元，而后李某既不同意离婚，又拒不退回 30 万元款项，导致其付款后离婚的目的不能实现，李某的行为构成不当得利，故诉至法院，要求李某返还 30 万元款项并支付利息。但李某辩称该 30 万元是王某履行的 2017 年婚内财产协议书中显示的条款内容，且王某所称的涉案 30 万元系夫妻双方共同财产，李某有保管和正当处分的权利。

【案件焦点】

1. 涉案款项是否为夫妻共同财产；2. 夫妻间相互支付款项后一方是否存在不当得利。

【法院裁判要旨】

河南省许昌市魏都区人民法院经审理后认为：当事人应当提供证据证明其主张。首先，虽然原被告双方曾协商过离婚事宜，但通过本案证据可以认定双方就离婚事宜未达成一致意见。截至目前原被告系夫妻关系。其次，双方于2017年12月18日签署的婚内财产协议书的财产处理条款约定了生效条件，但被告提供的证据未证明该婚内财产协议书显示的财产处理条款尚未发生效力。最后，原告未提供证据证明本案款项是原告个人财产或原告个人财产的孳息。综上，原告以不当得利为由要求被告返还款项无法律依据，本院不予支持。依照《中华人民共和国民事诉讼法》第六十四条之规定，判决如下：

驳回原告王某的诉讼请求。

王某不服一审判决，提起上诉。

河南省许昌市中级人民法院经审理认为：同意一审法院审判意见，认为根据《中华人民共和国民法典》的规定，婚姻关系存续期间夫妻双方或者一方所得的财产，除法律规定属于夫妻一方个人特有或者夫妻另有约定外，归夫妻共同所有的财产制度。婚姻关系存续期间，夫妻双方之间一方给予另一方的非个人财产均归于夫妻共同共有，故不会产生债权债务关系，也不存在适用不当得利法律制度的基本前提。依照《中华人民共和国民事诉讼法》第一百七十条第一款第一项之规定，判决如下：

驳回上诉，维持原判。

王某不服一、二审判决，申请再审。

河南省许昌市中级人民法院经审理认为：再审申请人王某虽诉称涉案30万元是为了与被申请人李某协议离婚而支付，但目前再审申请人与被申请人并未离婚。夫妻之间以达成离婚为目的，而发生相互之间的金钱支付，仅是发生了金钱实际占有支配方的变化，在未实际离婚的情形下，夫妻作为共同财产的共同管理者，并不能以金钱占有形式的变化而认定不当得利。综上，王某的再审申请理由不能成立，本院不予支持。依照《中华人民共和国民事诉讼法》第二百零四条第一款，《最高人民法院关于适用〈中华人民共和国民事诉讼法〉的解释》第三百九十五条第二款之规定，裁定如下：

驳回王某的再审申请。

【法官后语】

婚姻家庭和谐稳定是社会和谐稳定的基础。近年来，夫妻间的房产、借贷等“内生型”财产争议数量增多且日趋多样。准确适法以平衡好个人权益保护与家庭和谐稳定之间的关系，是妥善化解此类矛盾纠纷的关键抓手。

实践中，配偶一方在婚姻关系存续期间，以离婚为目的向另一方支付款项后并未发生离婚现实后果，其是否有权要求对方返还这一问题，存在不同看法。有观点认为，该种情形符合给付型不当得利返还请求权的特征，即一方基于特定目的或原因向对方给付财产，在原因丧失或目的丧失的情况下，享有要求对方返还财产的请求权。笔者认为，夫妻间内部财产争议不能简单嵌套不当得利规则，需先行厘清财产法与婚姻财产制度的立法目的，并查清涉案款项来源方后再作判断，避免财产制度规则间的冲突与割裂。

首先，不当得利与婚姻财产制度具有不同立法目的。不当得利制度调整财产变动中失衡的利益关系，其理论基础在于“任何人不得基于他人之损失而获得利益”，得利与受损方须为利益相互独立的个体，如此才会有不当利益的形成以及返还利益的必要和可能性。而婚姻家庭表现为强烈的伦理性，故婚姻财产制度以人身关系为前提，旨在维护婚姻家庭关系的和谐稳定并有益于财产法保障市场秩序的价值追求，因此涉夫妻内部财产纠纷应优先适用婚姻财产制度。

其次，适用婚姻财产制度查明案涉款项来源。不当得利成立前提是一方获取了本不属于其个人的利益，因此查明涉案款项来源是关键所在。根据《中华人民共和国民法典》第一千零六十五条之规定，男女双方可通过书面方式，明确约定婚姻关系存续期间所得财产以及婚前财产归属。但没有约定或约定不明的，仍适用法定婚后所得共同共有及一方特有财产的规定。具体可采用如下判定方式：

第一，如男女双方明确为约定财产制，则根据约定财产归各自所有、共同所有或部分各自所有、部分共同所有三种类型，可较为清晰地判断出涉案款项是否为一方个人财产，如为款项支付方个人财产，则进一步适用不当得利规则予以规范性审查；否则应直接判定财产接收方不构成不当得利。

第二，如双方对财产未约定、约定不明或约定的形式、内容等不符合法律规定而未生效，则仍适用婚后所得共同制，通过举证责任分配判断涉案财产是否为《中华人民共和国民法典》第一千零六十三条规定的一方特有财产，难以确定财产为共同所有或个人所有的，应当推定为共同财产。夫妻作为共同财产的管理者，彼此之间的金钱支付仅属于金钱实际占有支配方的变化，并不涉及不当得利。

本案中，王某与李某是具有身份牵连的夫妻关系，二人签署婚内财产协议书的本质是附条件的离婚财产分割协议，不符合约定财产制规定，因此双方仍属法定婚后所得共同制。而王某未能举证证明其支付的款项是其个人财产或个人财产的孳息，其向配偶支付款项属于共同财产在家庭团体内部占有支配方的变化，故李某不构成不当得利。

编写人：河南省许昌市中级人民法院　周静

河南省长葛市人民法院　王五周

56

买受人指定的代收人未向买受人交付代收货物时，出卖人以不当得利为由向代收人主张返还货物及赔偿损失的，人民法院不予支持

——塑胶公司诉食品公司不当得利案

【案件基本信息】

1. 裁判书字号

福建省泉州市中级人民法院（2021）闽 05 民终 6029 号民事判决书

2. 案由：不当得利纠纷

3. 当事人

原告（上诉人）：塑胶公司

被告（被上诉人）：食品公司

第三人：贸易公司

【基本案情】

塑胶公司与贸易公司之间存在包装罐买卖关系、贸易公司与食品公司之间存在果冻食品买卖关系，贸易公司向塑胶公司购买包装罐（鸭子罐）并指定食品公司代收并加装食品给贸易公司。塑胶公司于 2016 年至 2017 年陆续向食品公司交付包装罐，后因贸易公司拖欠货款，塑胶公司于 2020 年 7 月 17 日向本院起诉，本院作出民事判决书认定塑胶公司仅能证明其与贸易公司之间存在 3 万个包装罐的交易，无法证明其诉请货款所对应的 6 万余个包装罐已实际交付，因此判决驳回塑胶公司的诉讼请求。塑胶公司未提起上诉，上述判决已发生法

律效力。

因向贸易公司催讨货款未果，塑胶公司于2021年4月16日提起本案诉讼，诉称食品公司与塑胶公司之间没有任何合同关系，但食品公司已在上述案件中自认已收到塑胶公司交付的包装罐，而其自述系代贸易公司收取并已交付贸易公司的主张未得到法院认可，故塑胶公司交付给食品公司的包装罐系不当得利，塑胶公司作为受损失方有权要求食品公司返还包装罐，如无法返还原物的，应当按交付时价格予以赔偿。请求判令：食品公司返还鸭子罐63139个；若无法返还应赔偿损失312582.3元及相应逾期付款损失。食品公司认为其未向塑胶公司购买产品，其代收的产品已交付给贸易公司，未获取任何利益，没有不当得利。贸易公司未到庭也未陈述。

【案件焦点】

1. 贸易公司指定食品公司代收货物，贸易公司未向其债权人塑胶公司履行支付货款义务时，代收人食品公司是否构成不当得利；2. 塑胶公司对食品公司是否有返还货物请求权。

【法院裁判要旨】

福建省晋江市人民法院经审理认为：本案纠纷系因塑胶公司向贸易公司催讨货物不能而引发的，塑胶公司诉称贸易公司向塑胶公司购买包装罐并指定由食品公司收取货物，无论食品公司是否实际代收到案涉货物，该代收行为属于塑胶公司与贸易公司之间买卖合同关系下的贸易公司履行接收货物义务的一种形式，也就是说食品公司接收行为的法律依据为塑胶公司与贸易公司之间的买卖关系。塑胶公司根据《中华人民共和国民法总则》第一百二十二条“因他人没有法律根据，取得不当利益，受损失的人有权请求其返还不当利益”之规定主张食品公司的代收行为没有法律依据应返还货物，不能成立。福建省晋江市人民法院依照《中华人民共和国民事诉讼法》第六十四条第一款，《最高人民法院关于适用〈中华人民共和国民事诉讼法〉的解释》第九十条、第二百四十条之规定，判决如下：

驳回塑胶公司的诉讼请求。

塑胶公司不服一审判决，提出上诉。

福建省泉州市中级人民法院经审理认为：本案确如一审认定而言，是因塑胶公司向贸易公司催讨货款不能而引发，塑胶公司在 2020 年 7 月以贸易公司为被告、食品公司为第三人向原审法院提起诉讼，请求贸易公司支付向其购买的 63139 个包装罐货款，本案中发货单即来源于此案，由食品公司事后制作并承认代收上述货物。原审法院的民事判决认为，上述货物是依据两份购销合同，其中 3 万个包装罐有双方 2020 年 10 月 30 日签订的购销合同、贸易公司已支付预付款后并实际付清全部款项，故予以确认；而另一份 2016 年 11 月 16 日的购销合同未经贸易公司签字确认，贸易公司否认收到上述货物，塑胶公司无其他证据证明该笔交易真实存在，故对塑胶公司主张该笔款项的请求不予支持。由于塑胶公司没有上诉，上述民事判决已发生法律效力。因此，可以确认本案包装罐由食品公司代收并加装食品发给贸易公司；贸易公司已付 3 万个包装罐货款给塑胶公司。因此，塑胶公司在本案向食品公司主张全部 6 万余个的包装罐货款既无事实也无法律依据，对塑胶公司二审上诉请求，不予采纳。一审判决内容正确，可予维持。

福建省泉州市中级人民法院依照《中华人民共和国民事诉讼法》第一百七十条第一款第一项之规定，判决如下：

驳回上诉，维持原判。

【法官后语】

本案系典型的因债的特别履行方式履行不当引发返还请求权的纠纷。代收的法律性质、效力如何？代收人未向买受人交付代收货物时，出卖人向代收人主张返还货物或赔偿损失，有无理论基础和法律依据？厘清以上问题有助于更好地理解民法交付制度的实务运用。

1. 正确区分指定代收与指示交付

实践中出卖人交付标的物的方式可分为现实交付与观念交付。现实交付又称直接交付，即由买受人直接获得对物的直接控制和支配，而观念交付是法律为交易便捷而规定的一些变通方式，如简易交付、指示交付和占有改定。本案中的交付方式属于哪一种？所谓指示交付，是指在动产被第三人合法占有的条件下，出让人与买受人约定由第三人直接将动产交给买受人。指示交付的逻辑前提是，被出让的动产不在出让人手中，而是被第三人直接占有和控制。本案贸易公司向塑胶公司购买包装罐，包装罐即在出让人塑胶公司手中，由其直接占有和控制，明显不属于指示交付，而恰恰是一种现实交付。因为现实交付也可借他人之手实现。比如，甲委托乙将书交给丙，同样是现实交付。这种现实交付实质是一种委托交付。

2. 委托交付

委托交付是罗马法中一项特别的制度，它使用了替代制度的框架，具有交付的内核，在功能上实现了债的履行的简化。委托人基于向第三人进行赠与、消灭对第三人的债等目的而指示将对他进行交付的另一人（通常是委托人的债务人）向第三人交付，从而通过受托人向第三人的一次交付，达到消灭委托人与受托人之间以及委托人与第三人之间的双重法律关系的效果。在这个过程中，委托交付实质上只实现了一次所有权转移，所有权转移的时间发生在受托人将标的物交付给第三人时，而不是第三人交付给委托人时。因此，当受托人已交付给第三人但第三人却未交付给委托人时，受托人无权向第三人主张返还，只能向委托人主张，因为所有权已在交付给第三人时转移至委托人处。也就是说，虽然债权人向第三人履行的指示为债务人施加了一个义务，但是这项义务只在债权人和债务人之间有效，第三人不享有针对债务人的诉权。本案中，塑胶公司、食品公司与贸易公司三方当事人存在双重法律关系，委托人贸易公司基于其要消灭对第三人食品公司交付包装罐的债的目的而指示债务人塑胶公司向贸易公司交付，通过塑胶公司向食品公司实施的一个履行行为得以实现。食品公司接收包装罐系基于贸易公司的指定，具有法律上的原因，现塑胶公司认为食品公司已自认收到包装罐，但贸易公司称其没有收到包装罐，塑胶公司以其与食品公司之间不存在法律上的原因、食品公司构成不当得利为由向食品公司主张返还请求权，就属于误解了委托交付的内涵，也是错误的救济路径。

3. 严守合同相对性原则

罗马法中的委托交付在现代法中褪去了交付的内核，保留了债的特别履行方式的外壳，隶属于“向第三人的履行”。学者将该种合同称为不真正的第三人利益合同，具有一般合同应具有的效力，如该合同可以成为第三人保有其因此所受领给付的法律依据，使他虽不一定能请求债务人履行，但在债务人履行后，却可以保有利益，拒绝返还，而不构成不当得利。《中华人民共和国合同法》第六十四条规范的就是向第三人履行的合同。《中华人民共和国民法典》第五百二十二条第一款延续了这一特别规定：“当事人约定由债务人向第三人履行债务，债务人未向第三人履行债务或者履行债务不符合约定的，应当向债权人承担违约责任。”这个条款放在《中华人民共和国民法典》第三编第四章“合同的履行”之下，说明它属于合同的履行方式的范畴，是合同的一种特别履行方式，在其中只发生一次具有法律意义的财产变动，就是转移发生在债务人与第三人之间，第三人对债务人不享有履行请求权。这就是明确确认了在向第三人履行的合同中同样遵循合同相对性原理。当债务人未按照约定向第三人履行债务时，仅债权人有权请求其承担违约责任；或者当第三人未按约定向债权人履行债务时，亦仅债务人得向债权人承担违约责任。

综上，从现实交付、委托交付、向第三人履行的合同一脉相承的理论渊源去解释论证，都充分地诠释了本案塑胶公司以不当得利为由向食品公司进行主张系违背合同相对性原则的错误救济途径以及本案两审判决的正确性，对解决此类纠纷具有参考借鉴意义。

编写人：福建省晋江市人民法院　杨燕萍

（二）无因管理纠纷

57

不适法无因管理中管理人求偿范围的认定

——陈某诉陈某廉、陈某实无因管理案

【案件基本信息】

1. 裁判书字号

山东省济南市中级人民法院（2021）鲁01民终9757号民事判决书

2. 案由：无因管理纠纷

3. 当事人

原告（被上诉人）：陈某

被告（上诉人）：陈某廉、陈某实

【基本案情】

按照生效判决结果，济南市市中区舜耕路某处房产归陈某（继承人）所有；陈某需分别支付陈某廉、陈某实（受遗赠人）上述房产补偿款各580055元。按照税务部门的有关规定，涉案房产过户到陈某名下时，陈某廉、陈某实需要缴纳有关税费46984.4元。由于陈某廉、陈某实未及时缴纳该税费，陈某在办理涉案房产不动产权属证书时，按照不动产登记部门的要求自行为陈某廉、陈某实缴纳契税（房屋赠与）、印花税、个人所得税（财产转让所得），共计46984.4元。陈某在本案中要求陈某廉、陈某实返还上述款项共计46984.4元并支付利息，赔偿保全保险费及律师费。

【案件焦点】

1. 陈某为了自己取得不动产登记证书为陈某廉、陈某实缴纳的税费46984.4元及相应利息是否应当返还；2. 因求偿上述费用而支出的律师费、保全保险费是否应当支持。

【法院裁判要旨】

山东省济南市市中区人民法院经审理认为：本案陈某主张的各项费用，根据相关规定，系依法律应当由陈某廉、陈某实负担的费用，现陈某要求其偿付该费用及利息，应予支持。保全保险费、律师费应予支持。

山东省济南市市中区人民法院依照《中华人民共和国民法典》第九百八十七条之规定，判决如下：

陈某廉、陈某实向陈某偿付46984.4元及相应利息、保全保险费500元、律师代理费用5000元。

陈某廉、陈某实不服一审判决，提出上诉。

山东省济南市中级人民法院经审理认为：《中华人民共和国民法典》第九百七十九条第一款规定，管理人没有法定的或者约定的义务，为避免他人利益受损失而管理他人事务的，可以请求受益人偿还因管理事务而支出的必要费用；管理人因管理事务受到损失的，可以请求受益人给予适当补偿。第九百八十条规定，管理人管理事务不属于前条规定的情形，但是受益人享有管理利益的，受益人应当在其获得的利益范围内向管理人承担前条第一款规定的义务。本案中，陈某为了尽快实现自己的权利，代陈某廉、陈某实履行缴纳上述有关税款的义务，是代陈某廉、陈某实管理缴纳税款事务的行为，不违反法律规定，合情合理，陈某廉、陈某实因此享有了上述税款的管理利益，应当在受益范围内偿还陈某因此而代陈某廉、陈某实支出的46984.4元及相应利息。陈某因本案产生的律师费、保全保险费并不是因管理上述税款事务产生的损失，陈某廉、陈某实无须补偿陈某。

山东省济南市中级人民法院依照《中华人民共和国民事诉讼法》第一百七十条第一款第二项之规定，判决如下：

一、陈某廉、陈某实向陈某偿付46984.4元及相应利息；

二、驳回律师代理费及保全保险费的诉讼请求。

【法官后语】

无因管理制度的价值功能，一方面弥补个体意思自治的不足，另一方面兼顾社会公共利益。虽然没有法定或约定的义务，违反他人明示或可推知的意思干预他人事务，违反民法的意思自治原则，通常情况下因不能阻却违法性而应承担相应责任。但是，无因管理制度的功能就在于在禁止干预他人事务和鼓励互助之间的一种利益衡量，同时也是出于弘扬见义勇为、扶危济困等良好道德风尚的价值考量。

以管理行为是否有利于受益人或是否违反受益人意思为标准，无因管理可分为适法无因管理和不适法无因管理。适法无因管理是指管理事务有利于他人，不违反他人明示或可推知的意思。不适法无因管理是指管理事务不利于他人，或违反他人明示或可推知的意思的无因管理。

《中华人民共和国民法典》第九百七十九条是对适法无因管理的规范，第九百八十条是对不适法无因管理的规范。两条规定凸显了适法无因管理与不适法无因管理在求偿范围上的重大差异：在适法无因管理中，管理人的求偿范围不以受益人所得利益为限，即使管理人求偿的数额大于受益人所受利益，受益人仍应偿还必要费用或补偿损失；在不适法无因管理中，管理人的求偿范围则仅以受益人所得利益为限。

本案中，陈某为陈某廉、陈某实缴纳涉案房产过户税费的行为系不适法无因管理。第一，陈某并没有法定或者约定的义务为陈某廉、陈某实缴纳有关税费。第二，陈某并非为了避免陈某廉、陈某实的利益受损失而为陈某廉、陈某实缴纳有关税费，而是为了陈某自己能够早日办理完涉案房产的不动产过户登记。第三，陈某廉、陈某实并不愿意缴纳涉案房产过户的有关税费。陈某的行为违反了陈某廉、陈某实的意思表示。第四，陈某廉、陈某实因陈某的行为而免除了其应当向税务机关缴纳涉案房产过户有关税费的法定义务，系受益人，受益范围是应缴纳的税费及有关利息。因此，陈某廉、陈某实应当返还给陈某上述税费款项及相应利息。律师费及保全保险费既不是管理事务支出的费用，也已经超出了陈某廉、陈某实的受益范围，陈某廉、陈某实无须承担。

在现实生活中，为了管理自己的事务而不得不违背他人的意思表示代为管理他人事务的情形客观存在，本案即为较为典型的一例。通过本案的裁判，明确了该种情形属于“不适法无因管理”，受益人应当按照《中华人民共和国民法典》第九百八十条的规定在其获得的利益范围内向管理人偿还因管理事务而支出的必要费用，对今后该类型案件的裁判具有较高的参照意义。

编写人：山东省济南市中级人民法院 曹强

ISBN 978-7-5216-3275-0

图书在版编目（CIP）数据

中国法院2023年度案例．合同纠纷／国家法官学院，最高人民法院司法案例研究院编．—北京：中国法制出版社，2023.5

ISBN 978-7-5216-3275-0

Ⅰ．①中…　Ⅱ．①国…　②最…　Ⅲ．①合同纠纷-案例-汇编-中国　Ⅳ．①D920.5

中国国家版本馆CIP数据核字（2023）第026347号

策划编辑：李小草　韩璐玮（hanluwei666@163.com）
责任编辑：孙静　　封面设计：李宁

中国法院2023年度案例．合同纠纷

ZHONGGUO FAYUAN 2023 NIANDU ANLI. HETONG JIUFEN

编者/国家法官学院，最高人民法院司法案例研究院
经销/新华书店
印刷/三河市紫恒印装有限公司
开本/730毫米×1030毫米　16开　　印张/18.5　字数/251千
版次/2023年5月第1版　　2023年5月第1次印刷

中国法制出版社出版
书号 ISBN 978-7-5216-3275-0　　定价：79.00元

北京市西城区西便门西里甲16号西便门办公区
邮政编码：100053　　传真：010-63141600
网址：http：//www.zgfzs.com　　**编辑部电话：010-63141787**
市场营销部电话：010-63141612　　**印务部电话：010-63141606**

（如有印装质量问题，请与本社印务部联系。）

中国法院年度案例集成丛书(全15册)

国家法官学院　最高人民法院司法案例研究院　编

汇集十年精华　展现裁判思维　促进适法统一

实务性：一本为新型疑难法律适用问题提供解决方案的司法实务参考用书
工具性：一部可以查阅人民法院类型化裁判规则的小全书

1. 物权纠纷裁判规则理解与适用
2. 合同纠纷裁判规则理解与适用
3. 借款担保纠纷裁判规则理解与适
4. 人格权纠纷裁判规则理解与适用
5. 婚姻家庭与继承纠纷裁判规则理解与适用
6. 侵权纠纷裁判规则理解与适用
7. 道路交通纠纷裁判规则理解与适用
8. 保险纠纷裁判规则理解与适用
9. 劳动纠纷裁判规则理解与适用
10. 公司纠纷裁判规则理解与适用
11. 金融纠纷裁判规则理解与适用
12. 知识产权纠纷裁判规则理解与适用
13. 行政纠纷裁判规则理解与适用
14. 刑事案例裁判规则理解与适用
15. 执行纠纷裁判规则理解与适用